KB230775

현대 여성정책의 기원

대한민국
제1공화국의
여성정책

— 현대 여성정책의 기원

# 대한민국 제1공화국의 여성정책

정현주 지음

KSi 한국학술정보㈜

이 책은 필자의 박사학위 논문을 수정하여 펴낸 것이다. 필자는 이 책이 필자의 지난 25년간 사회생활의 결산이라는 생각이 든다. 1970년대에 대학과 대학원에서 역사를 공부했고, 1983년 한국여성개발원(현 한국여성정책연구원)에서 사회생활을 본격적으로 시작하면서 역사와 여성정책은 필자의 직장생활의 두 개의 축이었다. 이제야 양자를 결합한 결과물을 생산하게 되었다는 데 뿌듯함과 아울러 설익은 논리의 결합이 아닐까 하는 두려움을 동시에 갖게 된다.

삶은 예측할 수 없는 사건의 연속이다. 1983년 한국여성개발원에 들어가게 된 것은 필자에게 일생일대의 중대한 사건이었다. 당시 여성이 대학을 졸업한 뒤 취업할 곳이라곤 교사가 대세였고, 기업이나 은행에서 소수의 대졸 여성 공채를 막 시작할 때였다. 이 시기 한국여성개발원의 탄생은 그것의 정치적 의미가 무엇이었던 간에 정원 164명의 대부분을 고학력 여성들로 채용했다는 그 사실 하나만으로도 역사적인 사건이었다.

한국여성개발원의 개원은 1979년 대학원(석사)을 마치고, 이대 여성연구소 연구원과 임시교사 생활을 하고 있던 필자에게 절호의 취업 기회였다. 절실하게 호구대책이 필요했던 필자에게 한국여성개발원의 제1차 공채는 꼭 붙어야만 하는 시험이었다. 노심초사 시험 공부를 한 끝에 합격하여 15년간 근무하였다. 당시 시험과목은 여성학, 영어, 국어였던 것으로 기억된다. 여성학 책을 빌려다 예상 문제와 답안을 만들어 밤새 외웠던 기억이 새롭다. 사실 필자의 대학시절에 여성학이라는 과목은 개설되지 않았었다.

초기 한국여성개발원의 연구원 생활은 낯설기만 했다. 주로 문헌조사에 의지하여 역사적 사실을 찾아내고, 해석하는 방법을 익힌 초보 역사학 입문자에게 사회조사와 설문지 분석은 어설프기만 했다. 15년간 자원개발, 교육연수, 조사연구, 홍보출판 등 여러 부서를 거치면서 여성정책의 입안과 집행이 여성의 삶과 사회를 어떻게 바꾸는지 실감하게 되었다.

실로 8,90년대는 여성정책 제도화의 황금시기라고 말할 수 있을 정도로 많은 정책들이 법률 혹은 제도라는 옷을 입었다. 이 과정에서 제도가 앞서 사회구성원의 의식이 미처 따라가지 못한 경우도 있고, 사회구성원의 의식을 따라가지 못하는 법과 제도도 있었다. 새로운 제도의 도입과 함께 인용되는 이론이나 선진 외국 사례들은 때로는 우리의 사정과 맞지 않아 도입이 늦어지거나, 변형되고 사장되는 경우도 있었다. 건국 후 6,70년대 여성정책 혹은 부녀사업에 대한 가혹한 비판도 뒤따랐다.

이러한 과정에서 역사를 공부했던 사람으로서, 여성정책 연구의 현장에 있었던 사람으로서 여성정책의 연속성에 관심을 갖지 않을 수 없었다. 뒤늦게 1999년, 역사학 박사과정을 시작하면서 그 연속성을 구명해 보고자 하였다. 주제로 잡은 것이 제1공화국의 여성정책이었다. 더 넓게는 미군정기를 포함한다.

이 연구는 제1공화국의 여성정책이 어떻게 형성되고, 집행되었는가를 역사적 관점에서 분석함으로써 제1공화국의 여성정책을 구명하고자 했다. 실증적인 자료를 근거로 제1공화국 여성정책의 역사적 의의와 한계를 살펴보고자 했다. 여성정책담당 기구로서 부녀국의 개편과 그 의미를 살펴보고, 여성정책의 추진 실태를 3단계로 나누어 고찰했다.

필자는 역사학과 사회과학 양쪽의 학문적 배경이 모두 일천한 가운데, 논리의 비약이나 논증의 어설픔을 고백하지 않을 수 없다. 그럼에도 불구하고 최근 제1공화국에 대한 역사적 평가를 새롭게 하려는 움직임과 관련해서 여성정책 분야에서도 이 시기 여성정책에 대해 재평가할 시점이라고 생각하며, 우리 고유의 역사적 배경에 입각한 정책의 입안도 고려해 볼 때가 되었다는 생각이 든다. 비록 부족한 연구이기는 하나 다른 유사 연구에 기초 자료로 활용되고 앞으로 진전된 연구 성과가 나오기를 기대한다.

이 책을 내면서 정말로 감사의 말씀을 드려야 하는 분들이 많이 있다. 우선 필자의 석사논문을 지도해 주셨고 이후 필자의 사회생활을 지켜봐 주신 김영정 선생님께 감사의 말씀을 드린다. 선생님은 초대 이화여대 부설 한국여성연구소 소장, 초대 한국여성개발원 원장, 정무(제2)장관, 국회의원을 지내셨다. 뒤늦게 공부하겠다는 필자를 제자로 흔쾌히 받아 주셨고, 박사과정과 논문에 이르기까지 지도편달을 아끼지 않은 이배용 이화여대 총장님께 가장 큰 감사를 드린다. 총장님은 한국여성사학회 초대 회장으로 활동하시면서 필자에게 학회활동을 통해 한국여성사 연구에서 떠나지 못하도록 붙잡아 주셨다. 논문의 내용에 대해 수시로 조언을 아끼지 않은 김수자, 남미혜 두 후배에게도 감사의 마음을 전하고 싶다. 박진숙 선배도 논문 작성 기간 내내 가장 편한 후원자이었다.

나의 가족은 25년 사회활동의 버팀목이었다. 가족은 필자가 사회활동으로 기쁜 일이 있을 때나 어려운 일로 좌절할 때, 늘 필자에게 격려와 위로를 아끼지 않았다. 직장 생활하는 며느리에게 불평 한마디 없이 집안일과 두 딸을 챙겨 주신 시어머니와 끊임없이 사회생활을 격려해 주시고 편하게 해 주려고 노력했던 친정어머니, 두 분 모두 최근에 돌아가셨지만, 2004년 박사학위 수여식에 참석하셨던 것을 위로로 삼고 싶다. 그리고 언제나 나의 든든한 지지자인 남편, 이홍수와 가현, 경현 두 딸에게도 감사한다.

끝으로 부족한 원고를 책으로 낼 수 있도록 기회를 주신 한국학술정보(주) 사장님 이하 여러 분들께 감사를 드린다.

2008. 12.

정현주

# 목차

# 머리말

## 1. 연구의 배경 및 목적

흔히 해방 후 미군정기와 뒤를 이은 제1공화국 시기를 한국 현대사의 시작으로 본다. 현재 우리 사회의 근대적 제도의 도입과 굴절, 왜곡의 현상들이 이 시기에 형성되었다고 보기 때문이다. 해방의 기쁨과 희망으로 분출되었던 열기가 미군정기, 남한 단독정부 수립과 뒤이은 6·25전쟁, 이승만 정권의 독재를 거치면서 우울과 절망으로 바뀌었다. 넘쳐 나는 실업자, 반공이데올로기의 강화, 사회의 퇴폐풍조와 세기말적 현상 등으로 인해 50년대를 흔히 암흑기 또는 침체기로 표현한다. 그럼에도 불구하고 미군정 시기에 도입된 자본주의 경제체제에 기반한 민주주의 제도는 제1공화국 기간에 넓고 깊게 뿌리를 내리기 시작했다.

현대 여성정책[1] 또한 그 기원을 제1공화국의 여성정책에서 찾을

---

[1) 이 연구에서 사용하고 있는 여성정책의 개념은 확대된 것이다. 흔히 여성학과 사회학에서는 성 평등(혹은 여성해방)을 지향하는 정책만을 명실상부한 여성정책으로

수 있다. 다음의 세 가지 점에서 그러하다. 첫째, 이 시기에 한국 역사상 최초로 여성들이 입법부, 행정부, 사법부와 군대, 경찰과 같은 국가기구에 정식으로 참여하기 시작했다는 점이다. 즉 공적 영역에서 여성의 참여가 본격화하기 시작했다. 이러한 여성들의 공적 참여의 시작은 1980년대 이후 남녀고용평등법이나 여성공무원할당제 등과 같은 실질적인 남녀평등확보를 위한 정책 마련의 기초가 되었다.

두 번째로 이 시기에 여성을 대상으로 하는 정책을 국가적 차원에서 수행하는 여성정책담당 기구의 기원을 찾아볼 수 있다는 점이다. 미군정기 부녀국 설치는 전반적인 민주주의 제도 도입의 일환이었다. 뒤이은 제1공화국의 부녀국은 현재 독립된 부서로 발전한 여성부의 기원이 되었다. 제1공화국 기간에 부녀국은 과 단위에서 기구개편이 여러 번 진행되었다. 이 과정은 부녀국이 수행하는 여성정책 업무가 통합되고 전문화되는 과정이었다. 때로는 존폐의 여론이 있었음에도 불구하고 존속되었다.

마지막으로 미군정기 이래 부녀행정의 이름으로 시행된 여러 사업들은 이후 추진되는 각종 여성정책의 구체적이고 실질적인 정책

---

인정하는 경향이 있으나, 이 연구에서는 '국가기관에서 여성을 대상으로 실시하는 방침 또는 조치'라는 포괄적 의미로 사용하였다. 즉, 당시의 사회적, 시대적 배경에서 단행된 여성에 대한 국가 차원의 정책적 개입 또는 행정적 조치들을 여성정책으로 보았다. 따라서 반드시 성평등정책만이 아니라 미망인 보호정책, 여성사회교육 정책, 여성노동대책 등 소위 80년대 이전에 시행되었던 소위 부녀행정도 여성정책의 범주에 포함하였다. 최근 사회학에서도 여성정책의 범위를 확대하자는 논의가 있고, 여성정책을 역사사회학의 입장에서 다룬 연구도 있다(황정미, 2001. 「개발국가의 여성정책에 관한 연구: 1960－70년대 한국부녀행정을 중심으로」, 서울대학교 대학원 박사학위논문 참조).

모형이 되었다. 일부 정책은 시대적 여건의 변화에 따라 축소되기도 하고 확대되기도 했으며, 때로는 새로운 정책이 추가되기도 하였다. 그러나 대체로 큰 틀의 여성정책은 제1공화국 기간에 그 모형이 확정되었다.

이러한 세 가지 현상은 해방 이전의 일제시대나 전통사회에서는 찾아볼 수 없는 것이다. 해방 이후 여성들의 활동 영역이 가정에서 사회로 큰 폭으로 확대되었으며, 여성들을 위한 국가기구가 작동되기 시작했으며, 여러 가지 형태의 여성을 대상으로 하는 국가정책 혹은 사업들이 선을 보였던 것이다.

한편 현재의 여성정책의 문제점들이 잉태된 것도 바로 이 시기였다. 시대적, 역사적 한계로 인식될 수도 있으나, 이 시기 여성정책의 목적이 여성의 지위 향상이나 인권 보장보다는 국가적 당면 과제를 해결하는 데 여성을 동원한 측면이 강하였다. 다시 말해 근대적 민주주의 제도 도입에 따른 남녀평등 사회의 실현보다는 성역할 고정관념에 기반해서 여성을 봉사활동이나 집권자의 권력 강화에 활용하였다. 해방 후와 전쟁기의 혼란에 직면하여 전통적인 가정 내 여성 역할인 빨래, 밥해 주기와 같은 구호사업이나 봉사활동에 여성을 대대적으로 동원하였고, 여성단체를 국가사업이나 정책홍보를 위한 국민대회 등에 동원하였다. 이는 60, 70년대 산업화 시기의 새마을운동에 여성을 동원한 예나 현재의 여성정책의 현장에도 나타나는 현상이다.

더욱이 여성단체에 대한 정책도 현재 문제의 뿌리가 이 시기에 있었다. 여성단체는 미군정기로부터 국가정책을 실현하는 현장조직이었다. 자발적으로 결성되었다기보다는 관에 의해 조직되고 육성된 측면이 강하다. 이러한 여성단체의 관제적 성격은 제1공화국에서 더욱 강화되었다. 제1공화국 후반기에 이승만 정권의 독재화가 진행되면서 여성단체들은 여성행정기구와 더불어 독재 강화를 위한 정치도구로 전락한 측면이 있다. 이는 피할 수 없는 현실이었다는 측면도 있으나, 이후의 여성정책의 발전에 장애요인으로 작용한 것은 분명하다. 여성공무원과 여성단체의 상호의존성은 양자의 발전에 발목을 잡았다. 여성단체는 대중에 기반을 둔 사회단체로 자립하지 못했고, 여성 업무의 정치성은 여성정책이 행정 업무로 정착되는 데 장애요인으로 작용하였다. 이런 결과의 배후에는 위와 같은 정치적 한계 외에도 여성관의 시대적 한계가 자리 잡고 있다. 이 문제 또한 현재에도 극복해야 할 과제로 남아 있다.

제1공화국의 국가성격은 강력한 가부장제 국가였고, 여론과 정책을 주도했던 남성을 포함하여 여성운동가와 여성공무원조차도 성역할 고정관념을 벗어나지 못하였다. 여성의 사회적 진출과 활동을 찬미하고 장려하는 한편에서는 가정주부 또는 어머니의 역할을 강조하는 모순을 보이기도 하였고, 여성들에게 사회활동과 가정 내 역할을 동시에 잘 수행하는 슈퍼우먼을 요구하기도 하였다. 성 역할을 남녀가 서로 바꾸어 할 수 있다거나 남성과 나누어 할 수 있다는 의식은 시기상조였다. 이러한 전통적인 여성관을 극복하지 못한 상태에서 시행된 각종 여성 대상의 정책은 전체 국가정책에서 주변화되거나, 집권자의 정치도구로 전락하기 쉬울 따름이다.

한국의 여성정책은 1970년대에 서구의 여성학이 도입되고, 1980

년대에 국가차원의 여성정책전담기구들이 설치되면서 많은 발전을 이루었다. 특히 법·제도적 측면에서 성공적인 여성정책을 수행해 왔다는 것이 국내외 평가이다. 그러나 법제도와 현실 간의 괴리는 아직도 해결해야 할 과제로 남아 있다. 바로 이 제도와 현실의 괴리는 역사적 경험을 돌아봄으로써 해결의 실마리를 찾을 수 있다고 본다. 역사는 비약적으로 발전하지 않으며, 현재의 뿌리는 과거에 있다는 점에서 시대적 상황을 고려한 정당한 평가가 요구된다. 이러한 평가의 토대에서 현재의 당면 과제에 대한 방안을 찾을 수 있는 것이다.

이런 문제의식에서 본 연구는 한국여성정책의 현재적 성격과 한계를 심층적으로 이해하기 위해 그 기원이 되는 제1공화국의 여성정책의 실태를 파악하고자 하였다. 현재의 여성정책의 근원과 뿌리를 살펴 미래를 전망하는 데 어떤 시사점을 기대할 수 있기 때문이다.

한국 현대사에 대한 연구는 1980년대 이후에 역사학보다는 사회과학 분야에서 활발하게 추진되어 왔다. 여성사 분야도 마찬가지이다. 최근에서야 현대 여성사 연구가 조금씩 이루어지고 있다. 그 가운데서도 여성정책에 대한 역사적 접근은 전무하다고 해도 과언이 아니다. 반면에 1980년대 이후 소위 '성평등정책'에 대해서는 여성학이나 사회학 등의 분야에서 정책 분야별로 활발한 연구가 추진되어 왔고, 최근에는 시대의 범위를 확대하여 60, 70년대 여성정책(부녀행정)에 대한 연구도 나온 바가 있다. 이들 연구에서 미군정기나 제1공화국의 여성정책이 단편적, 피상적으로 다루어지고

있다.2) 그나마 2차 자료를 정리, 활용하는 수준으로 실증적인 근거 자료는 거의 제시되지 않았다.3)

제1공화국의 여성정책과 관련된 선행연구는 세 가지 범주로 나눌 수 있다. 첫째는 여성생활과 의식의 변천사의 관점에서 다루어진 것, 둘째는 여성단체 활동 또는 여성운동의 측면에서 다루어진 것, 세 번째는 여성정책담당 기구에 대한 논의이다. 이 중 여성단체 활동 또는 여성운동에 대한 연구를 제외한 나머지 연구들은 이 시기 여성정책에 대한 본격적인 연구 성과물이라기보다 다른 주제의 연구에서 부수적으로 다룬 것들이다.

첫째, 여성변천사의 일환으로 이 시기 여성정책의 의의와 변화를 다룬 연구가 있다.4) 먼저 미군정기 여성생활과 의식의 변화를 다룬

---

2) 사회과학 분야에서 진행된 여성정책 연구로 미군정기와 제1공화국의 여성정책에 대한 평가가 포함된 연구로는 다음과 같다: 김애령, 1999, 「여성정책의 변화에 관한 정치사회학적 연구: A도를 중심으로」, 이화여자대학교 대학원 박사학위논문, 김소연, 2000, 「지방자치단체의 여성정책에 관한 연구: 성인지적 정책추진의 문제를 중심으로」, 이화여자대학교 대학원 석사학위논문, 신현옥, 1999, 「국가개발정책과 농촌지역 여성조직에 관한 연구-1960-70년대 마을부녀조직의 역할과 활동을 중심으로-」 연세대학교 대학원 박사학위논문, 황정미, 앞글 참조.

3) 이들 대부분의 연구에서 논의의 근거로 제시하는 것이 보건사회부가 1987년에 발행한 『부녀행정40년사』이다. 이 책은 많은 여성정책 관련 사료들이 훼손되고 망실된 현재의 상황에서는 유일한 자료라고 생각된다. 그러나 전체 부녀행정이 구조화되어 서술되었다기보다는 많은 부분이 누락된 채 나열식으로 기술되어 있고, 부정확한 부분이 있어 충분한 정보를 제공하고 있지는 않다.

4) 미군정기 이후의 시대에 대한 이배용의 연구는 다음과 같다. 이배용, 1996, 「미군정기 여성생활의 변모와 여성의식, 1945-1948」, 『역사학보』 150집, 이배용 외, 1999, 「한국 여성사 정립을 위한 여성인물 유형연구 Ⅳ: 1945-1948」, 『여성학논집』 제13집, 이배용, 2003, 「한국 여성생활과 의식변화에 대한 현대사적 고찰-1948-1970년대를 중심으로-」, 『한국근현대사연구』 25집. 조경원·이배용, 2000, 「해방 이후 여성교육정책의 변화와 여성의 사회진출양상-미군정기(1945)-제1공화국시기(1960)-」, 『한국교육사학』 제22권 제2호.

연구가 있는데, 미군정기의 여성의 생활과 의식변화의 동인으로 부
녀국 설치와 공창제 폐지 그리고 여성참정권 부여와 교육정책 등
을 꼽았다. 이 시기 여성들의 과제는 국가건설과 맞물려 해결할 수
밖에 없었고, 전통적 가부장제적 관념에서 현모양처를 강조하는 이
중적 부담을 질 수밖에 없었다는 점을 강조하였다. 전체적으로 미
군정기는 여성들이 역사의 주체로서 당당히 설 수 있는 계기가 마
련된 시기였으며, 현대 한국사회 발전의 기반을 형성하였다고 평가
하였다.5)

또한 대한민국 정부 수립 이후부터 1970년까지 여성의 경제 · 정
치활동과 의식의 변화를 살펴보는 가운데, 여성정책의 변화를 고찰
한 선행연구도 있다. 이 중 여성정책과 관련된 부분들을 보면, 이
시기 여성정책의 실시배경으로 교육기회 확대를 들었고, 여성정책
의 성격에 대해서는 권위주의적이고 가부장적인 국가정책의 일환으
로 추진되었다고 보고 있다. 또한 이 시기 국가는 여성을 사회발전
의 주체로 보지 않고 다만 객체 또는 보조자로서의 역할로 규정하
였다고 비판하고 있다. 시대적 필요에 따라 여성들을 동원 · 활용했
다는 것이다.

대한민국 정부 수립 이후의 여성정책에 대한 연구자들의 이러한
입장은 이 시기 여성운동에 대한 다른 선행연구6)의 시각과도 일맥

---

5) 이배용, 1996, 참조.
6) 이 시기 여성운동에 대한 연구로는 강이수, 1999, 「미군정기 공창폐지와 여성운동」,
   『미군정기 한국의 사회변동과 사회사』 2, 한림대 아시아 문화사연구소, 신영숙, 2000,
   「해방 이후 1950년대의 여성단체와 여성운동」, 『여성연구논총』 15집, 서울여대 여성연
   구소, 문경란, 1989, 「미군정기 한국여성운동에 관한 연구」, 이화여대 석사학위논문, 이

상통한다.

둘째, 이 시기를 '여성운동의 암흑기'라고 보는 관점이다. 1950년 대부터 1970년대까지의 여성운동은 여성대중의 요구와 이해에 근거하여 여성문제 해결과 여성해방을 목표로 한 것이 아니라 정부의 요구에 부응하여 여성에 대한 계몽이나 동원의 형태로 여성단체 활동을 제한하였다는 것이 그 이유이다. 그리고 이런 여성단체의 활동에 대한 여성대중의 이반 현상, 또는 여성단체의 운동성 상실 등이 학계에서 이 시기 여성운동에 관한 연구를 촉발해 내지 못하는 주요 원인이라고 주장하였다.[7] 여기서 더 나아가 50년대 후반으로 갈수록 여성문제에 대한 사회적 관심이나 여성운동에 대한 인식이 일제시기보다 더 퇴보했다고 평가하기도 하였다.[8]

이 시기 여성단체의 활동목표에 대한 비판적 시각도 있다. 여성해방이라는 뚜렷한 목표를 갖고 단체 활동을 전개했다기보다는 국가사회가 처한 난국을 헤쳐 나가기 위해 여성들의 동참이 요구되었기 때문에 "여성들을 조직화하여 활동을 시작한 측면이 더 강하다."고 보았고,[9] 민간 주도형 여성단체는 여성문제를 여성의 인간화와 인권 그리고 정치적으로 여권신장의 시각에서 다루려 한 데 (여성문제연구원) 반해, 관변 여성단체는 여성문제를 주로 모권보호와 가정생활 향상에 활동의 초점을 맞추려 했다고 비판하였다.[10]

---

승희, 1994, 『한국현대여성운동사』, 백산서당 등을 들 수 있다.
7) 이승희, 1994, 22쪽.
8) 신영숙, 2000, 134쪽.
9) 서명선, 1989, 「유신체제하의 국가와 여성단체 – 한국여성단체협의회 활동을 중심으로 – 」, 『여성학논집』 제6집, 82쪽.

셋째, 미군정기로부터 제1공화국 시기의 여성정책담당 기구인 부녀국에 대해서는 본격적인 연구 성과가 부재한 가운데, 단편적으로 다루어지고 있을 뿐만 아니라 오류도 많이 발견된다. 예를 들어 미군정기 부녀국의 과 단위 조직이나 지방조직에 대한 설명이 분명하지 않은 점을 들 수 있다. 또 제1공화국의 부녀국에 대해서는 분장 업무에 대한 검토 없이 요보호여성 중심의 복지정책을 추진했다고 단정적으로 기술하거나 부녀국에서 아동 업무를 다루게 된 것이 1963년 부녀국명을 부녀아동국으로 바꾼 후부터라고 기술하고 있다.[11]

이와 같은 일방적이고 부정확한 해석은 사료를 충분히 검토하지 않고, 일부 선행연구의 단편적이고 정확하지 않은 서술내용을 그대로 인용하였기 때문이다. 제1공화국의 여성정책담당 행정기구는 미군정기에 여성을 위한 행정기구로 한국 역사상 최초로 설치된 부녀국을 계승하였다. 미군정기 부녀국은 광범위한 업무를 법에 규정하였다. 그러나 규정된 업무를 모두 실시하지 않은 것으로 보인다. 사회적 여건에 부응한 일부 정책을 집중 실시했다. 일종의 이상적 제안이었을 뿐이다. 제1공화국 부녀국이 소관 업무를 좀 더 현실 여건에 맞게 나름대로 체계화하면서 실무 부서인 과 단위의 개편을 여러 번 단행한 것도 이러한 이유에서였다.

---

10) 박진숙, 2001, 「미국여성운동과 한국여성운동의 비교 시론」, 『한국여성학』 제18집 참조.
11) 권영자, 1995, 「광복이후의 사회변천과 여성」, 정무장관(제2)실, 『한국여성발전 50년』, 3-4쪽. 본 연구 2장 참조.

한편 기존 연구결과와 달리 1950년대의 여성들의 삶을 긍정적으로 평가한 연구 성과도 있다.[12] 이 연구는 이 시기의 잡지, 문학작품, 상담사례 등의 자료를 활용하여 사회사적 측면에서 또한 여성주의적 시각에서 1950년대 여성의 삶을 역동적이고 주체적인 삶으로 재해석하였다. 이 연구는 이 시기를 '여성운동의 암흑기'라고 평가하는 데 동의하지 않고, 이 시기 여성들의 일탈적 행위에 대한 비판적인 선행연구[13]에 대해 반기를 들었다.

이와 같이 대체로 이 시기에 대한 연구가 부진하면서도 여성정책이나 여성운동에 대해 비판적인 이유는 이승만 정권에 대한 부정적 인식과 연구자의 편향적 시각 때문인 것으로 생각된다. 그리고 그보다 더 근본적인 요인은 이 시기 문헌 자료의 부족과 특히 2차 자료의 부정확성 때문이다. 따라서 여성운동이나 여성정책에 대한 실증적이고 체계적인 연구가 과제로 남아 있다.

이런 점에서 본 연구는 1950년대 여성정책을 고찰함으로써 여성사의 '빈 공간'을 채우고자 하였다. 50년대가 그리 먼 과거가 아님에도 불구하고, 많은 사료(史料)가 빠르게 유실되고 있는 현실에서 충분하지는 않지만 남아 있는 자료에 근거하여 여성정책사를 기술하는 것은 의미 있는 일이라고 생각한다.

따라서 본 연구는 여성정책사의 측면에서 볼 때, 제1공화국이 산업화시대로 돌입하는 과도기로서의 의미를 넘어 현대 여성정책의

---

12) 이임하, 2002, 「1950년대 여성의 삶과 사회적 담론」, 성균관대학교 대학원 박사학위논문, 3 - 5쪽.
13) 이효재, 1966, 『한국의 여성운동 - 어제와 오늘』, 정우사 참조.

원형을 제공한 시기로 보고 실증적인 연구를 시도하였다. 이 시대 여성정책이 오늘의 관점에서 볼 때 일정한 한계가 있는 것은 분명하지만, 역사적 관점에서 볼 때 선도적 측면도 있었다. 이런 점에 유의하여 제1공화국의 여성정책이 이후 여성정책에 미친 긍정적인 영향과 부정적인 영향을 동시에 고려한 균형 있는 여성정책사를 기술하고자 하였다.

## 2. 논문의 구성 및 자료

해방 후 미군정기에 근대적 민주주의 제도가 도입됨으로써 한국 여성들은 역사상 처음으로 남녀평등 제도의 혜택을 보게 되었다. 미군정기를 이은 제1공화국 기간에 여성정책은 정치·사회적 여건 변화에 따라 통합되고 분화되고, 때로는 강화되었다.

정책은 국가적 차원에서 입안되고 집행된다. 어느 경우에는 국가 정책이 국민의 요구를 반영하기도 하나, 또 다른 경우는 미래의 변화를 전망하여 수립된 국가 정책이 국민을 선도하기도 한다. 일부 선행연구에서 지적되었듯이 제1공화국의 여성정책이 국가의 필요에 의해 여성을 동원한 측면이 강하였고, 소위 여성명망가(여성운동가, 여성정책담당 공무원)들도 일반대중보다는 정부의 요구에 부응하여 협조한 측면도 있다. 이런 점에서 국가의 여성정책이 결정되고 집행되는 과정에 개입하였던 여성명망가들의 시대적 역할과 한계가 동시에 고려되어야 할 것이다.

이런 점들을 고려하여 본 연구에서는 제1공화국 여성정책의 의의와 한계를 규명하고자 한다. 연구 과제를 열거하면 다음과 같다.

첫째, 여성정책의 주무부서인 부녀국의 기능과 역할과 개편과정 그리고 그 의미는 무엇인가?

둘째, 제1공화국 기간 중에 여성정책은 단계적으로 어떻게 발전하였는가?

셋째, 단계별 여성정책은 어떻게 추진되었으며 정책효과는 어떠했는가?

넷째, 제1공화국 여성정책의 역사적 의의와 한계는 무엇인가?

이러한 연구 과제를 구명하기 위해 본 연구는 본문을 4개의 장으로 구성하였다. 2장에서는 여성정책을 추진하는 주무 행정부서인 부녀국이 미군정기와 제1공화국 기간 동안 어떻게 변화, 운영되었는가를 살펴보기로 한다. 부녀국 조직운영의 변천과 정책을 담당했던 여성공무원의 특성을 살펴보았다. 3장－5장에서는 여성정책의 전개과정을 살펴보았다. 제1공화국 여성정책의 전개를 세 시기로 나누어 단계별 변화과정을 살펴보았다. 즉, 3장에서는 정부 수립 후부터 6·25전쟁 전까지 계몽 위주의 여성정책을 다루었고, 4장에서는 6·25전쟁부터 1956년까지 전재민 보호 위주의 여성정책을 다루었으며, 5장에서는 1956년부터 1960년까지 여성지위 향상을 위한 법률적 기반 마련에 대해 살펴보았다.

제1공화국의 여성정책은 이러한 시기별 변화과정을 거치면서 계몽과 복지 중심의 여성정책에서 평등한 지위를 제도적으로 보장하는 여성정책으로 발전하였다. 이러한 발전과정은 당시의 정치·사회적 변화를 배경으로 전개되었다. 대한민국정부 수립 직전에 여성에게 투표권이 보장되었으며, 남녀평등의 교육기회가 주어졌고, 남녀평등을 명시한 헌법이 공포되었다. 무엇보다도 1950년 6·25전쟁은 급격한 정치상황의 변화와 맞물려 여성정책에도 중요한 변수로 작용하였다. 그리고 1956년 '여성지위향상추진 연구단체'의 등장도 여성정책 발전에 중요한 동인이 되었다.

본 연구에서 이용한 자료는 다음과 같이 세 가지 유형으로 나뉜다.

첫째는 정부가 간행한 각종 문헌자료를 들 수 있다. 통계자료로는 보건사회부가 발행한 『보건사회통계연보』, 내무부의 『통계연감』 등 정부간행물, 정부문서로는 정부기록보존소의 공문서와 국회회의록·속기록 등을 들 수 있다.

두 번째는 당시의 시대상과 여성정책 추진 상황 등을 알 수 있는 잡지, 신문, 단행본, 조사보고서 등을 들 수 있다. 여기에는 부녀국이 발행한 『새살림』을 비롯하여 당시 여성의 실상을 생생하게 보여 주는 다양한 자료들이 남아 있다.

세 번째는 1970년대 이후에 발간된 2차 자료로서 이 시기 여성정책 파악에 도움이 된다. 대표적인 자료는 보건사회부 발행의 『부녀행정 40년사』와 『부녀행정 30년사(안)』, 가정법률상담소의 『가정법률상담소 30년사』, 정무장관(제2)실의 『한국여성발전 50년』, 한국부인회의 『한국여성운동사 인물중심: 1945－1983』 등을 들 수 있다.

# Ⅱ 여성정책담당 기구의 설치와 변화

정부조직은 그 국가의 이념, 그리고 그 정부의 정책과 불가분의 관계에 있다. 그리고 정책의 변화는 정부조직 구조의 개편을 유도한다. 정부 조직 내 하부구조의 개편은 상부구조의 형태, 그 정부가 지향하는 정책의 방향, 내용 등을 고려하여 체계적으로 연구해야 기구 개편의 의미도 정확하게 이해할 수 있다.[14] 그러나 현실정치에서는 정책적 목적보다 정치적 고려에서 정부조직을 개편하는 경우를 종종 볼 수 있다. 한국의 헌정사를 볼 때, 중앙 행정기관의 개편이 경제발전과 같은 정책적 목적에 의해 추진된 경우도 있지만, 집권자의 정권 연장과 같은 정치적 목적에서 헌법을 개정하고, 행정기능을 조정하였다. 이런 맥락에서 정부기구의 개편도 다분히 정치적인 목적에서 추진되었다.[15]

현대 한국의 기원이 되는 제1공화국은 민주주의 국가 건립이라는 국가이념에 따라 정부기구를 조직하고 개편했다기보다는 집권여

---

14) 보건사회부, 1987, 『부녀행정 40년사』, 671쪽.
15) 총무처, 1982, 『행정개혁사』, 22－23쪽.

당의 정치적 필요성에 의해 기구를 개편한 측면이 강했다. 즉, 이승만 대통령의 권력 강화의 의지가 행정기구 개편에도 큰 역할을 하였다. 그리고 6·25전쟁과 같은 외부적 여건의 변화 또한 정부조직 개편의 주요 요인의 하나였다. 여성정책담당 기구 또한 이러한 큰 틀을 벗어나지 못했다. 정치사회적 환경이 여성정책담당 행정기구의 변천에 어떤 영향을 주었으며, 구체적인 개편내용은 무엇이며, 그 의미는 무엇인가를 살펴보고자 한다. 또한 여성정책담당 기구에 직접 참여했거나 여성정책의 결정과 집행에 영향력을 행사한 여성들의 특성에 대해서도 살펴보고자 한다.

여성정책이라 하면 그 범위가 매우 광범위하다. 여성을 정책의 대상으로 한다는 의미로 본다면 비단 부녀국만 여성정책을 담당하는 부서가 아니다. 예를 들어 부녀국 외에 여성들로만 이루어졌던 간호원에 대한 업무를 담당하는 간호사업과 등도 여성정책을 담당하는 행정기구로 볼 수 있을 것이다. 그러나 본 연구는 부녀국 여성의 전반적인 지위 향상을 위한 여성정책 또는 여성행정의 주무부서라는 입장에서 부녀국을 연구의 대상으로 삼았다.

## 1. 부녀국의 설치와 개편과정

### 1) 미군정기 부녀국의 기능과 역할

한국 역사상 여성들을 주요 행정대상으로 삼은 최초의 정부기구는 미군정기에 발족한 부녀국이었다. 제1공화국의 부녀국은 미군정의 부녀국을 계승하였다. 본 절에서는 역사적 연속성의 측면에서 제1공화국 부녀국의 설치와 개편과정을 살펴보기 전에 미군정기 부녀국의 기능과 변화에 대해서 먼저 고찰하고자 한다.

한국여성에게 8·15해방은 특별한 의미가 있었다. 일제의 구속으로부터 해방과 전통적인 가부장제 봉건 구습으로부터 벗어날 수 있는 기회, 즉 일제와 봉건 구습이라는 이중의 구속으로부터의 해방을 의미했다. 미군정기는 여성에게 새로운 변화를 가능하게 한 중요한 계기였다.

1945년 8·15해방과 더불어 조선총독부 행정은 종지부를 찍었다. 1945년 9월 7일에 시작된 미군정은 1948년 8월까지 2년 11개월간 계속되었다. 미군정은 비록 짧은 기간 지속되었으나, 한국의 정치, 경제, 사회문화 및 행정제도에 많은 변화를 가져다주었다.

미군정은 '민주주의 질서의 확립'이라는 원칙하에 실제로 적용될 수 있는 구체적인 법령을 만들어 나가면서 정치·경제·사회·문화 등 제반 분야에 걸친 제도적 재건을 도모하였다.

미군정은 조선총독부의 기구를 그대로 이양받았다. 해방 당시 조선총독부의 행정기구는 1943년 12월 10일 조선총독부 훈령 제54호에 의해 개편된 기구였다. 이때 후생국을 두었지만, 과 제도는 미상이었다. 이 후생국이 부녀국의 모체가 되었다. 1919년 8월 19일 당시 기구 개편 시 경무총감부하에 있던 위생과가 경무총감부가 폐지되고 경무국을 두게 됨에 따라 후생국으로 독립되었다가 종전

을 맞았던 것이다.[16]

　미군정은 여러 차례 기구 개편을 하였는데, 착취기관이나 통제기관들을 점차로 폐지하고 복지행정과 대민봉사를 위주로 한 행정기구를 신설 또는 강화하였다. 또한 종래의 국을 부로, 과를 처로 승격시켜 독립국가의 행정기구로서 그 면모를 갖추어 나갔다.[17] 1945년 9월 24일 미군정법령 제1호 '위생국설치에 관한 건'에 의해서 과거 경찰국 내의 위생과가 위생국으로 승격하였다. 1946년 3월에 이르러 국이 부로 승격되는 등 미군정의 행정기구 체제가 확대 정비되었다(미군정법령 제64호). 1946년 4월부터 10월 사이에 미군정 행정부처는 86개 부처에서 117개 부처로 급속히 팽창했으며, 1946년 9월 14일 군정 법령 107호에 의하여 보건후생부에 부인국이 설치되었다.[18]

---

16) 보건사회부, 1987, 674쪽.
17) 그 예로 조선총독부 관방지방과 폐지, 조선총독부 경제국 경제경찰과 폐지, 조선 금융통제회의 해산, 위생국 설치, 조선정부관망외사과 설치, 공보국의 설치, 노동 조정위원회 설치, 토목부의 설치, 부인국의 설치, 사세국의 기구개혁, 중앙토지행 정처의 설치 등을 들 수 있다.: 박영기, 1987, 「우리나라 정부조직의 변천에 관한 역사적 고찰」, 『한국행정학보』 21(1), 101쪽.
18) 미군정 법령 제107호 부인국 설치령
　제1조 부인국의 설치
　조선정부 보건후생부 내에 부인국을 설치함. 부인국장은 부인으로서 차에 임하며 군정장관이 임의 임면할 수 있음. 국장은 필요한 직원을 임명하여 국에 필요한 장소와 용도품을 조달할 권한이 유함.
　제2조 직능급 임무
　부인국은 좌기 직능급 임무를 유함.
　(가) 조선부인의 사회, 경제, 정치급 문화적 개선에 관하여 군정장관에게 진언함.
　(나) 조선부인의 지위급 복지에 관한 자료를 채집하여 그 조사연구의 결과를 발표함.
　(다) 조선부인의 복리증진을 위한 좌기 사항에 관한 의견을 정부기관에 구신하여 그 표준과 방책을 제정함. 단, 좌기 각항은 예시에 불과함.

부녀국 설치는 미군정 당국의 보건후생 업무의 중시와 맥을 같이하는 것이며, 또 다른 측면에서는 노동부, 공보부 등과 함께 수혜자 중심의 행정기구 중 하나였다.[19] 이는 미군정 당국의 여성의 지위 향상을 위한 조처였다. 이와 같이 보건후생부가 중앙부서로 등장하고 또 중앙부서에 부녀국이 창설된 것은 한국 행정사상 처음 있는 일이었다. 지방정부에도 미군정법령 제25호에 의해 도 보건후생부가 설치되었다. 이전의 경찰부 위생과와 내무부 사회과 등에서 맡았던 업무를 보건후생부에서 관장하게 되었던 것이다.

---

    (1) 부녀의 노동조건 개선.
    (2) 부녀의 직장 확대.
    (3) 공업, 농업, 교육, 예술 등 직업급 가정에 처한 부녀의 복지.
    (4) 관청사무에 대한 부인의 활동 범주.
    (5) 보건 특히 임부의 보건급 분만.
    (6) 부인의 참정권.
    (7) 매음부의 취체와 그 제도의 폐지.
    (8) 불량 부녀와 그 교정방법.
    (9) 부녀의 여행에 대한 일반의 보조.
제3조 경비의 지출
    본령 시행에 필요한 경비는 조선정부 재무과에서 차를 지출함.
제4조 유효기간
    본령은 공포 후 10일부터 효력이 생함.
    1946년 9월 14일
    조선군정장관 미국육군 소장 아-취·엘·러-취: 한국법제연구회, 1971, 『미군정법령집』, 여강출판사, 309쪽.
19) 미군정의 기본적 성격은 잠정적, 교량적이었다. 따라서 현상 유지에 중점을 두었으며, 적극적인 개혁이나 창의적인 행정기구를 구상한 것은 아니었다. 한편, 참모기구를 두는 등 미국식 개편도 많이 있었으나, 형식에 불과하였으며, 토착화에는 실패했다. 매년 적자예산을 집행하면서도 기구를 확장하여 미군정 중기 이후에는 행정기구의 간소화가 당면 과제로 등장하였다. 중기 이후에는 기구를 축소하고 경비를 절약하고자 노력하였다.: 이한빈·박동서·박문옥·유훈·노융희·노정현·동홍욱·서원우·안해균·조석준·함의영·황근식(이하 이한빈 외 11인), 1969, 『한국 행정의 역사적 분석: 1948-1967』, 한국행정문제연구소, 420쪽.

　이러한 조치는 당시 남한의 보건후생 수준이 매우 열약했고 해
외 귀한 동포·월남민·실업자·빈곤민의 범람으로 보건후생기능
이 긴급히 필요하게 되었기 때문이었다. 세계적으로도 2차 대전 후
보건후생에 대한 관심이 고조되고 있었던 데서도 영향을 받았다.[20]
당시 신문은 "조선에 있어서도 부녀자의 사회 경제 정치 문화 등
각 방면에 걸친 완전하고 동등한 민주주의 이념을 실현하기 위해서
(부녀국을) 설치하였으며, 조선부녀자 장래에 있어 정당한 지위를
차지하게 하려는 의도의 직접적인 표현"이라며, 부녀국 설치를 환
영하였다.[21]

　부녀국에서는 여성의 사회, 경제 정치 및 문화적 생활개선, 복지
향상을 위한 자료의 수집, 조사연구, 부녀노동 조건 개선, 직장 및
가정에서의 부녀의 복지, 관청사무, 보건, 참정권, 윤락녀의 취체와
그 제도의 폐지, 불량 부녀와 형제 부녀 보호 등의 기능과 임무를
맡게 되었다. 부인국 설치령에서 예시로 제시하고 있는 9가지 사업
중 여성노동과 관련된 규정이 4개 항으로 가장 많아 당시 미군정
당국이 근로여성문제를 중시했음을 알 수 있다. 따라서 부녀국의
하부조직 중 하나로 노동과가 설치되었다.

　부인국 설치령에서 부인 국장에 여성만을 임명하도록 규정한 것
은 우리 역사상 처음으로 고위 공직에 여성들이 참여하게 되었다
는 점에서 의미가 있다. 뿐만 아니라 국장에게는 필요한 직원을 임

---

20) 신상준, 1977, 『미군정기의 남한행정체제』, 한국복지행정연구소, 628-629쪽.
21) 『조선일보』, 1946년 8월 29일.

명할 권한도 주어졌다. 또한 당시 부녀의 높은 문맹률과 남한 단독 총선거 참여에 대한 대국민 홍보의 필요성에서 교육과 참정권 등이 부녀국의 주요 기능에 포함되었다. 초대 국장에는 고황경이 임명되었으며, 고문에는 미국적십자사의 헬렌 닉슨 여사가 임명되었다.[22] 부인국은 경기여고 교장이었던 고황경이 국장으로 취임하면서 곧 부녀국으로 개칭되었다.[23] 그리고 부녀국에는 노동과, 연락과, 아동과가 설치되었다.

부녀국의 세 과 체제에 대해서는 서로 다른 설명이 있다. 첫째는 부녀국의 하부조직인 노동과·연락과·아동과가 실제로는 노동과·연락과의 두 개 과만으로 운영되었다는 것이다.[24] 두 번째는 첫 번째 경우와 마찬가지로 아동과에 대해서는 언급이 없고, 노동과와 연락과가 보호과와 지도과로 바뀌었다는 것이다. 그 이유로 선진국과 당시 남한의 여건이 달랐기 때문이라는 것이다. 일반적으로 산업이 발전한 선진국의 부녀국의 업무가 주로 여성근로자에 관한 문제였기 때문에 그 예에 따라 미군정의 부인국도 미국식으로 노동과를 두었다. 노동과와 관련된 분장 사무는 부녀의 노동조건의

---

22) 앞글.

23) 림영철은 고황경이 부녀국장으로 취임하면서 부인국을 부녀국으로 개칭하였다고 쓰고 있다. 이는 1947년도와 48년도의 부녀국의 계몽지『새살림』의 기사에서 부녀국이라는 용어가 사용된 것으로 보아 림영철의 해석이 맞는 것으로 생각된다.: 림영철, 1988,『바롬 고황경 그의 생애와 교육』, 삼형, 120－121쪽.

24) 보건사회부의『부녀행정40년사』(1987)는 부녀국에 노동과와 연락과 두 개 과를 두었다고 기록하고 있다(674쪽). 또한 같은 책에서 노동과장으로는 김용련(1946－1948. 11)을, 연락과장으로는 이숙자(1946－?)만을 명기하였을 뿐 아동과장이 누락되어 있다(244쪽).

개선, 부녀의 직장 확대, 직업과 가정에서의 부인의 복지 등이었다. 그러나 해방 후 남한의 상황은 산업이 아직 발달 전 단계였고, 따라서 여성근로자의 수도 매우 적었다. 반면에 남과 북에 서로 다른 체제의 국가가 수립되면서 월남하는 부녀자의 보호가 더 시급한 문제로 등장하였다. 당시 남하하는 여성들이 "홍등가에 빠져 매춘부가 된다든가 술집 작부로 전락"하는 경우가 있어 1947년 1월 대한독립촉성국민회의(독촉: 총재 – 이승만, 부총재 – 김구) 선전부에서는 '조선여성들의 풍기단속'을 요망하는 대정부 건의를 제출할 정도였다. 이런 이유로 노동과·연락과 체제를 보호과·지도과 체제로 개편하였다는 것이다.[25]

그러나 이런 기구 개편에 대한 설명은 오류로 보인다. 우선 미군정 부녀국의 기관지였던 『새살림』지에 아동과장 윤종선의 글이 여러 곳에 게재된 것으로 보아 아동과가 계속 존재하였던 것으로 보인다. 노동과와 연락과의 경우도 노동과나 연락과 주최의 교육이나 행사에 관한 기사가 있는 것으로 보아 세 과 체제가 미군정 종료 시까지 이어졌던 것으로 보인다. 다만, 1948년 정부 수립 후 부녀국의 과 단위가 보호과와 지도과였으며, 1947년 6월에 설치된 서울시 부녀과의 하부조직으로 보호계와 지도계가 설치된 것으로 보아 이 세 과가 어느 시점, 아마도 제1공화국 설립 직전에 2개 과(보호과, 지도과) 체제로 개편되었을 가능성도 있는 것으로 보인다. 자료 검토가 필요한 부분이다.

---

25) 림영철, 1988, 120 – 121쪽.

부녀국장 고황경은 부녀국의 업무에 대해 법령상의 부녀국의 분장 사무가 무엇이냐를 떠나 "부녀국의 중심 목적은 조선 여성의 향상"이고, 부녀국의 사업범위는 "육아를 포함한 조선여성에 관계되는 모든 부문"이라고 생각했다.[26)

고황경은 취임 후 곧 지방에 부녀계를 설치하는 일에 착수했다. 그 방법은 중앙의 부녀국 일행이 지방에 가서 간담회를 개최하고, 부녀국의 지방조직 실행위원회를 조직하여 부녀계 설치를 지원하도록 하는 것이었다. 1946년 11월부터 강원도를 시작으로 부녀국장, 닉슨 부녀국 고문, 그리고 직원들이 지방순회에 나섰다. 경북, 경남의 순으로 각 시도를 방문하여 지방의 유지부인들과 여성 지도자를 대상으로 부녀계 설치를 위한 좌담회를 가졌다. 이런 좌담회는 대부분 도지사의 인사말, 닉슨 여사와 고황경 국장의 강연, 그리고 참석자의 토론, 실행위원회 구성의 순으로 진행되었다.

고황경 국장과 닉슨 여사의 강연 내용은 부녀국 설치의 의의, 부녀국 설치령 소개, 부녀국 지방조직실행위원회 구성, 여성 관련 단체의 등록 권장, 여성지위 향상의 중요성, 남녀평등의 진정한 의미, 가정경제와 국가경제와의 관계, 노동 부인을 위한 시설의 필요성, 임산부 보호, 부녀범죄의 문제와 예방, 공창폐지대책위원회 구성, 행려자 보호문제, 축첩문제, 여성 직장의 확대와 사회문제, 여성참정권과 여성교육의 중요성, 미국의 부녀복지 소개 등이었다. 이런

---

26) 고황경, 「부녀국 설치에 대하여」, 보건후생부 부녀국, 『새살림』, 1947년 1월호 창간호, 7-9쪽.

내용은 시대적으로 필요한 내용이었으며, 동시에 여성들의 의식을
계몽하기 위한 주제였다.[27]

좌담회 개최의 가장 중요한 목표는 부녀국의 지방조직실행위원
회를 구성하는 일이었다. 대개 지방유지, 특히 도지사 부인이나 우
익 여성단체에서 활동하던 이들이 위원장으로 선출되었다. 예를 들
어 강원도의 경우, 지방조직실행위원 18명이 임명되었는데, 위원장
에는 춘천 도지사 부인 박해신이 피선되었다.[28] 경상남도의 경우,
실행위원장에 김로전을, 부위원장에 김필애, 방덕수를 포함한 25인
이 선출되었다.[29] 경상북도는 부녀과 실행위원장에 김선인, 부위원
장에 이정덕을 포함하여 19명의 위원을 선정하였다.[30]

지방조직 실행위원이 도지사 부인이나 우익여성 지도자로 구성
되었다는 점은 정부 수립 후 여성단체의 회원 특성이나 활동방향
을 읽을 수 있는 대목이다. 특히 경북 부녀과 설치 좌담회에서 고
황경은 "기존의 애국반, 교회 단체, 과학관계 단체, 고학생 구호단
체, 각 학교 동창회, 자모회, 모자회 등은 속히 부녀국에 등록하여
줄 것"과 "등록하여 주면 관청의 힘으로 뒤를 밀어 주겠다."는 발언
을 하였다.[31] 이는 좌우대립이 심화되던 당시 상황에서 미군정 당

---

27) R생, 「강원도 춘천 부녀국 설치 좌담회」, 부건후생부 부녀국, 『새살림』, 1947년 1월
　　호 창간호, 43–44쪽, 편집국, 「경남북 부인과 설치에 대하여」, 보건후생부 부녀
　　국, 『새살림』, 1947년 2–3월호, 김용련(노동과), 「드디어 부녀계는 탄생하였다」,
　　부건후생부 부녀국, 『새살림』, 1948년 1–2월호, 50–52쪽.
28) 보건후생부 부녀국, 『새살림』 1947년 1월호, 44쪽.
29) 보건후생부 부녀국, 『새살림』, 1947년 2–3월호, 47쪽.
30) 앞글, 57쪽.
31) 앞글, 54쪽.

국이 부녀국을 통해 좌익 여성단체를 배제하고, 우익 여성단체로 통합해 가고 있음을 보여 주는 것이라 할 수 있다. 해방 직후 좌우익이 함께 결성했던 건국부녀동맹이 우익 인사들의 탈퇴로 와해되고 우익과 좌익이 각각 다른 단체를 결성하여 활동을 벌이면서도 공창폐지운동의 경우는 힘을 합하여 목적을 달성하기도 했으나 미군정이 점차 사회주의계열의 단체를 탄압함에 따라 그 세력이 축소 일로를 걷고 있었다.

부녀국이 시도에 부녀국 설립을 독려한 결과, 1947년도에 오면 모든 시도에서 부녀담당 행정조직의 결성을 마칠 수 있었다. 서울시의 경우는 1947년 6월에 부녀과를 설치하였다. 그리고 1947년 10월 6일 충남을 시작으로 11월 4일까지, 충북, 전남, 충남, 경북, 강원의 순으로 지역 부녀계가 설치되었다. 경기도는 당분간 의무국 간호사업계에서 겸임하기로 하였다. 전북과 제주도는 11월 13일까지 설치하기로 하였다.[32] 고황국 국장 일행이 1946년도 1차 순회에 이어 1947년도 2차 순회하면서 도지사로부터 부녀계 설치를 약속받거나 이미 설치한 부녀계 조직 현황은 다음과 같다. 다만, 이는 어디까지나 구두 약속으로 그 후에 각 지방의 실정에 맞게 직제화되었다(<표 Ⅱ-1> 참조).

---

32) 김용련(노동과), 1948, 「드디어 부녀계는 탄생하였다」, 부건후생부 부녀국, 『새살림』, 1948년 1-2월호, 50-52쪽.

〈표 II - 1〉 미군정기 지방의 부녀계 조직 현황

| 지　역 | 좌담회 개최 | 설　치 | 설치내용 |
| --- | --- | --- | --- |
| 서울특별시 | － | 1947.6 | 후생국 부녀과 내 보호계, 지도계 설치 |
| 강원도 | 1946.11 | 1947.11.4 | 부녀계 |
| 경기도 | － | 1947.11.11 | 의무국, 간호사업계에서 겸임 |
| 경상북도 | 1946.12.3 | 1947.10.27 | 부녀계 |
| 경상남도 | 1946.12.9 | 1947.10.23 | 부녀계 |
| 충청북도 | 1947.10.6 | 1947.10.8 | 계장과 계원 2명, 총 3명 약속 |
| 충청남도 | 1947.10.16 | 1947.10.16 | 부녀계 탄생 |
| 전라북도 | 1947.10.10 | 1947.11.13 | 미완 |
| 전라남도 | 1947.10.12 | 1947.10.13 | 부녀계 탄생 |
| 제주도 | － | 1947.11.13 | 미완 |

자료: 보건사회부, 1975, 『부녀행정30년사(안)』, 110쪽, 김용련(노동과), 「드듸여 부녀계는 탄생하였다」, 보건후생부 부녀국, 『새살림』, 1948년 1-2월호, 50-52쪽. 참조 작성.

　　지방 부녀계 설치를 마친 후, 부녀국은 '지방 계장 회의'를 소집하였다. 이 회의는 1947년 11월 13 - 14일에 개최되었다. 오전 9시부터 12시까지 부녀국 회의실에서 열렸다. 첫날에는 고황경 국장이 '여자 행정관으로 알아 둘 것 몇 가지'에 대한 강의와 아동과장 윤종선의 '아동과에서 하는 계획과 연하여 사업보고'가 있었으며, 마지막으로 영화시사회가 있었다. 둘째 날에는 고황경의 급수관기(給數官紀, 공무원의 등급과 이에 따른 기강의 문제)에 관한 상세한 설명이 있은 후, 국장의 출장 이후 진행 상황에 대해 각 지방계장

의 보고가 있었다. 이 회의 보고에 따르면 공창폐지대책위원회가
조직된 곳이 경남의 부산과 마산, 경북의 대구, 충남 대전, 서울,
충북 청주, 전남 광주, 경기 인천이었다. 또한 시울시 부녀과 과장
인 김성실의 '시청 부인과에서 하는 사업에 관하여'라는 발표가 있
었다.

이 회의에 참석한 인물은 송국철 김필애(부산), 황숙현(대구), 이
순선 송병재(대전), 김순이(진주), 한진광(마산), 김경희(서울), 조윤
순(제주), 조아라(광주) 이경지(개성)로 지방에서 여성정책을 담당하
는 공무원들이었다. 끝으로 이들에게는 12월중 실천사항 목표로
'직업여성의 조사와 부모교육'이라는 과제가 주어졌다. 또한『새살
림』지를 주어 귀향하면, 주민들에게 배포하도록 하였다.33) 부녀국
은 지방에 부녀국이 설치되기 전에도 지방의 여성 지도자를 선정
하여 대표자회의와 강습회를 실시한 바 있다(<표 Ⅱ-2> 참조).

---

33) 보건후생부 부녀국,『새살림』, 1948년 1-2월호, 56쪽.

<표 Ⅱ-2> 지방연락원 대상의 교양교육 및 직무교육

| 회의명 | 장 소 | 참석범위 | 일 자 | 내 용 | 근 거 |
|---|---|---|---|---|---|
| 부녀국 지방연락원 강습회 | 군정청 회의실 | 각 도 대표 부녀국 지방연락원 | 1947.6.27 −28(2일) | 지도자로서 알아야 할 사항 | 『새살림』 1947.12 |
| 부녀국 지방연락원 강습회 | 화신백 화점영 사실 | 지방 각도 대표 부녀국 지방연락원 | 1947. 8.11.−12. | 지난달의 실천사항 검토, 새로운 계획 상의 | 『새살림』 1947.12 |
| 지방대표자 강습회 | 부녀국 회의실 | 각 도 대표 부녀국 지방연락원 | 1947.9. 22−24 | 보선법에 대하여(황애덕), 공창폐지에 관하여, 지방 대표자보고, 공보부활동 사진시사회 | 『새살림』 1947.12 |
| 각 지방 계장회의 | 부녀국 회의실 | 각 도 대표 부녀국 지방연락원 | 1947.11. 3−4 | 여자행정관으로 알아 둘 것 몇 가지(고황경), 아동 과에서 하는 계획과 사업 보고(윤종선), 급수관기 설명, 서울시청부녀과 사 업에 관하여(김성실) 미국 의 광경소개(미군중위) | 『새살림』 1948.1 |

우리나라 역사상 최초로 조직된 여성정책담당 기구인 미군정기 부녀국은 중앙에 이어 지방의 조직을 완료함으로써 한국 여성정책의 기반을 마련했다는 평가를 내릴 수 있다. 그리고 미군정기 부녀국의 사업들은 제1공화국 부녀국에 계승되었다.

## 2) 부녀국 업무의 통합과 전문화

1948년 단독정부 수립 후 초창기 중앙행정기구는 일제 총독부 기구와 미군정하의 기구개편을 토대로 선진 제국의 정부 조직을 참작하여 편성하였다. 1948년 7월 17일 공포한 정부조직법(법률 제1호)에 의해 조직된 중앙행정기구는 11부 4처 3위원회 1실로 되어 있었다. 제1공화국의 정부조직법은 미군정시대의 정부기구를 거의 그대로 '따온' 것에 불과하였다. 이는 곧 옛 조선총독부의 '원형'을 벗어나지 못했다는 것을 의미한다. 그러나 고시위원회와 감찰위원회를 특별히 대통령 소속하에 설치하도록 한 것은 공무원 인사와 기강 확립의 중요성을 강조한 것으로 의미가 있었으며, 미군정으로부터 이어받은 적자재정 때문에 전체적으로 행정기관 간소화 원칙을 지켜 경비를 절약하고자 하였다.[34] 행정수요의 우선순위를 독립국가 수립에 두었고, 행정기능도 그에 따라서 치안과 질서 유지 정도로 단순화하였다.

정부조직법 기초위원회[35]와 국회의 심의과정에서 정부조직 구성에 대한 몇 가지 논란이 제기되었다. 부녀국이 속한 사회부에 대한 논의 내용을 보면, 사회부에 관해서도 국회의 심의과정에서 일부 의원들이 사회부와는 별도로 노동부와 보건후생부를 각각 설치하자고 주장하였다. 노동부를 두자는 안은 일제시대 가장 핍박받았던

---

34) 앞글, 302쪽.
35) 정부조직법 기초위원은 10명으로 거의 법조계 출신이었고, 일제 관료 출신이었다. 유진오, 고병국, 임문항, 권승열, 한근조, 노진설, 노용호, 차윤홍, 김요근, 윤길증 등이었다.

노동자들의 권익을 보장해 주기 위해 노동부를 독립시켜야 된다는 주장이었다. 또한 보건후생부는 선진국에서 보건후생이 가장 중요시되는 문제의 하나이며 국민후생 문제의 낙후를 방지하기 위해서 사회부의 한 국으로 운영하는 것은 불합리하다는 주장이었다. 그러나 이 안에 대해서도 독립한다고 해서 능률적으로 운영되는 것은 아니며, 국가의 재원이 부족하다는 이유로 부결되었다.

1948년 11월 4일 대통령령 제14호 – 27호에 하부조직을 15실 73국 314과로 정비하였다(관보 11호, 1948.11.4), 이때 정비된 하부조직은 미군정기의 남조선과도정부와 비교하여 볼 때 몇 개의 부처를 제외하고는 그대로 답습한 것이었다. 정부기구는 그 후에 수개의 외곽기관과 보건부를 설치한 것을 제외하면 1953년 휴전 시까지 대체로 유지되었다. 국 이하의 하부 기구는 대통령령의 규정사항이었기 때문에 국회는 이에 관하여 공식적으로 간섭하지 못했다. 6·25전쟁 중에는 국방부와 경찰의 국 급 이하 조직의 조정은 있었지만 부처급 자체에는 변동이 없었다. 정부 부처 간의 횡적 조정은 필요한 최소한의 위원회 제도(예를 들어 전시대책위원회, 피난민구호위원회, 종합산업부흥위원회 등)에 의해 해결하려 하였다.[36] 1955년에 와서야 대대적인 정부조직 개편이 있었다.

정부 수립 후 부녀국 소속 부서의 개편 과정을 살펴보고자 한다. 정부조직법 제7조 규정에 의해 1948년 11월 4일에 사회부가 설치되었다. 신설된 사회부에는 비서실, 보건국, 후생국, 노동국, 주택

---

36) 이한빈 외 11인, 1969, 421쪽.

국, 부녀국 등 1실 5국 22과를 두었다. 사회부는 미군정 과도정부의 보건후생부와 노동부가 합쳐진 것으로 경무부, 토목부와 함께 대표적인 축소기구로 꼽힌다. 과도정부의 보건후생부는 16개 국이었으나, 정부 수립 후 사회부 내에는 보건국, 후생국, 주택국, 부녀국의 4개 국만 남기고 모두 폐지되었다. 과도정부의 노동부도 부 자체를 폐지하고 사회부 내의 노동국으로 축소 개편되었다.[37] 미군정 시 보건후생부가 한때 16개의 국을 소유하고 있었던 것에 비하면 매우 축소된 것이었다(<그림 Ⅱ - 1> 참조).[38]

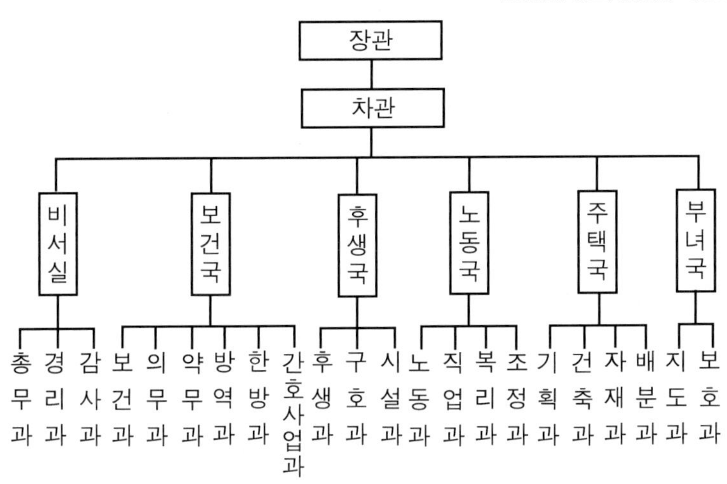



〈그림 Ⅱ-1〉 사회부 직제

---

37) 강혜경, 1998, 「국가형성기(1948 - 1950) 이승만정권의 행정기구 구성과 관료충원 연구」, 『국사관논총』 제79집, 226 - 227쪽.
38) 앞글, 227쪽.

1948년 11월 4일 대통령령 제25호에 의해 부녀국의 과 직제가 확정되었다(제9조). 즉, 부녀국에 지도과와 보호과를 두었다. 지도과는 '부녀의 지도와 교양에 관한 사항'을 분장하였으며, 보호과는 '부녀아동의 보육과 보호시설에 관한 사항'을 분장하였다. 부녀국은 2개 과를 보유하고 있어 사회부에서 가장 규모가 작고, 힘이 없는 소위 말국(末局)으로 편제되었다. 정부 수립과 함께 출범한 중앙행정기구는 제1공화국 기간 동안 수차례의 개편과정을 거쳤는데, 여성정책담당 기구인 부녀국의 개편은 과 단위에서 일어났다.

첫 번째 변화는 생활개선과의 이관으로 나타났다. 1949년 10월 5일 대통령령 제189호로 부녀국에 지도과와 보호과 외에 생활개선과를 두어 2개 과에서 3개 과로 확대되었다. 생활개선과는 '생활개선에 관한 사항을 분장'하도록 규정되었다.

원래 생활개선과는 정부 수립 후 문교부 문화국의 하부조직의 하나였다. 문화국에는 성인교육과, 생활개선과, 교도과, 예술과, 체육과의 5개 과로 구성되어 있었으나(1948.11.4 대통령령 제22호 제8조), 생활개선과가 폐지됨으로써 4개 과가 되었다. 정부 수립 당시 문교부에는 비서실과 5개 국(보통교육국, 고등교육국, 과학교육국, 문화국, 편수국)이 있었다. 그런데 문화국의 생활개선과는 미군정 시 문교부가 보유했던 7개 국(총무국, 보통교육국, 고등교육국, 편수국, 성인교육국, 교화국, 관상국)이 5개 국으로 축소되면서 성인교육국(재교육과, 계몽과)과 교화국(교도과 − 청소년계 · 교도계, 체육과, 예술과 문화시설과)의 기능[39]이 문화국으로 통합, 조정되면서 신설되었던 과였다.

문교부 문화국의 생활개선과가 부녀국으로 이관된 이유는 다음과 같이 설명할 수 있다. 첫째로는 미군정기로부터 부녀국이 생활개선 사업을 주요 업무로 하여 활발하게 펼쳤기 때문에 실제 업무와 부합하게 부처 내 기능을 조정한 것으로 볼 수 있다. 사실 미군정기 부녀국은 부인국 설치령 제2조 가항 '조선부인의 사회, 경제, 정치급(及) 문화적 개선'을 위해 의식주(衣食住)의 실생활개선부터 시작되어야 한다는 점을 인식하고 생활개선을 위한 계몽사업을 활발하게 전개해 왔던 점을 고려하면(Ⅲ장 참조), 오히려 왜 생활개선과가 문교부 직제에 포함되었는지 의구심이 든다.

두 번째로는 부녀국 사업을 확대하기 위한 의도였다는 점을 들 수 있다. 즉 '생활개선에 관한 사항'은 지도과의 '부녀의 지도와 교양에 관한 사항'에 포함될 수도 있으나, 굳이 과를 이관, 3개 과로 확대한 것은 당시 정부의 부녀국 사업을 확대하려는 의지로 해석될 수 있다.

세 번째는 생활개선 사업이 주로 여성들을 대상으로 실시되었으므로 국의 기능상 부녀국에 더 적합하다고 판단되어 문교부에서 이관된 것으로 해석할 수 있다. 즉 부처 기능의 합리화로 이해된다.[40]

---

39) 문교부, 1988, 『문교40년사』, 72쪽: 이 책에는 생활개선과가 폐지되었다는 기술만 하고 있을 뿐 그 이유에 대해서는 기술하지 않고 있다.

40) 정부기록보존소 문서, 기획처, 「문교부 생활개선과가 사회부로 이관됨에 따르는 4282년도 예산조치에 관한 건」, 277쪽: 이 문서에 의하면 "단기 4282년 10월 5일자로 대통령령 제189호로서 문교부 직제 중 생활개선과가 삭제되고 금일자로 대통령령 제188호로서 사회부 직제 중 생활개선과를 가하여 각각 공포되었으므로 단기 4282년도 문교부 소관 세출예산 중에서 생활개선 관계예산을 단기 4282년도 세입세출예산규정 제2조의 규정에 의하여 사회부 소관으로 좌기와 여히 이관

이때 사회부 직제는 5국에서 4국으로 축소 개편되었다. 동시에 보건국이 보건부로 확대 개편되었다(대통령령 제150호, 1949년 7월 25일). 사회부의 경우 후생국이 사회국으로 개편되었다. 사회국에는 사회과와 군사원호과가 신설되는 등 전반적으로 사회국의 기능이 확대되었다. 사회과의 업무분장을 보면 '민주정신 앙양 및 민심계발에 관한 사항(제6조)'으로 정부 수립 후 기구 정비를 마친 후에 부녀국과 함께 국민의 정신 통합을 기하고, 국민운동을 전개하기 위한 행정기반 조성 차원의 조치였던 것으로 판단된다(<그림 Ⅱ-2> 참조).

1949.10.5. 공포(대통령령 제188호)

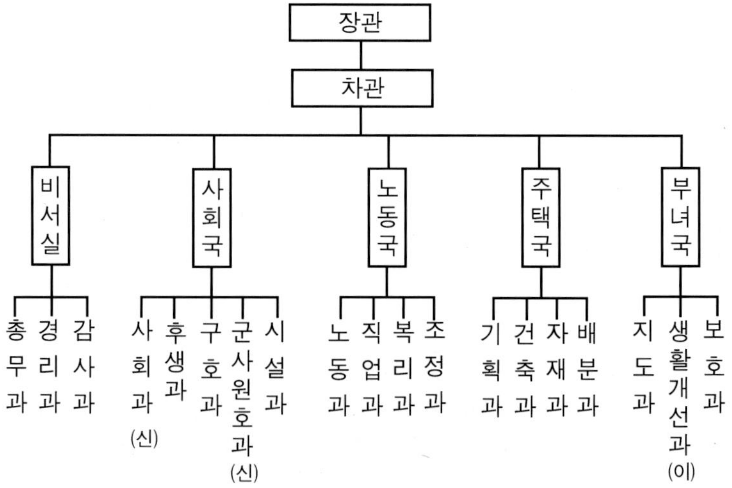

장관 — 차관

- 비서실: 총무과 · 경리과 · 감사과
- 사회국: 사회과(신) · 후생과 · 구호과 · 군사원호과(신) · 시설과
- 노동국: 노동과 · 직업과 · 복리과 · 조정과
- 주택국: 기획과 · 건축과 · 자재과 · 배분과
- 부녀국: 지도과 · 생활개선과(이) · 보호과

자료: 보건사회부, 1987, 『부녀행정 40년사』, 679쪽.

**〈그림 Ⅱ-2〉 사회부 직제**

---

조치를 취함"이라고 되어 있다.

정부 수립 후 각종 기구의 업무분장은 1년이 지나서야 정비되었다. 1949년 12월 14일 각 부처의 세부적인 사무분장 규정이 마련되었다. 부녀국의 사무분장을 보면 다음과 같다(사회부령 제2호 제19조~21조). 부녀국의 지도과, 생활개선과, 보호과는 하부조직으로 각각 2-3개의 계를 두었다. 지도과는 기획계와 교도계, 생활개선과는 연구계와 장려계를, 그리고 보호과는 보호계, 조사계, 아동계를 두었다.

전체적으로 세 과는 모두 조사와 연구를 기본적인 사무로 분장하여, 조사와 연구를 정책수립의 기본으로 인식하고 있었음을 알 수 있다. 정책의 대상에 있어서는 아동을 포함하여 모든 여성을 대상으로 삼고 있다. 즉, 부녀사업지도자, 접객부, 일반여성, 직업여성, 유아, 아동, 임산부 등을 포괄하고 있다. 지도과와 보호과가 정책대상 집단에 따라 업무를 분장하고 있는 데 반해, 생활개선과는 정책의 내용에 따라 업무를 분장하고 있다. 즉, 당시 시대적으로 요청되었던 근대적 생활개선운동의 주체 세력으로 여성을 상정하고 있음을 알 수 있다. 의식주 생활과 관혼상제 관습의 개선에 여성인력을 활용하려는 의도로 보인다.

정부 수립 후 1년이 지난 시점에서 부녀국은 각 과의 계별 업무를 분장함으로써 부녀국 업무가 정립되었다. 부녀국은 지도 업무, 생활개선 업무, 보호 업무의 셋으로 나뉘었다. 지도 업무는 여성의 사회적 지위 향상을 위한 업무로 부녀지도자 양성, 접객부 교화업무, 여성단체 지도 업무 등이 포함되었다. 생활개선 업무는 의식주

생활개선과 관혼상제 등 국민관습을 개선하는 업무였다. 보호 업무
는 여성의 모성보호 관련 업무와 취약여성 보호 업무, 아동보호와
양육에 관한 업무가 포함되었다(<표 Ⅱ - 3> 참조).

그러나 부녀국의 3과 체제도 불과 7개월이 지나 2과 체제로 축
소 개편되었다. 1950년 3월 31일, 대통령령 제311호에 의해 사회
부 하부기구가 통폐합되었다. 종래의 1실(비서실) 4국(사회국, 노동
국, 주택국, 부녀국)이 2과(총무과, 경리과) 3국(사회국, 노동국, 부
녀국)으로 축소되었다. 주택국은 사회국 내의 주택과로 개편되었다
(<그림 Ⅱ - 3> 참조).

부녀국도 지도과와 보호과를 통합하여 부녀과로 개편하고 그 기
능을 조정하였다. 이에 따라, 1948년 제정, 신설되었던 2개의 과가
하나의 과로 통합되었다. 통합된 부녀과는 '부녀의 지도 교양, 부
녀 아동의 보육과 보호시설 및 국내 타 과 주관에 속하지 않는
사항'을 분장하였다. 지도과와 보호과의 업무가 부녀과로 통합된
것으로 직제상으로 3과가 2과로 축소되었으나, 업무는 그대로 존
속하였다.[41]

---

41) 보건사회부, 1987, 680쪽.

**〈표 Ⅱ-3〉 부녀국의 과별 사무분장(1949년)**

1949.12.14 사회부령 제2호

| 과 명 | 계 명 | 분장 사무 |
|---|---|---|
| 지도과 | 기획계 | 1. 부녀사업의 계획수립에 관한 사항 |
| | | 2. 부녀사업지도자 양성에 관한 사항 |
| | | 3. 국제여성사업조사 및 대외선전에 관한 사항 |
| | | 4. 국내 타 과와 과 내 타 계에 속하지 않는 사항 |
| 지도과 | 교도계 | 1. 부녀의 정치 경제 문화 사회의 질적 향상에 관한 사항 |
| | | 2. 가정에 관한 사항 |
| | | 3. 접객부 등의 교화 지도에 관한 사항 |
| | | 4. 여성단체의 지도연락에 관한 사항 |
| 생활개선과 | 연구계 | 1. 신생활정책의 기획 수립에 관한 사항 |
| | | 2. 국민생활의 조사연구에 관한 사항 |
| | | 3. 과 내 타 계에 속하지 않는 사항 |
| | 장려계 | 1. 국민복제 개선 장려에 관한 사항 |
| | | 2. 국민식생활 개선 장려에 관한 사항 |
| | | 3. 국민 주택 개선 장려에 관한 사항 |
| | | 4. 관혼상제 등의 개선 장려에 관한 사항 |
| | | 5. 기타 국민 관습의 개선 장려에 관한 사항 |
| 보호과 | 보호계 | 1. 일반여성 및 임산부의 보호대책에 관한 사항 |
| | | 2. 직업여성보호에 관한 사항 |
| | | 3. 부녀의 보호 상담에 관한 사항 |
| | | 4. 보호시설의 지도 감독 및 조성에 관한 사항 |
| | | 5. 과 내 타 계에 속하지 않는 사항 |
| | 조사계 | 1. 여성 및 유아의 각종 통계에 관한 사항 |
| | | 2. 여성의 취업상황 조사에 관한 사항 |
| | 아동계 | 1. 아동보호 및 양육지도에 관한 사항 |
| | | 2. 모성교육의 지도에 관한 사항 |
| | | 3. 보육시설의 지도조성에 관한 사항 |
| | | 4. 아동건강 상담에 관한 사항 |

자료: 보건사회부, 1987, 『부녀행정40년사』, 680쪽.

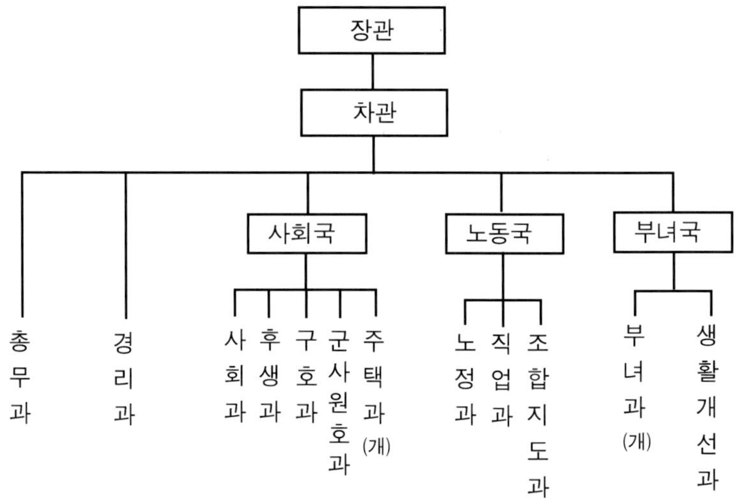

<그림 Ⅱ-3> 사회부 직제

부녀국이 체제를 정비하고 바야흐로 본격적인 사업을 전개하려
는 터에 6·25전쟁이 발발하였다. 6·25전쟁은 기구 개편의 또 하
나의 요인으로 작용하였다. 그러나 1955년에야 기구개편이 이루어
졌다. 따라서 부녀과와 생활개선과의 2과 체제는 1955년까지 지속
되었다. 다만, 부녀과의 업무 중 직업여성 즉, 근로여성에 대한 업
무를 전담하는 부서가 등장한 것은 주목할 만한 변화였다. 1953년
7월에 근로기준법이 제정되자 사회부의 노동국이 기구 개편을 하
게 되었다. 노동국의 하부조직이 노정과, 직업과, 조합지도과에서
노정과, 기준과, 직업과로 개편되었다. 조합지도과가 폐지되고 기준

50

과가 신설되어 3과 체제가 지속되었던 것이다. 그리고 기준과는 '근로계약, 임금, 근로시간, 산업안전, 근로위생, 재해보상, 여자와 소년의 근로, 특수근로조건, 근로자의 복리후생 및 보호에 관한 사항'을 분장하여 여자의 근로업무를 담당하게 되었다(<그림 Ⅱ-4> 참조).

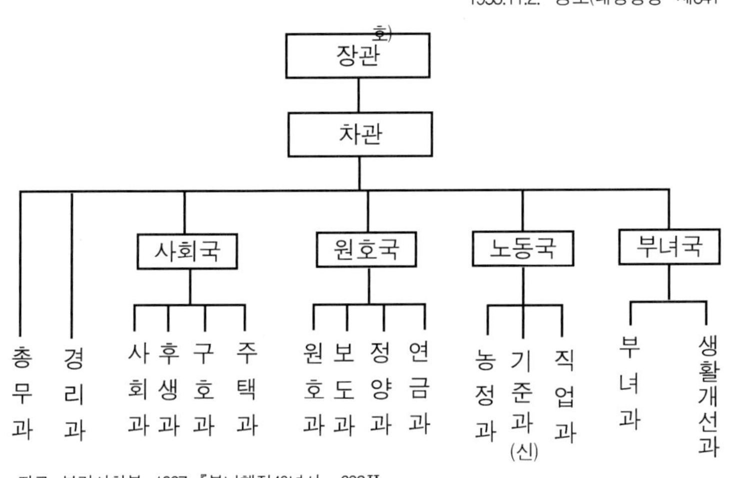


자료: 보건사회부, 1987, 『부녀행정40년사』, 682쪽.

<그림 Ⅱ-4> 사회부 직제

6·25전쟁 외에 또 다른 정부기구 개편의 요인은 헌법 개정이었다. 전쟁과 헌법 개정 등 정국의 변화로 1955년 초에 전문 개정을 포함하는 대규모의 기구 개편이 단행되었다. 1954년의 개헌으로 인해 국무총리제가 폐지됨에 따라 국무총리 소속의 기존 4개 처를 재정비할 필요성이 대두되었다. 국회와 정부는 이 기회에 전재복구를 위한 새로운 기구의 설치, 새로운 행정수요의 충족, 공정한 행정,

상징적 기구의 폐지 등의 목표를 함께 충족시키고자 하였다. 그리고 기구 개편 전반을 지배하는 원리로서 행정간소화를 내세웠고 참모조직을 더 축소하는 방침을 채택하였다.[42] 첫째, 국무총리제 폐지에 따른 조치로 법제처의 법무부 소속, 외무부장관의 수석국무위원화와 총무처의 국무원 사무국화 및 외무부장관에의 귀속, 기획처의 폐지, 공보처의 공보실화와 대통령에의 귀속 등이 있었다. 둘째, 전재복구를 위한 조치로서 부흥부와 부흥위원회 설치, 외자구매처와 외자관리청의 통합과 부흥부의 귀속 등이 있었으며, 셋째, 새로운 행정수요에 부응한 조치로서는 해양주권선언과 해무청의 설치 등이 있었다. 넷째, 행정의 공공성을 나타내는 상징기구인 고시위원회와 감찰위원회의 폐지를 들 수 있으며, 마지막으로 행정간소화 조치로 보건부와 사회부를 통합한 보건사회부의 설치를 들 수 있다.

따라서 여성국의 소속 부서도 사회부에서 보건사회부로 바뀌게 되었다. 사회부와 보건부의 통합에 대해 관련 단체들의 반대가 있었다. 정부조직법 개정안에 대한 1955년 1월 10일 국회 심의를 앞두고 이날 아침 대한부인회 회원 5, 60명이 부녀행정기구 강화를 주장하는 "부녀행정기구를 강화하라, 중대시하라 여성문제를"라는 구호를 내걸고 데모를 벌였다. 여성계뿐만 아니라, 한국사회사업연합회와 상이군인 유지들도 사회부를 폐지하여 보건사회부로 통합하는 데 반대한다는 전단지를 제작하여 국회의원들에게 나누어 주며, 두 부서의 통합을 저지하려 하였다.[43]

---

42) 이한빈 외 11인, 1969, 422쪽.
43) 『조선일보』, 1955년 1월 11일.

중앙정부의 기능이 조정되면서 보건사회부 부녀국에 부녀과와 생활과의 2개 과가 설치되었다(<그림 Ⅱ-5> 참조). 생활과는 생활개선과가 바뀐 것이었다. 과별 업무분장을 보면 부녀과는 '부녀의 지도, 교양, 보호와 부녀조직, 아동의 양호 및 국내(局內) 타 과 주관에 속하지 않는 사항'을 분장하고, 생활과는 '민주정신 앙양 및 국민의 생활개선에 관한 사항'을 분장하였다(보건사회부 직제, 대통령령 제1004호, 제9조). 따라서 이번 기구 개편의 특징이라면 생활개선과가 생활과로 개편되고 '민주정신 앙양'이라는 분장 업무가 추가된 것이었다.

1955.2.17. 공포(대통령령 제1004호)

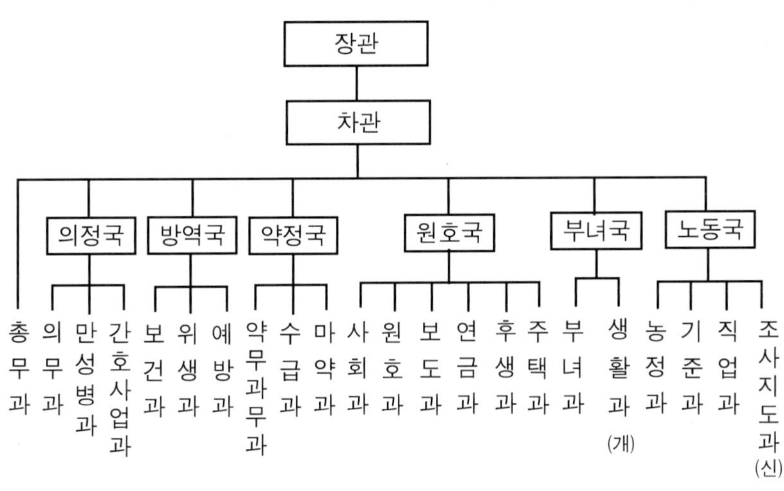


자료: 보건사회부, 1987, 『부녀행정40년사·, 683쪽.

〈그림 Ⅱ-5〉 보건사회부 직제

생활개선과가 생활과로 개편된 것은 부녀국의 업무 영역을 확장하기 위한 조치로 생각된다. '민주정신 앙양'이 부녀국 생활과에 포함된 것은 부녀국이 반드시 생활개선 관련 사업만이 아니라 생활 전반의 사항들을 다루기 위한 것이었다. '민주정신 앙양'이라는 업무는 1949년 10월 5일 사회부의 직제가 확장되었을 때 당시 신설 과였던 사회과의 업무로 처음 등장하였다.[44] 그 후 1955년 보건사회부 발족 시, 사회부의 사회국이 폐지되면서 사회과의 분장 업무인 '민주정신의 앙양'이 부녀국 생활과로 이관된 것이었다.

이때 개편된 상황을 보면, 먼저 보건부는 2과(총무과장, 경리과장) 3국(의정국, 방역국, 약정국)에서 경리과만 폐지된 반면 사회부는 기존의 2과(총무과장, 경리과장), 4국(사회국, 원호국, 노동국, 부녀국) 체제에서 총무과와 사회국이 폐지되었다. 과 단위로 보면 사회국의 구호과, 원호국의 정양과가 폐지되고 다른 과 업무와 통폐합되었다. 사회부와 보건사회부의 국 및 과 단위 업무분장의 변동사항은 다음과 같다(<표 Ⅱ-4> 참조).

---

44) 사회부 직제, 1949.10.5 대통령령 제188호의 제6조는 '사회과는 민주정신 앙양 및 민심계발에 관한 사항을 분장한다.'고 규정하고 있다.

〈표 Ⅱ-4〉 사회부와 보건사회부의 국·과의 변동

| 사회부의 소속 국·과<br>(1953.11.25 대통령령 제841호) | | 보건사회부의 소속 국·과<br>(1955.2.17, 대통령령 제1004호) | |
|---|---|---|---|
| 사회국<br>(5과) | 사회과(**민주정신의 앙양**, 민주계몽, 국민조직 및 기타), 후생과, 구호과, 주택과 | 원호국<br>(6과) | 사회과(사회보장, 사회복지, 공공구호, 재해구호, 기타 사회문제와 사회교화 및 기타), 원호과, 보도과(輔導課), 연금과, 후생과, 주택과 |
| 원호국<br>(4과) | 원호과, 보도과, 정양과(靜養課), 연금과 | | |

이로써 부녀국은 다음과 같은 업무를 분장하게 되었다. 1955년도 부녀국의 업무를 1949년도와 비교해 보면 직제규정상 몇 가지 달라진 점을 발견할 수 있다(<표 Ⅱ-5> 참조). 첫째, 부녀과 업무에서는 지도계몽과 단체 관련 업무의 비중이 커진 것으로 보인다. 그 이유로는 직업여성(또는 근로여성) 업무가 노동국 기준과의 신설로 폐지되었고, 임신여성의 건강 보도 등의 업무도 방역국 보건과의 업무로 규정되었고,[45] 아동 관련 업무나 부녀보호 업무도 후생과에서 유사한 업무를 분장하고 있어 상당부분 약화된 것으로 생각된다. 이외에 삼선개헌 후 이승만 정권의 장기 집권의 의지와도 결부하여 여성단체를 동원한 선전활동을 강화하려는 의도로도 해석할 수 있다. 둘째, 생활개선 관련 업무가 강화되었다. 전쟁 후라는 시대적 배경에서 전시생활개선위원회 업무와 정신무장을 강화하기 위한 민주정신 앙양이라는 업무도 추가로 규정되었다. 또한 관혼상제의 개선을 장려하고

---

45) 보건사회부사무분장규정(1955.7.25 보건사회부령 제3호) 제3장 제5조 보건과 관련 조항임.

자 혼상기관(婚喪機關, 예식장·장의사)을 지도 감독하는 업무가 주어
졌다. 보건사회부 부녀국의 부녀과와 생활과의 2개 과 체제는 약 2
년간 계속되었다.

<표 II-5> 부녀국의 사무분장(1955년)

1955.7.23 보건사회부령 제3호

| 구분 | 부녀과 | 생활과 |
|---|---|---|
| 분장<br>사무 | 1. 부녀지도계몽에 관한 사항<br>2. 부녀교양 및 여권 옹호에 관한 사항<br>3. 부녀보호 및 동 시설에 관한 사항<br>4. 부녀단체조직 및 지도육성에 관한 사항<br>5. 아동양호 및 탁아시설에 관한 사항<br>6. 국내 타 과 주관에 속하지 아니한 사항 | 1. 민주정신의 앙양과 사회생활 지도에 관한 사항<br>2. 국민의례 및 관습 시정에 관한 사항<br>3. 예식부, 장의사 등 혼상기관지도 감독에 관한 사항<br>4. 의식주 생활의 조사연구 및 대책에 관한 사항<br>5. 생활 전반의 합리화 운동을 위한 계몽에 관한 사항<br>6. 전시생활개선위원회 운영에 관한 사항 |

1957년에는 부녀국 내에 아동과가 신설되었다(대통령령 제1304
호, 1957.9.9).[46) 부녀과에서 분장 사무로 가지고 있던 '아동양호
및 탁아시설에 관한 사항'을 전문화하여 확대한 것이다. 이는 기존

---

46) 아동과 신설에 관해 이예행이 국장으로 있을 때 개편되었다는 기록이 있으나 오
류로 생각된다. "1953년 서울로 돌아온 후 이예행은 전화로 폐허가 된 서울을 바
라보면서 밤낮 구호작업에만 매달릴 수 없고, 부녀국 본연의 자세로 돌아가야 한
다고 생각하여 직제 개편에 주력하여 생활개선과와 소년과를 통합하여 아동과로
개편하였다"고 쓰고 있다.: 한국부인회 총본부, 1986, 169쪽.
그러나 이예행은 1955년도에 국장직을 떠났고, 아동과가 신설된 것은 1957년도인
것으로 보아 위 책의 기술은 오류로 생각된다.

에 아동 관련 사무를 관장하고 있던 또 다른 부서인 원호국의 후
생과를 폐지하여 부녀국의 업무로 통합, 이관한 결과이기도 하다
(<그림 Ⅱ-6> 참조).47)

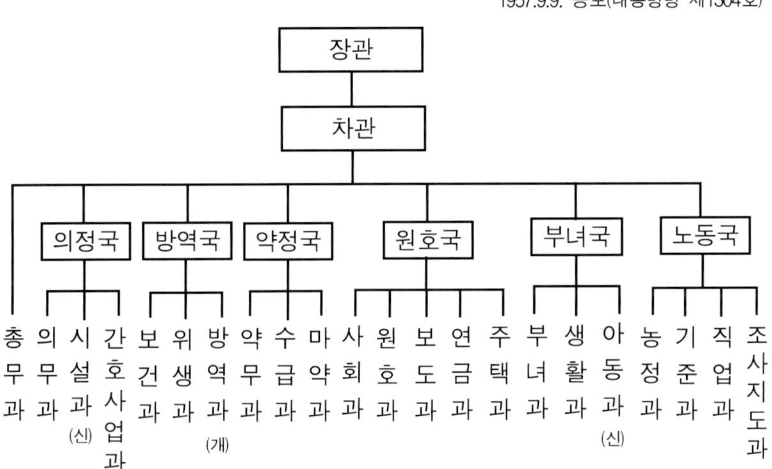


자료: 보건사회부, 1987, 『부녀행정40년사』, 684쪽.

〈그림 Ⅱ-6〉 보건사회부 직제

---

47) 후생과의 분장 사무를 보면, 1. 아동후생위원회에 관한 사항, 2. 후생시설법인설립
에 관한 사항, 3. 후생시설인가 및 폐쇄에 관한 사항, 4. 연장아동 직업보도에 관
한 사항, 5. 후생시설운영 및 감독에 관한 사항, 7. 부랑아 수용보호에 관한 사항,
8. 공영 및 법인후생시설 지도감독에 관한 사항, 9. 후생시설 감사에 관한 사항,
10. 사회사업 종사자 양성 및 훈련에 관한 사항, 11. 아동의 위탁보육, 재활, 혼혈
아 입양에 관한 사항, 12. 후생시설조성에 관한 사항, 13. 수인사무에 관한 사항,
14. 특수 아동의 보호, 배치 및 지도에 관한 사항, 15. 국민 복지시설 운영감독에
관한 사항, 16. 후생복지시설 각종 대장 정리에 관한 사항 등으로 돼 있다.

　이러한 조직개편은 전쟁으로 인한 기아 등 아동문제의 중요성에 비추어 이를 원만하게 수행할 수 있도록 하급조직을 합리적으로 조정하고자 한 것이었다(<그림 Ⅱ-6> 참조). 아동과가 신설됨으로써 부녀국은 2과에서 3과로 확장되었다. 아동과는 '아동의 양호, 수용, 보호, 부랑아 및 연장 아동 문제와 사회사업 종사자의 훈련에 관한 사항' 등을 분장하였다. 따라서 부녀과의 담당업무 중 아동의 양육에 관한 기능은 자연히 삭제되었다. 그리고 부녀국이 확장됨에 따라 부녀국 업무가 보다 전문화되는 방향으로 기구 개편이 이루어진 것이다(<표 Ⅱ-6> 참조). 부녀국의 이러한 3과 체제는 제1공화국이 끝날 때까지 계속되었다. 더욱이 이 3개 과 체제가 계속되는 중에 1963년에는 부녀국의 국명이 아예 부녀아동국으로 개편되었다.

**〈표 Ⅱ-6〉 부녀국의 사무분장**

1959.6.1 보건사회부령 제43호

| 구 분 | 분장 사무 |
|---|---|
| 부녀과 | 1. 부녀지도계몽에 관한 사항<br>2. 부녀교양 및 여권 옹호에 관한 사항<br>3. 부녀보호 및 동 시설에 관한 사항<br>4. 부녀단체조직 및 지도육성에 관한 사항<br>5. 국내 타 과 주관에 속하지 아니한 사항 |
| 생활과 | 1. 민주정신의 앙양(昴揚)과 사회생활 지도에 관한 사항<br>2. 국민의례 및 관습 시정에 관한 사항<br>3. 예식부, 장의사 등 혼상(婚喪)기관 지도 감독에 관한 사항<br>4. 의식주 생활의 조사연구 및 대책에 관한 사항<br>5. 생활 전반의 합리화 운동을 위한 계몽에 관한 사항<br>6. 전시생활개선위원회 운영에 관한 사항 |
| 아동과 | 1. 아동복리에 관한 종합적 기획에 관한 사항<br>2. 아동복리를 위한 법인 설립 및 지도감독에 관한 사항<br>3. 아동복리시설의 인가, 폐쇄 및 조성에 관한 사항<br>4. 아동복리사상의 향상 보급에 관한 사항<br>5. 사회사업종사자 양성 및 훈련에 관한 사항<br>6. 고아, 기아, 유유아(幼乳兒), 지체부자유아(肢體不自由兒), 부랑아(浮浪兒), 정신박약아, 맹농아 아동의 수용, 보호 및 지도에 관한 사항<br>7. 민영 및 아동상담소, 아동복리시설, 지체부자유아시설, 정신박약아시설, 맹아시설, 농아시설, 감화원, 부랑아동보호소 및 탁아시설 등의 설비, 운영에 관한 지도감독에 관한 사항<br>8. 아동의 위탁보육, 양연(養緣), 재활, 혼혈아 입양에 관한 사항<br>9. 연장아동(年長兒童) 직업보도에 관한 사항<br>10. 아동복리를 위한 각종 사회단체의 지도감독에 관한 사항(본조 신설 1959.6.1) |

결론적으로 미군정부터 제1공화국 기간 중의 여성정책담당 기구의 변천을 요약하면 다음과 같다(<표 Ⅱ-7> 참조). 첫째, 제1공화

국 여성정책담당 기구(부녀국)의 개편은 부녀국의 여성정책 업무가 전문화되는 과정이었다. 미분화되고 실험적이었던 미군정 시기의 부녀국 업무가 제1공화국에 들어와 다른 부서의 업무로 배정이 되었다가 전문부서인 부녀국을 찾아 이관되면서 부녀국 업무로 통합, 전문화되는 과정이었다. 부녀국의 과 단위 기구가 통폐합되거나 관련 업무가 타 부서에서 이관되었다. 예를 들면, 문교부 문화국에 있던 생활개선 업무가 부녀국으로 이관되었으며, 미군정기로부터 부녀국 업무로 분장되어 있던 근로여성의 업무가 제1공화국에서도 부녀국 업무였으나, 근로기준법의 제정과 함께 노동국의 기준과로 이관되었고, 또한 미군정 시부터 부녀국 소관 업무였던 아동 업무가 제1공화국에 와서 일부가 후생과의 업무였으나, 부녀국으로 이관되어 전문화되면서 아동과가 신설되었던 것이다.

둘째, 국의 규모 면에서 부녀국은 제1공화국에서 확장되었다. 즉, 부녀국의 하부조직은 2개 과로 출발하여 3개 과로 1개 과가 증설된 채로 제1공화국을 마감했다. 이는 전체적인 경향과도 일치하는 것이었다. 제1공화국 내내 행정의 간소화를 위한 부단한 노력에도 불구하고 건국 초에 11부 4처 6국으로 출발한 정부기구는 제1공화국 말기에는 12부 2실 3청 2특별국 6국으로 확대된 채로 끝났다. 공무원 감원도 여러 차례 대규모 감원을 결행했지만, 결국 1959년도 공무원 수는 1947년과 비교해 3배가 늘어났다.[48]

---

48) 예를 들어 1951년 2월의 2할 감원 결정, 1953년 8월의 2할 5분 감원 결정, 1956년 8월의 경찰관 1811명 감원, 동년 9월의 공무원 6000명의 감원 결정, 동년 9월의 공무원 3835명의 감원 결정, 1958년 10월의 공무원 감원 요강 결정 등이 있었

셋째, 미군정기로부터 제1공화국에 이르기까지 가장 힘이 약했던 부녀국이 끝내 존속하였다. 정부기구 내 단 한 사람의 여자 이사관이 존재했던 부녀국은 정부기구가 개편되거나 축소될 때마다 존폐의 기로에 섰다.[49] 그만큼 힘이 약한 부서로서 역대 부녀국장이 그 기능을 충분히 펼 수 없고 개성을 발휘하기 어려웠고 정부 안의 남자관리의 이해와 협조가 적은 부서였다.[50] 그리하여 정부의 기구 개편 때마다 부녀국의 존속 여부가 거론되어 하룻밤 사이에 없어졌다 다시 살아나는 우여곡절을 겪었다. 비단, 기구 개편뿐 아니라 가장 힘이 약한 부서인 부녀국은 예산 운용에서도 큰 어려움을 겪었다. 예산이 적은 것은 물론이지만 여성들이 어렵게 예산을 따 놓으면 다른 국에서 빼앗아 가는 등 부녀국을 무시하는 일이 예사였다.[51]

---

다.: 이한빈 외 11인, 1969, 423쪽.
49) 부녀국은 정부기구가 개편되거나 축소될 때마다 존폐가 논의될 정도로 주변 부서였다. 따라서 자연 예산도 부내에서 최하위로 1.0%에 불과하였다.: 사회부, 1954, 『사회행정개요』, 40쪽.

〈표〉 1954년도 사회부 세출예산

| 구 분 | 예산액(단위: H\) | 비 율(%) |
|---|---|---|
| 사회본부 | 18,246,654 | 0.5 |
| 사회국 | 823,298,132 | 21.5 |
| 원호국 | 2,278,544,914 | 59.6 |
| 노동국 | 664,473,143 | 17.4 |
| 부녀국 | 39,533,905 | 1.0 |
| 계 | 3,824,096,748 | 100.0 |

50) 정충량 이효재, 1969, 「여성단체 활동에 관한 연구」, 『논총』 제14집, 이화여대 한국문화원, 146쪽.

이러한 여성행정기구에 대한 이해 부족은 1960년 4·19혁명 후 정부기구 개편에서 부녀국을 폐지하려는 움직임까지 나타났었다. 이에 부녀보호사업전국연합회를 위시하여 전국 19개 여성단체에서는 관계 당국에 다음과 같은 건의서를 제출한 바 있다. 내용인즉, "1) 현 보건사회부의 기구축소는 복지사회 건설에 위반되는 일이다. 2) 복지사회 실현에는 여성의 힘이 필요하다. 3) 여성이 행정에 남성과 차별 없이 참여해야 봉건적인 사회인습을 타파할 수 있다. 4) 후진국 여성의 지위 향상은 강력한 부녀행정기구에 있다. 5) 부녀국 폐지는 한국 여성의 사회진출을 저해하는 악조건이다." 등이었다.[52]

뿐만 아니라 1960년 5·16혁명 직후에도 부녀국 폐지의 움직임이 있었다. 4·19혁명 후 다시 부녀국장이 되었던 이예행이 5·16혁명이 일어난 직후 자신이 "국장을 하고 있는 동안 부녀국이 없어졌다는 오명을 쓰고 싶지 않아 미련 없이 국장직을 그만두었다."[53]라고 고백하였다. 이렇게 제1공화국의 몰락 후에도 부녀국 폐지의 움직임이 있었으나 부녀국은 존속하였고, 발전하여 오늘날 여성부가 설치되기에 이르렀다.


51) 한국부인회 총본부, 1986, 173쪽.
52) 『동아일보』, 1960년 12월 29일.
53) 한국부인회 총본부, 1986, 173쪽.

〈표 II-7〉 미군정부터 제1공화국까지의 부녀국 직제의 변화(1946-1960)

| 법 령 | 특 징 | 변 화 내 용 |
|---|---|---|
| 1946.9.14<br>미군정법령<br>107호<br>부녀국설치령 | 부녀국<br>설치<br>3과 체제 | - 전반적인 여성 지위 향상 업무<br>- 보건후생부 내 부녀국에 노동과, 연락과, 아동과 3과 체제 |
| 1948.7.17<br>정부조직법<br>(법률 제1호) | 부녀국<br>설치 | - 미군정기 보건후생부→제1공화국 사회부 체제 |
| 1948.11.4<br>대통령령 25호 | 2과 체제 | - 부녀국의 지도과는 '여성의 지도와 교양에 관한 사항', 보호과는 '부녀아동의 보육과 보호시설에 관한 사항' 분장<br>- 지도과 보호과의 2과 체제 |
| 1949.10.5<br>대통령령 188호 | 업무확장<br>3과 체제 | - 보건부와 사회부의 분리<br>- 사회부 부녀국에 보호과, 지도과, 생활개선과의 3과 체제로 확장<br>- 생활개선과는 '생활개선에 관한 사항' 분장<br>* 문교부 문화국 생활개선과의 부녀국으로 이관 |
| 1950.3.31<br>대통령령 311호 | 업무통합<br>2과 체제 | - 사회부 내 직제 개편<br>- 부녀국의 지도과와 보호과를 폐지, 부녀과로 업무 통합 개편<br>- 부녀과, 생활개선과의 2과 체제<br>- 부녀과는 '부녀의 지도·교양, 부녀·아동의 보육과 보호시설 및 국내 타 과 주관에 속하지 않는 사항' 분장 |
| 1953.11.2<br>대통령령 841호 | 분화 및<br>전문화<br>2과 체제 | - 사회부 노동국 내 기준과 신설, '여자와 소년의 근로' 담당(근로기준법 제정에 따라)<br>- 부녀과, 생활개선과의 2과 체제 |

| 법 령 | 특 징 | 변 화 내 용 |
|---|---|---|
| 1955.2.17<br>대통령령 1004호 | 업무확장<br>2과 체제 | − 보건사회부로 통합(보건부＋사회부)<br>− 부녀국 생활개선과→생활과로 개칭<br>− 부녀과, 생활과의 2과 체제<br>− 생활과 업무에 '민주정신 앙양'이라는 항목 추가<br>* 사회국 사회과 폐지, 관련 업무 이관 |
| 1957.9.9<br>대통령령 1304호 | 업무확장<br>및 전문화<br>3과 체제 | − 부녀국에 아동과 신설<br>− 부녀과, 생활과, 아동과의 3과 체제<br>− 아동과는 '아동의 양호, 수용, 보호불량아 및 연장 아동문제와 사회사업 종사자의 훈련에 관한 사항' 분장<br>* 원호국의 후생과 폐지, 아동 업무 신설, 아동과로 이관 |

# 2. 여성정책담당 공무원의 충원

## 1) 여성정책담당 공무원의 등용

미군정기 관리 충원에 대한 기존의 연구 성과들은 대개 미군정과 제1공화국 기간의 관리 등용정책이 친일파 척결문제와 직결된다고 보고 있다. 해방 이후 일제의 잔재를 척결해야 하는 민족적 과제가 이 기간에 실패로 돌아갔고, 오히려 친일세력이 미국이라는 새로운 외세를 업고 새로운 정치, 경제적 기반을 마련하여 단독정부 수립의 일등공신으로 등장하여 핵심세력으로 활동하게 되었다고

비판하고 있다.[54] 총독부 관료기구가 그대로 확대·강화되어 미군
정의 관료기구가 되었고, 그들의 주요 구성원 역시 전직 총독부관
료든지 아니면 구미에서 유학을 한 일부 친미적 인사로 충원되었
다는 것이다.

대체로 미군정의 관료 충원에는 두 가지 원칙이 적용되었다. 하
나는 영어를 구사할 줄 알고 교육수준이 높을 뿐 아니라 자유주의
이념을 지닌 친미적 인사여야 한다는 점이었고, 다른 하나는 공산
주의에 반대하는 반소(反蘇) 반공주의자여야 한다는 점이었다.

부장(장관)들은 다년간 외국에서 공부했던 인물(미국)이나, 숭실
전문, 연희전문, 세브란스 의학전문 등 개신교계 학교 출신으로 기
독교 신자가 많았고, 1930년대 이후 황국신민화 정책에 참여했던
다수의 인사들이 포함되었다. 지방 관리들의 경우는 일제시대에 관
리로 종사했던 인물들이 중앙보다 더 많이 등용되었다. 지방의 하
급관리로 가면 이런 현상이 더욱 두드러진다. 군수, 도청 군청직원
은 모두 일본 총독부의 지방 관리로 일했었다. 미군정의 이러한 관
리 충원은 미군정이 관리 충원 원칙에서 실용주의적 원칙에 충실
했기 때문이다.[55]

미군정기 여성관리의 수가 정확하게 몇 명이며 어떤 직위에서 일
하였는지에 대해서는 자료의 부재로 파악할 수 없다. 더욱이 여성
정책을 담당했던 관리로 한정한다면 더 어려울 수밖에 없다.[56] 미

---

54) 박태균, 1987, 「1956-1964년 한국경제개발계획의 성립과정-경제개발론의 확산
　　과 미국의 대한정책 변화를 중심으로」, 서울대 대학원 박사학위 논문, 415쪽.
55) 앞글.

군정기 여성정책을 담당했던 공무원을 부녀국이 발행한 『새살림』

지 기사에서 찾아보면 4명 정도 찾을 수 있다. 부녀국장 고황경과

부녀국 산하 세 과의 과장이었던 김용련(노동과장), 윤종선(아동과

장), 이숙자(연락과장)와 부녀국장의 지방 출장에 동행했던 민삼기

등이다. 이들 가운데, 자료를 얻을 수 있는 인물은 고황경뿐이다.

고황경이 부녀국장에 임명된 이유는 두 가지를 들 수 있다. 첫째

는 미군정의 관리 충원 경향과 부합한다는 점이다. 우선 미군정기

등용된 다수의 다른 한국인 관리들과 마찬가지로 고황경은 기독교

신자였다. 그리고 일본과 미국에서 공부한 해외 유학파로 영어에

능통했고 우익 인사였다. 그는 1947년에 김구를 위원장으로 하는

반탁투쟁위원회에서 반탁투쟁 활동도 활발하게 펼쳤었다. 마지막으

로 다른 많은 미군정기 한인 관료들과 마찬가지로 친일의 행적을

갖고 있다는 점이다.[57]

두 번째는 여성문제 전문가라는 점이다. 고황경의 학위논문(제목:

디트로이트에서 발생한 소녀 범죄의 계절적 분포, 미국 미시간대학

---

56) 미군정기에 행정부가 아닌 입법부에서 활동했던 인물로는 과도정부의 관선 입법
의원이었던 신의경(일본 구주제대 졸업, 이화여전 교편, 여성운동가), 박승호(동경
율전영학숙 졸업, 동아일보기자, 독립촉성애국부인회 회장, 여성운동가), 황신덕
(동경일본여자대학졸업, 동아일보기자, 독립촉성애국부인회 정치부장), 박현숙(평
양에서 여성운동, 여자국민당 간부) 등이 있다.: 『동아일보』, 1946년 12월 8일.
57) 고황경은 1938년 1945년까지의 일제 수난기에 금붙이를 헌납하자는 매국 단체 애국
금채회 간사로, 조선부인연구회 지방순회간사로 자신도 모르게 가입되어 있었다. 따
라서 외형상 경력은 친일적인 인물로 평가되나, 모략과 술수로 그의 신변과 사업 지
위 안전을 위협하여 그의 태도를 소극적으로 만들어 조정하려 했고, 정면으로 반항
하지 못하고 피동적으로 끌려 다니면서 동조하는 척했으나, 사실은 일제에 동조하지
않았다고 한다.: 림영철, 1988, 『바롬 고황경 그의 생애와 교육』, 삼형, 64쪽.

교)이 여성문제를 사회학적으로 접근하여 이를 학문적으로 체계화한 한국 최초의 논문이었다. 또 일제시기에 가정료를 세워 해방 이전부터 소녀 전과자의 감화원을 비교적 성공적으로 운영한 경험 등이 감안되었다.[58] 부녀국장으로 임명되기 전의 고황경의 경력을 보면, 1935년에 이화여대 교수로 활약했으며, 해방 후에는 경기여자중학교 교장(1945. 9), 조선교육심의회의 위원, 미국교육사절단(1946년)으로 활약하여 당시로서는 최고의 여성인력임에는 틀림없었다.

정부 수립 후 초대 사회부장관으로 전진한이 입각하면서 부녀국장에 독립촉성애국부인회 회장이었던 박승호를 임명하자, 고황경은 인구문제와 가족계획(산아제한)을 집중적으로 연구하기 위해 미국으로 다시 유학을 갔다.[59] 고황경 국장 외에 과장급들 또한 제1공화국 출범과 함께 그 직을 떠났다.

1948년 남한 단독정부 수립은 행정기구를 비롯해서 많은 부문에서 미군정 또는 일제시대를 계승하였다. 하지만 제1공화국의 관리임용제도는 한마디로 난맥상을 면치 못했다는 평가이다. 정부 수립에 맞추어 정부조직법(1948.7.17)을 제정하고, 1949년 8월에는 전문 57조의 국가공무원법을 제정하였다. 공무원에 대한 기본적인 사항을 법률의 형식으로 규정하여 국가공무원 제도의 체제를 갖추었다. 그러나 공무원법 역시 다른 일제시대 칙령 몇 개를 번역하여 연결하고 정치제제를 고려하여 몇 자를 수정한 것에 불과하였다.[60]

---

58) 앞글, 119쪽.
59) 이들의 정확한 퇴임 날짜는 현재로서는 기록이 없으나, 김용련(노동과장)은 1946년에서 1948년 11월까지 근무한 것으로 나타나고 있다.: 보건사회부, 1987, 244쪽.

이런 평가에도 불구하고 국가공무원법[61]은 공무원에 관한 기본적인 사항을 법률의 형식으로 규정하였다는 점에서 민주화로의 일보 전진이었다. 형식에 있어서도 상당한 정도 실적주의적 요소를 내포하였다. 공무원의 정치적 중립성을 선언하고 공무원 임용상의 기회균등원칙을 명기하는 등 제도적으로는 실적주의에 바탕을 둔 인사행정제도를 지향하였다.

그러나 제1공화국의 공무원 인사제도는 결국 정실주의와 엽관주의에 흐르고 말았다. 제1공화국 초기부터 행정권을 둘러싸고 정치적 대립이 계속 이어져 초기 혼란상을 부채질하였으며, 제도적으로 공무원 실적제도의 운영기관인 총무처가 권한과 지위가 약하여 실효를 거두지 못했고(국무총리에 소속되었으며, 처장은 국무위원이 아니었다), 시험제도 또한 불합리하게 운영되었다. 결국 당시의 정치적 상황, 실정에 맞지 않는 제도의 도입과 운영에 따른 문제점, 그리고 근대적인 인사행정에 대한 인식의 부족 등으로 실패하고 말았다. 정부 수립 후 미군정의 이양 등 행정권 안정의 문제가 중요함에도 불구하고, 이승만 정부는 1948년 12월 파리 유엔총회에서 한국이 국제승인을 받는 데 더 주력하였고, 또한 한민당과 초대

---

60) 이한빈 외 11인, 1969, 436-437쪽. 그 이유로 미군정 때 미국 제도를 도입하였으나 운영에 실패하였고, 이에 따른 행정관리기법의 전환이 쉽지 않았기 때문이다.
61) 그 내용은 네 가지로 요약된다. 1) 모든 관직을 별정직과 일반직으로 2대 구분하고, 일반직을 5계급으로 구분하였다. 2) 채용방법에는 고시와 전형이 있었으며, 고시에는 고등고시와 보통고시가 있었다. 3) 중앙인사행정기관인 총무처와 별도로 고시를 관리하기 위하여 대통령 직속으로 고시위원회를 두었다. 4) 공무원의 국민 전체에 대한 봉사자로서의 성격을 강조하고 정치적 중립성을 규정하였다.: 김중양, 1999, 『한국인사행정론』, 법문사, 10쪽.

내각 구성문제로 대립하면서 행정의 난맥상이 6·25전쟁 시까지 이어졌다.

이 와중에 정부 수립부터 6·25전쟁까지 3명의 여성이 장관급에 진출하였다. 임영신이 초대 상공부장관에, 김활란은 전쟁 중 공보처장에, 역시 전쟁 중에 박현숙이 무임소장관에 임명되었다. 초대 내각 인선은 전적으로 이승만의 단독으로 이루어졌다. 부통령 이시영, 국무총리 이범석, 그리고 12명의 장관이 임명되었다. 각료 선임에서 한민당이 배제되자 제헌국회의 중심세력을 이루고 있던 한민당은 반(反) 이승만을 분명히 했다. 초대 내각은 조각 직후부터 국회로부터 공격을 받았다. 초대 내각에서 최초의 여성장관으로 임명된 임영신 역시 마찬가지였다. 임영신은 입각 직후에는 윤석구 체신장관, 민희식 교통장관과 함께 친일 행적이 문제가 되었는데,[62] 결국 국고 유용 혐의로 주로 한민당 출신으로 구성된 감찰위원회가 고발함에 따라 1년(1948. 8. 4 – 49. 6. 4)이 못 되어 사임하고 말았다.[63]

이승만이 임영신을 상공장관으로 기용한 것은 그가 친이승만 인물이었기 때문이었다. 두 사람의 인연은 임영신의 미국 유학시

---

62) 『남선경제신문』, 1948년 9월 9일.
63) 감찰위원회는 1948년 11월 15일 정식 개청하여 49년 1월부터 활동을 시작하였다. 초대 감찰위원회 위원장은 정인보였다. 이 당시 감위는 주로 한민당의 의도가 관철되는 활동을 했다. 대표적인 경우가 농림부장관 조봉암이 관저 수리비로 300만 원을 유용했다는 혐의로, 상공부장관은 공금을 유용하여 선거에 사용했다는 혐의로 장관직을 사퇴한 건이었다. 당시 감찰위원회 위원은 박순천, 박현숙 외에 이을규, 이종시, 김영직, 강인택 등이었다.

절에 시작되었다. 유엔에서의 활약에 대한 대가라는 해석도 있었고, 임영신에 대해 미국 측에서도 불만이라는 공격이 있었으나, 이승만은 임영신을 상공부장관에 임명했던 것이다.[64] 그만큼 이승만이 신임했던 인물이었다. 임영신은 제1공화국 내내 열렬한 이승만 지지자였다.

그러나 초대 내각은 행정능력의 취약, 대민관계의 악화(정부 관련 산업, 통신, 수송, 공공사업 등), 내각 내 다툼(관할 다툼과 책임 공백), 농림부장관과 상공부장관의 중도 사퇴, 공무원제도의 문제와 봉급 문제, 반민특위 활동과 이로 인한 사회적 사기 저하와 갈등, 국회와 정부 간 갈등의 지속, 권력과 정부직위를 둘러싼 정당 간의 다툼 등으로 인해 내각의 변동이 심각한 수준이었다. 결국 유엔의 대한민국 승인 후 내무부장관(신성모), 사회부장관(이윤영)이 경질되었다. 6·25전쟁 전까지 총 46명의 각료가 경질되었다.[65]

두 번째 여성장관으로 공보처장에 김활란이 선임된 것은 6·25전쟁 중이었다. 이승만 정부는 국난에 직면하여 저명인사들을 정부 요직에 기용하여 위기에 대처하였다. 김활란을 비롯하여 조병옥, 장면, 장택상, 허정, 김준연, 백낙준 등 거물인사들로 거국 내각을

---

64) 이승만 대통령의 자문이었던 로버트 올리버는 편지에서 "미스 임이 상공부장관으로 있는 한 미국은 그 부서를 통해 산업복구 자금을 전달하지 않을 것"이라는 미국무성 대표와의 회견내용을 알려 왔으나, 이승만은 "그 자금은 상공부를 통해서 오는 것이 아니라"는 답변을 하고, 그대로 임용하였다.: 로버트 T. 올리버, 박일영 역, 1990, 『대한민국 건국의 비화』, 계명사, 271쪽.
65) 강혜경, 1998, 「국가형성기(1948−1950) 이승만 정권의 행정기구 구성과 관료충원 연구」, 『국사관논총』 제29집, 236쪽.

형성하여 국민의 신망을 모으고 정치적 안정을 도모하였다. 이와 같은 성공적인 위기대응책은 다분히 카리스마적인 지도력을 체득하고 있던 이승만의 개인적 역량에 힘입은 바 컸다.

김활란의 재임기간은 불과 4개월에 불과하였다. 김활란은 미국에서 공부한 우리나라 최초의 여성박사로서 이화여대 총장이었으며, 세계YWCA의 실행위원을 맡았고, 해방 후 주로 교육위원회 위원이나 단체 활동, 그리고 유엔에서 한국 승인에 기여하였다.

이러한 여성의 내각 진출 외에 정부위원회의 위원이나 국회의원으로 활약한 여성들이 있었다. 정부 수립 후 초대 감찰위원회 위원에 두 명의 여성이 위촉되었다. 박현숙과 박순천이 그들이다. 이들은 일제시대 모두 애국단체에 몸담아 부인운동을 전개했으며, 해방 후에도 일제 여성단체 조직을 발판으로 새로운 여성단체를 조직하여 중요한 직위를 담당했다는 공통점이 있다. 박현숙은 일제치하에서 송죽결사대를 조직하였고, 상해임시정부 자금 갹출운동을 통해 독립운동을 펼쳤고, 투옥된 적도 있었다. 또한 평양여자관장으로서 여성들을 위한 사회사업도 펼쳤다. 해방 후 월남하여 미군정에서 과도입법의원을 지냈고, 민족통일총본부의 부녀부장(1946년)을 역임하는 등 우익 단체 활동을 펼쳤던 인물로 명망 인사였다. 제1공화국에서 대통령 직속으로 공무원에 대한 감독사무를 그 직무로 하는 합의제 행정기관인 감찰위원회 위원에 위촉되었다(1948. 8. 28 - 50. 4. 17). 그 후 1952년에는 무임소장관, 1958년에는 자유당 민의원 의원을 지냈고, 각종 정부 위원회의 위원도 역임하였다. 박현숙은 자유당의 사회부장을 맡는 등 제1공화국 내내 자유당 지지자였다.

박순천 또한 일제시대 독립운동을 하였고, 해방 이후 독립촉성애국부인회 회장을 맡는 등 우익 여성단체 활동을 활발하게 전개했던 인물이다. 박순천은 해방 후부터 정부 수립 직후까지는 이승만 지지자였다. 즉, 초대 감찰위원, 국민회 중앙 총본부 부위원장 등을 맡으면서 친이승만 성향을 보였다. 그러나 6·25전쟁 중 부산정치파동 등을 겪으면서 반이승만으로 돌아섰다. 그 후 제2대, 제4대 국회의원, 그리고 민주당 최고위원을 맡는 등 야당의 길을 걸었다.

김철안은 제3대 국회의원(1956년)과 여성으로서는 최초의 국회사회분과위원회 위원장(1956년)을 역임하였으며, 자유당 부녀부장과 중앙위원을 지낸 자유당 인사였다. 김철안 외에 고황경 또한 미군정기 부녀국장을 사임한 후에는 국회 선거위원회의 위원(1949년)을 지냈다.

제1공화국에서 장관이나 위원 등 고위직에 진출한 여성들의 특징을 보면 다음과 같다. 이들이 고위직에 진출한 첫 번째 가장 중요한 요인은 이승만과의 개인적인 친분이었다. 두 번째는 이들이 전부 우익 여성단체에서 활동한 인물이라는 점이다. 세 번째는 이들이 당시로서는 고학력의 인물이라는 점이다. 더욱이 임영신, 김활란, 고황경은 미국 유학을 했으며, 박순천은 일본 유학을 한 고학력자였다. 독학으로 공부했던 김철안만 예외였다. 네 번째는 이들이 모두 여성단체에 가입하여 활발한 활동을 했다는 점이다. 대부분은 여성운동가를 자임(自任)하고 여성에 대한 계몽과 지위 향상을 위한 적극적인 여성운동을 주장하였다. 실제로 여성운동에 대한 많은 글들을 남겼으며, 여성정책이나 정부사업에도 직접 관여하였다. 그 통로가 여성단체였는데, 고황경과 김활란을 제외한 나머지 여성인물들은 당시 반관반민단체(半官半民團體)였던 대한부인회에서 고위 직책을 맡았다.

이들 외에 여성정책 실무에서 중추적 역할을 했던 국장, 과장직의 여성공무원들은 채용방식이 최고위층의 여성 관료들의 선임과는 일정한 차이가 있었다.

앞에서 설명한 바와 같이 국가공무원법과 지방공무원령이 1949년과 1950년에 각각 제정되었으나, 정치적 상황과 제도적인 미비 등 여러 가지 요인으로 실패로 돌아갔다. 가장 중요한 이유가 정치적 상황 때문이었다. 미군정을 이양하는 과정에서 발생한 행정적 공백 또한 공무원제도의 초기 정착의 저해요인이 되었다.

1948년 정부 수립 후, 가장 시급한 문제 중 하나가 관료 임용 문제였음에도 불구하고, 1949년 8월 국가공무원법이 통과되기 전까지는 공무원법은 물론 고시령이나 전형령 등이 제정되지 않았기 때문에 각 기관에서는 소정의 절차를 밟지 않고 공무원을 우선 채용 임명하였다. 이때 기준이 된 것이 일제 시기와 미군정 시기의 경력이었다. 정부 수립 초기부터 이승만 정부는 미군정 시기 관리들에게 변동이 없을 것임을 수차례 강조하였다. 그럼에도 불구하고 이들조차 수용할 수 있는 인사정책이 제대로 마련되어 있지 않아 혼란을 겪을 수밖에 없었다. 1948년이 다 가도록 11부 4처 가운데 국과장의 인사발령을 완료한 부처는 체신부와 법무부뿐이었다. 부녀국이 속한 사회부도 5개 국 가운데 국장이 발령된 곳은 3곳이었고, 과장급은 미발령 상태였다.[66] 실제로 박승호가 부녀국장으로 발령을 받은 것은 1948년 11월 6일이었고, 이예행이 보호과장으로, 또한 김순화가 지도과장으로 발령을 받은 것은 1949년 3월 30일이었다(<표 Ⅱ-8-2> 참조).

1948년 말부터 공무원에 대한 정비가 시작되었다. 미군정으로부터 인수받은 재정 적자 문제를 해결하기 위해 행정간소화 방침의 일환으로 감원문제가 적극적으로 거론되었다. 1949년에 공무원의 약 3할을 감축하였다. 그럼에도 혼란상은 계속되었는데, 49년 7월에도 공무원 사령을 받지 않고 업무를 수행하고 있는 사람도 있었다. 이런 혼란 속에서 미군정기 공무원 인력을 재검토한다거나 유능한 공무원을 새로 등용하는 일은 추진되기 어려웠다.

1949년 8월 국가공무원법이 제정되어 고시령과 전형령이 발표되면서 인사제도가 궤도에 올랐다. 이 법에 따라 정부 기구 내 공무원에 대한 사정작업이 진행되었다. 그러나 6·25전쟁 전까지 제1회 고시를 마쳤을 뿐이었다. 현직 공무원에 대한 신분 조사 등 전형수속 준비를 마친 상태였을 뿐 전형을 실시하지는 못하였다.[67] 고시에 합격한 인원은 1949년 12월에 실시된 보통고시에서 29명,

---

66) 앞글, 241쪽.
67) 초대 고시위원회 위원장이었던 배은희의 증언: 배은희, 1955, 『나는 왜 싸웠나』, 81쪽.

50년 1월에 실시된 고등고시 행정과에서 5명 등 총 34명에 불과하였다. 1회 고시에서 현직 공무원의 참여는 전혀 없었다고 한다. 사실 당시 공무원들은 정부 수립 후 임시조치로 등용한 것이었으므로 일률적으로 전형을 받거나 일생 동안 직위를 유지하려면 고시를 보아야 했다. 또한 공무원 전형령이 발표된 이상 전형을 받은 후에 정식 임용하는 것이 당연한 원칙이었으나 지켜지지 않았다.

공무원법 제정 이전에는 미군정기 관료가 임시로 임용되는 방식이었고, 공무원법 제정 이후에도 고시보다는 전형에 의해 임용하는 경우가 많았다. 문제가 되는 것은 일제시대 관공리(官公吏)를 새 정부에서 기용하지 못하도록 되어 있었는데도 그대로 남아 있었으며, 심지어 계속 채용되고 있었다는 점이다. 전형도 전공무원에게 제대로 실시되지 않았다. 이 시기 공무원 임용의 문제는 기존 공무원에게 절대 유리한 전형 일변도의 임용제도를 운영한 점이다.

한편, 고시 제도는 시험제도의 불합리성과 극도로 난해한 문제로 응시자 중의 극소수만이 합격되었다. 이를 테면 5급 임용자격을 부여한 고등고시의 응시자 대 합격률은 2.4%에 불과하였으나, 5급 전형 응시자의 합격률은 93.3%로 전형 응시가 절대적으로 유리하였다. 당시 전형은 공개경쟁성이 극히 약하여 사실상 정실임용을 합리화하는 수단에 불과하였다. 결국 전체 공직의 5%만이 공개경쟁방식(고등고시와 보통고시)에 의한 시험합격자로 충당되었을 뿐이다.

더욱이 전체 공무원 중 가장 수가 많은 9급에 대한 고시 또는 전형제도가 없었으므로 9급 공무원은 실질적으로 아무런 시험도 없이 채용되었다. 또한 승진의 합리적 기준이 없었고, 전보도 별다른 능력 발전의 수단이 되지 못하여 일정 계급을 가진 공무원은 그 계급에서 해당하는 여하한 종류의 직위에도 전보될 수 있었다. 이는 사실상 인사권자의 정실에 의해 좌우되었다는 점을 말해 주는 것이다. 이와 같이 국가공무원법이 제정되었음에도 불구하고 일제시기와 미군정기의 관리들이 새 정부에 들어와서 아무런 검증 없이 그 신분이 보장되었으며, 이런 관리들은 이승만 정권의 지지 기반으로서 역할을 하였다.

이런 상황에서 제1공화국에서 여성정책 업무에서 중추적인 역할을 한 중앙부처의 과장급 이상의 여성공무원들과 지방의 계장급 이상의 여성공무원들이 어떤 경로로 임용되었는지 자료의 미비로 파악할 수는 없다. 자료로 파악할 수 있는 범위에서 볼 때, 과장급 이상 중앙의 여성공무원은 7명이며, 지방에서 여성정책 업무를 담당했던 계장 이상 여성공무원은 23명이었다(<표 Ⅱ-8> 참조). 이들의 경우도 앞에서 설명한 상황으로 미루어 대부분 추천에 의해 들어왔을 것으로 생각된다. 그 예로 초대 부녀국장이었던 박승호를 들 수 있다.

박승호는 1948년 8월 박순천이 전진한 초대 사회부장관에게 추천하여 국장에 임명되었다. 박승호와 박순천은 해방 직후 독립촉성 애국부인회에서 같이 활동하였던 동지였다. 이들은 "남녀 없이 범국민운동을 전개하여 문맹퇴치도 해야 하는데, 행정력을 동원하여 전국적으로 파고드는 것이 가장 효과적인 여성운동"이라고 생각하여 박승호가 부녀 행정의 실무를 맡도록 추천한 것이었다. 당시 이들은 "민족대동 단결의 기운이 있으므로 행정력을 동원하여 여성 지위 향상을 위해 여성조직에 본격적으로 착수해야 한다."고 생각했다.68) 처음부터 이들은 여성운동을 위해 행정부의 공무원으로 들어왔고, 여성운동은 행정력을 동원한 여성단체 조직을 통해 활성화될 수 있다고 보았다. 제1공화국 여성운동의 성격을 엿볼 수 있는 대목이다. 박승호는 약 1년 6개월 동안(1948. 11. 6 - 50. 2. 4) 부녀국장으로 재직한 뒤 공립창덕여고 교장으로 발령(1950. 3. 17)을 받았으나, 6 · 25전쟁 중에 납북되어 사망하였다.

박승호보다 약 4개월 뒤 같은 날짜에 부녀국 과장으로 임명된 이예행과 김순화가 어떤 경위로 과장직에 들어오게 되었는지는 알 수 없다. 다만, 이들도 박승호와 같이 추천에 의해 임용되었을 것이라는 추측을 할 수 있을 뿐이다.

박승호의 후임으로는 유각경이 국장으로 임명되었다. 유각경은 일제시대부터 여성단체 활동을 하였고, 해방 후에도 조선애국부인회 재건 회장을 역임하였다. 유각경은 약 2년간 국장으로 재임 (1950. 5. 4 - 52. 4. 28)한 후 감찰위원회 위원으로 자리를 옮겼다. 그 후임으로 이예행이 승진하여 부녀국장이 되었고, 이예행 후임으로는 김순화가, 김순화의 후임으로는 서울시 부녀과장을 역임한 박인순이 국장직을 이어받았다. 제1공화국 기간 이렇게 5명의 부녀국

---

68) 한국부인회총본부, 1986, 164쪽.

장이 탄생되었다. 이들의 재임기간은 1〜3년 미만의 짧은 기간이었
다. 이것은 부녀국장직이 직업공무원 자리라기보다는 특수한 목적
아마도 정치적 목적으로 채용되는 자리로 인식된 것이 아니었나
생각된다.

박승호, 유각경을 포함하여 임영신, 김활란, 박현숙, 박순천 등 제1
공화국 초기에 중용된 여성인물들은 모두 우익 여성단체 출신 인물
들이었다. 이런 점에서 여성단체는 초기 고위 여성공무원의 공급원
이었다. 남성공무원들은 계파의 안배나 일제시대 관료 출신이 임용
되었던 데 반해, 여성고위직의 경우는 이승만과의 개인적인 인연이
나 과거 독립운동 경력, 그리고 미군정기의 우익 단체 활동이 중요한
임용요인이었다. 그 예가 임영신, 박현숙, 박승호, 유각경 등이었다.

과장급 이상 여성공직자들도 대부분 당시로서는 최고의 학력을
가진 여성들로 여성운동에 대한 소명의식을 갖고 있었다. 이들도
대부분의 남성공무원들과 마찬가지로 고시보다는 전형에 의해 입직
하였을 것으로 생각된다. 그리하여 전형위원회의 시험을 거쳤을 것
으로 추측된다. 박인순이 서울시 사회국의 부녀과장 시절인 1954년
에 고등전형위원회 위원 시험에 합격했다는 기록이 있다.69)

그러나 일반직원은 과장의 재량으로 임용했던 것으로 보인다. 서
울시 부녀과 직원으로 임용되었던 변희남을 그 예로 들 수 있다.
변희남은 여고 졸업 후 중고교 교사자격증을 소지하고 있어 아현국
민학교에 있던 서부 훈육소에 이력서를 제출하고, 교사 채용을 기

---

69) 김숙자, 1960, 『한국여류명사집』, 입체문화사, 90쪽.

다리던 중이었다. 그러던 중 마포구 대한부인회에 가입하여 군경원호 사업, 전재민 구호사업에 참여하면서 1953년 4월 서울시청 부녀과 주관 중견지도자 양성강습회에 참가하였다. 각 구에서 5명씩 뽑아서 강습회에 참가시켰는데, 1주간 강습을 받은 후 시장 격려사에 대해 답사하는 것을 보고 당시 서울시 부녀과 과장이었던 박인순의 제의로 서울시 부녀과에서 공무원으로 근무하게 되었다.[70]

또 다른 직원 충원 방식으로 촉탁제를 들 수 있다. 제1공화국 말기에 가면서 부녀행정인력이 부족하게 되었다. 이를 충원하는 방식으로 촉탁제 부녀공무원을 채용하였다. 1958년 현재 남한의 181개 군에 부녀사업 촉탁 직원이 배치되었다.[71]

승진의 경우는 박승호와 유각경을 제외하면 과장에서 국장으로의 승진은 일반적인 경우와 같이 연공서열에 따라 순차적으로 승진하였던 것으로 보인다. 단지, 여성에게는 정상적인 결혼생활이 승진의 자격요건이 되어 결혼하여 남편이 있는 자만 승진할 수 있었다. 서울시의 경우, 박인순 과장이 1958년 2월 보사부 부녀국장으로 승진하여 나가게 되었을 때, 김정희 계장이 승진차례였으나 당시 서울시 과장 자격기준이 대학출신이며, '부부가 공존하는 정상적인 가정을 가진 자라야 한다.'는 규정 때문에 최남형이 과장으로 승진하였다.[72]

---

70) 변희남, 1989, 『부녀복지행정 외길 40년 – 일선행정 퇴임에 붙여 –』, 홍익재, 18 – 19쪽.
71) 보건사회부, 1987, 67쪽.
72) 변희남, 1989, 25쪽.

이들 여성공무원들은 이승만 정권의 독재 권력화가 진행됨에 따라 정치적 성향도 뚜렷해졌다. 이들은 대개 관변단체였던 대한부인회의 회장, 이사 등의 직을 겸직하여 정권의 적극적인 협조자였다. 제1공화국을 통해서 여성정책을 담당했던 계장급 이상의 공무원들은 일반 관료계가 정치화, 여당화로 치달았듯이 이들 또한 여당화, 정치화의 길을 갔다. 부녀국의 과장, 국장은 대한부인회 임원직을 가지고 있었으며, 노골적인 관제 동원에 앞장서거나, 국가사업을 정권 강화에 이용하였거나, 관제 운동에 동원되었다는 이 시대에 대한 일반적인 평가가 여성정책 분야에도 적용될 수 있다.

## 2) 여성정책담당 공무원의 특성

제1공화국에서 여성정책 결정 수준의 공직에 있던 여성관료는 총 15명으로 파악된다. 장관이나 정부 및 입법부의 위원과 의원을 지낸 사람이 6인(임영신, 김활란, 박현숙, 박순천, 김철안, 고황경)이고 부녀국장이 5인(박승호, 유각경, 이예행, 김순화, 박인순)이며, 부녀과장이 4인(선우신영, 연갑순, 문선호, 방호선)이었다.

학력, 경력, 집안 배경 등을 파악할 수 있는 자료가 불비한 김순화와 선우 신영을 제외하고 13명에 대해 이들의 사회경제적 배경과 특성을 분석하면 다음과 같다. 가장 눈에 띄는 것은 김철안을 제외하고 전원이 개신교 신자라는 점이다. 이들이 개신교 신자가 된 것은 집안이 개신교를 믿거나 개신교 선교사가 설립한 학교를 다녔기 때문이다. 따라서 이들의 출신학교는 개신교 학교가 압도적으로 많았다. 구체적으로 이화학당(김활란, 연갑순), 정신학교(유각경, 이예행), 개성호수돈여학교(박인순), 평양정의여고(문선호), 숭의여학교(박현숙), 부산신일여학교(박순천), 전주기전여학교(임영신) 등이다. 고황경은 경기고녀를 졸업했으나, 해주에서 유명한 개신교 집안 출신이었다.

이들의 학력을 보면, 대학을 졸업한 고학력자들이었고, 해외유학파도 다수였다. 해외유학파는 임영신(일본, 미국), 김활란(미국), 박순천(일본), 고황경(미국), 박승호(미국), 유각경(중국), 이예행(일본)으로 반수에 달하였다. 당시 국민의 다수가 문맹이었다는 현실에서 보면 매우 선구적인 인물들이었다.

활동경력을 보면, 당시로서는 최고 학력의 전문직 여성으로 활동하였다. 첫째, 전원이 교사, 교감, 교장 등 교직 관련 직종에 종사하였다. 이들이 교사로 일한 곳은 모교이거나 개신교 선교사들이 세운 여학교였다.

두 번째는 이들 모두가 여성단체 활동에 적극 참여했다는 점이다. 이들이 참여한 여성단체로는 제1공화국의 반관반민 여성단체인 대한부인회가 단연 가장 많았다. 대한부인회 초창기 회장과 부회장으로 참여했던 박순천과 박승호를 비롯해서, 임영신, 박현숙, 김철안, 유각경, 이예행, 박인순 등이 부회장, 최고위원, 이사, 부장 등의 임원직을 보유했다. 정부의 과장급 이상의 공무원은 대한부인회 당연직 임원으로 참여하도록 되어 있었기 때문이다. 대한부인회 정

관에 따르면 '부인회 중앙위원에 부녀국장을 포함'하도록 규정하고
있다. 1958년을 예로 들면 당시 보사부 부녀국장인 박인순이 산업
부장을, 1957년 말에 부녀국장을 사임한 김순화는 조직부장이었다.
그리고 이들은 모두 상임중앙위원이었다.[73]

세 번째는 이들은 대부분 2개 이상의 여성단체에 중복 참여하였
다. 임영신은 자신이 창설한 정당인 대한여자국민당과 대한국방부
녀회에서 회장으로 활동하였고, 여성단체협의체인 전국여성단체연
합회의 회장으로도 활약하였다. 김활란은 다른 이들과는 달리 국제
여성단체 활동을 활발하게 펼쳤다. 그는 YWCA의 국내지부 재건
에 참여했으며, 세계 YWCA 실행위원으로 활동했다. 또 세계여학
사협회 한국지부인 대한여학사협회를 창설하여 회장으로 활동하였
다. 박순천도 대한부인회, 대한여학사협회와 한국여성문제연구원에
도 관여했다. 그러나 그는 1950년 부산 정치파동 이후 이승만과
대립하면서 대한부인회 회장직을 내놓고 야당 정치인으로서 정당
활동에 주력하였다. 고황경은 정부 수립 후 런던 등으로 외국 유학
을 떠나 대한부인회에는 참여하지 않았다. 귀국한 후 1958년에 대
한어머니회를 창설하고 회장이 되었다. 문선호는 대한여자국민당에
서 활약하였다. 유각경은 일제시대부터 YWCA와 여자기독교절제
회 그리고 대한부인회에 참여하였다.

넷째로 이들 중 일부는 정당 활동에 적극 참여했다. 자유당에 직
책을 갖고 친여활동을 한 인물로는 박현숙, 김철안, 유각경을 들

---

73) 대한부인회, 1958, 『대한부인회보 창간호』, 28 - 29쪽.

수 있다. 박현숙은 자유당의 사회부장을 지냈으며(1957), 무임소장 관(1952), 제4대 민의원 의원(1958)을 역임했다. 김철안은 원내자유 당 부녀부장(1952)과 중앙위원(1954)을 지냈고 제3대 국회의원 (1954), 금천군 민의원(1958)에 피선되었다. 유각경은 자유당의 중 요 직책을 갖고 적극적인 정당 활동을 하였다. 이를테면 1957년 정부통령선거대책위원회 위원장, 자유당 중앙당 당무위원(1960) 등 으로 활약했다. 이들과 달리 박순천은 1950년 이래 야당활동을 했 고, 2대와 4대 국회의원을 지냈고, 1956년에는 야당인 민주당 최고 위원에 올랐다.

지방의 경우 중앙과 대동소이한 것으로 추정된다. 그러나 서울시 와 다른 지방자치단체 간에 차이가 있다. 서울시의 경우 과가 설치 되어 있어 사회부나 보사부로 이동이 가능했다. 실제로 박인순이 서울시 사회국 부녀과장을 하다가 1958년에 보사부 부녀국장으로 승진, 이동하였으며, 방호선이 미군정기 때 보호계장(1947 - 48)으 로 근무하다가 1958년부터 보사부 부녀국 부녀과 계장을 거쳐 과 장이 되었다.

서울시 외 다른 지역의 여성정책 업무는 부녀계가 담당했다. 계 장으로 참여했던 인물에 대한 정확한 개인별 경력 사항이나 학력 을 파악할 수 없으나, 중앙과 같이 고학력 여성들로서 대한부인회 의 부장, 총무, 이사, 부회장 등의 직책을 갖고 있었으며, 공무원직 을 동시에 수행하였다. 중앙과 지방에서 공무원으로 활약한 여성들 에 대한 인적사항은 다음과 같다(<표 Ⅱ - 8> 참조).

<표 II-8> 제1공화국의 중앙 및 지방의 주요 여성관료

<표 II-8-1> 제1공화국의 여성장관 및 감찰위원

| 구분 | 이름<br>(출생<br>년도) | 공직직위<br>(재임년도) | 학력 및 주요 경력 | 종교/<br>집안배경 |
|---|---|---|---|---|
| 장관 | 임영신<br>(1898) | 초대 상공부장관<br>(1948.8.4-1949.6.6) | 전주기전여학교 졸업(1918), 일본히로시마고등여학교, 미국남가주대학, 이화학당교사(1922), 중앙보육학교설립(1932), 중앙여자전문학교설립(1945), 민주의원 유엔대표(1946), 초대민의원 의원(1949, 안동), 제2대민의원 당선(1950, 금산), 대한민국부통령입후보(1952), 중앙대학교총장(1953), 유네스코한국대표단고문(1954), 대한교육연합회이사(1959), 여자국민당당수(1945), 대한부인회총본부중앙상임위원(1951), 대한국방부녀회총본부회장(1953), 전국여성단체연합회장(1957), 대한부인회총본부최고위원(1959), 대한여성단체연합회최고위원(1959) | 개신교/<br>부유한<br>지주 |
| | 김활란<br>(1899) | 국제연합파견특사<br>(1948.8.11)<br>중앙교육위원회위원<br>(1950.4.20)<br>공보처장<br>(1950.8.15-50.11.26) | 이화학당, 미국 콜롬비아대학 철학박사, 세계YWCA실행위원, UN한국협회이사, 대한여학사협회장, 이화여자대학교총장, 코리아타임즈사장 | 개신교 |

| 구분 | 이름<br>(출생<br>년도) | 공직직위<br>(재임년도) | 학력 및 주요 경력 | 종교 /<br>집안배경 |
|---|---|---|---|---|
| 장관 | 박현숙<br>(1896) | 감찰위원회위원<br>(1948.8.28- ),<br>선거법규기초위원회위<br>원(1949.3.18),<br>국회선거위원회위원<br>(1949.3.18- ),<br>국회선거위원회위원<br>(1949.2.15- ),<br>중앙선거위원회위원<br>(1952.3.11- )<br>무임소장관(1952) | 숭의여학교, 기미독립운동자로 형무소 수감(1919), 평양숭의여학교교감(1924), 사회사업평양여자관장(1941), 민족통일총본부부녀부장(1946), 남조선과도입법원의원(1946), 대한부인회 최고위원(1953), 자유당사회부장(1957), 민의원의원(1958) | 개신교 / |
| 기타<br>(감찰<br>위원,<br>위원,<br>의원<br>등) | 박순천<br>(1898) | 감찰위원회위원<br>(1948.8.28-1950.4.17) | 부산신일여학교 졸(1917), 일본여자대학사회학부 졸(1917), 독립촉성애국부인회부회장(1946), 대한부인회회장(1949), 대한여학사협회부회장(1954), 마산의신여학교교원(1917), 조선공예주식회자금강전기공장여공감(1939), 중앙여중부교장(1940), 초대감찰위원(1948), 부인신문사창립사장(1948), 국민회중앙총본부부위원장(1949), 제2대국회의원(1950), 민주당최고위원(1956), 4대국회의원(1958) | 개신교, 후에 가톨릭으로 개종 / 시골 한학자 |
| | 김철안<br>(1912) | 제3대국회의원(1954),<br>국회사회분과위원회위<br>원장(1956)<br>금천군민의원재선<br>(1958) | 영덕공립소학교고등과, 명치대학정경강의록, 금릉유치원보모(1929), 대한독촉부인회금천군지부장(1946), 대한부인회 최고위원, 5·10선거금천군갑구입후보(1948), 5·30선거금천군입후보(1950), 원내자유당부녀부장(1952), 자유당중앙위원(1954) | / 가난한 농가 |
| | 고황경<br>(1909) | 국회선거위원회<br>위원(1949.3.25-)<br>미군정부녀국장<br>(1946-48) | 경기여고 졸, 일본 동지사대법학부 졸업, 미시간대사화학박사, 경기여고교장, 이화여대사회학과 교수, 대한어머니회 창설 및 회장 역임, 서울여대총장 | 개신교 /<br>보성전문<br>교장 |

<표 Ⅱ-8-2> 제1공화국 부녀국의 국·과장

| 구분 | 이름<br>(출생<br>년도) | 공직직위<br>(재임년도) | 학력 및 주요 경력 | 종교/<br>집안배경 |
|---|---|---|---|---|
| 국장<br>(이사관) | 박승호 | 사회부 부녀국장<br>(1948.11.6-1950.2.4), | 동경여자 영학숙, 동아일보 기자, 경성가정 여숙 교사, 창덕여고 교장, 독립촉성애국부인회장, 부녀국장 재직 시 대한부인회 부회장 역임, 창덕공립여자중학교 교장(1950.3.17-), 6·25때 납북, 사망 | - |
| | 유각경<br>(1892) | 사회부 부녀국장<br>(1950.5.4-52.4.28),<br>임시구왕릉재산관리<br>위원회위원<br>(1952.3.11-),<br>감찰위원<br>(1952.4.29-)<br>독립기념사업위원회<br>위원(1958.1.7) | 정신여중 졸, 중화민국북경협화여전 졸, 정신여중고 교사, YWCA 회장(1923), 조선여자기독교절제회연합회장(1935), 조선애국부인회재건회장(1945), 대한부인회부회장(1952) 및 최고위원(1954), 정부통령선거대책위원회위원장(1957), 자유당중앙당무임소부장(1956), 부랑아보호대책위원(1957), 4·19 직후 정치범(당시 자유당 중앙당 당무위원)으로 투옥됨-3년형 복역 중 5·16 이후 석방 | 개신교,<br>교육자<br>집안<br>(아버지<br>유성준<br>보성전문<br>교장) |
| 국·<br>과장<br>(이사관<br>·<br>서기관) | 이예행<br>(1906) | 사회부부녀국 보호<br>과장(1949.3.30-),<br>사회부부녀국<br>부녀과장<br>(1950.4.1-1953.5.10)<br>사회부 부녀국장<br>(1952.9.13-),보건사<br>회부 부녀국장<br>(1955.4.14-55.8.31,<br>1960.5.19-1961.7.20) | 정신학교, 일본내량여자고등학교사범 졸업, 호수돈여고·정신여고교사, 대한부인회이사(1949-52), 대한부인회부회장(1952-55), 숙명여고교장, 덕성여자대학교수 | 개신교/<br>교육자 |

| 구 분 | 이름<br>(출생<br>년도) | 공직직위<br>(재임년도) | 학력 및 주요 경력 | 종교/<br>집안배경 |
|---|---|---|---|---|
| 국·<br>과장<br>(이사관<br>·<br>서기관) | 김순화 | 사회부부녀국<br>지도과장<br>(1949.3.30－1950.3)<br>사회부부녀국생활개<br>선과장<br>(1950.4.1－)<br>사회부부녀국부녀과<br>장(1953.5.11－1955.2.<br>23) 부녀국생활과장<br>(1955.2.23－)<br>보건사회부부녀국장<br>서리 (1955.10.4－)<br>보건사회부부녀국장<br>(1956.3.9－57.12.24) | 대한부인회 중앙상임위원(1958) | － |
| | 박인순<br>(1909) | 보사부부녀국장<br>(1958.5.2－1960.5.11)<br>보사부부녀국장서리<br>(1958.2.18－) | 개성호수돈고등여학교, 이화여대가사<br>과, 원산보혜여자관교원(1933), 평북숭<br>덕여학교교원(1934), 대한적십자사창립<br>위원(1947), 대한적십자사중앙집행위원<br>(1950), 고등전형위원회전형시험합격<br>(1954), 대한적십자사비서장(1954), 대한<br>부인회총본부총무부장(1949), 대한부인<br>회 서울시본부회장(1955) 강원도 양양<br>에 출마했다 차점 낙선. | － |
| 과장<br>(서기관) | 선우<br>신영 | 사회부부녀국<br>부녀과장<br>(1955.2.23－1958.12)<br>사회부부녀국생활개<br>선과장<br>(1954.5.6－55.2.23) | 여권실천운동자 클럽 간부 | － |
| | 연갑순 | 보사부부녀국<br>부녀과장<br>(1958.6.23－60.6.2),<br>보사부부녀국<br>생활과장<br>(1957.1.7－) | 이화여자고등보통학교, 이화여전영문<br>과, 교육계 및 사회사업계 종사 12년,<br>한국직업여성협회명예이사 | － |

| 구 분 | 이름<br>(출생<br>년도) | 공직직위<br>(재임년도) | 학력 및 주요 경력 | 종교/<br>집안배경 |
|---|---|---|---|---|
| 과장<br>(서기관) | 문선호<br>(1911) | 보사부부녀국<br>생활과장<br>(1958.6.23 – 1960.6.2) | 신의주보통학교(1926), 평양정의여고<br>(1930), 서울감리교신학교졸(1934), 평양<br>여자고등성경학교교사(1938). 평양여자<br>관부관장(1942), 대한여자국민당중앙당<br>사회부장(1946), 전국여성단체총연맹회<br>총무(1947–50), 대한부인회 이사 및 신<br>생활부장(1949–60), 전국여성단체총협<br>의회 총무 겸 한미고등기술학원부원장<br>(1954–60) | 개신교/<br>가난한<br>농부 |
| 과장<br>·<br>계장<br>(서기관<br>·<br>사무관) | 방호선<br>(1913) | 보사부부녀국<br>부녀과장<br>(1960.3–61)<br>부녀과계장<br>(1958.6.23–) | 일본대판선정여학교 졸(1933), 경기도<br>파주유치원 보모(1936), 개성호수돈여<br>학교강사(1938), 대구신명여학교교사<br>(1940), 대한부인회서울시본부총무<br>(1949–51) | 개신교/<br>정미소<br>운영 |
| | 채리식 | 사회부부녀국지도과<br>(1949.7.28–52.2.19,<br>사무관) | – | – |

<표 II-8-3> 지방의 여성정책담당자

| 구 분 | 이름<br>(출생<br>년도) | 공직직위<br>(재임년도) | 학력 및 주요 경력 | 종교/<br>집안배경 |
|---|---|---|---|---|
| 서울시 | 김성실<br>(1895) | 내무국부녀과장<br>(1949.2.14–50.1.30)<br>부녀과장 (1947– ) | 이화고녀, 이화여대, 미국 매사츠세츠마<br>운트홀녹여자대학, 재건여자기독교청년연<br>합회총무(1929), 이화여중교원(1930), 태화<br>여자관사회부근부(1932), 평북의천여기<br>독교청년회이사(1936), 서울시후생국장기<br>고문보좌관(1946), 대한부인회총본부이사<br>(1949), 여자기독교청년회연합회이사, 대<br>한적십자사부녀부장(1949) | – |
| | 박인순 | 사회국부녀과장<br>(1950.5.18–58.2) | 중앙의 부녀국장과 동일인 | – |

| 구 분 | 이름<br>(출생<br>년도) | 공직직위<br>(재임년도) | 학력 및 주요 경력 | 종교/<br>집안배경 |
| --- | --- | --- | --- | --- |
| 서울시 | 최남형 | 사회국부녀과장<br>(1958.5.2−76.3),<br>지도계장<br>(1949.5−51.5) | 평양여자고등학교, 이화여전학교 졸, 국민학교교원(8년) | − |
| | 윤을순<br>(1916) | 지도계장<br>(1952.4−59.8) | 경기고등여학교, 동국대학정경학부, 여성문제상의소장, 대한부인회서울시본부총무부장, 북진통일여성투쟁위원회서울시위원장 | − |
| | 김정희 | 보호계장<br>(1948.7−62.8) | − | − |
| | 황금옥 | 지도계장<br>(1948.7−49.5) | − | − |
| | 방호선 | 보호계장<br>(1947.11−48.7) | 보사부 부녀계장, 과장과 동일인 | − |
| | 임경애 | 지도계장<br>(1947.12−48.7) | − | − |
| 경기도 | 윤정자 | 부녀계장<br>(1948−59.12.31) | − | − |
| | 황무순 | 부녀계장<br>(1960.1.1−66.11.31) | − | − |
| 강원도 | 박인순 | 부녀계장<br>(1947.11−) | 중앙의 부녀국장과 동일인 | − |
| | 조문자 | 부녀계장(1949−) | − | − |
| 강원도 | 전기자 | 부녀계장<br>(1954.1−60.12.13) | − | − |
| 충북 | 조윤순 | 부녀계장<br>(1947−50) | 정신여학고 졸, 대한부인회충북지부부회장 겸직(1950−) | − |
| | 한구수 | 부녀계장 (1950− | − | − |
| 충남 | 배필옥 | 부녀계장<br>(1947.10.?,1959−<br>12.5−61.12.31) | − | − |
| 전북 | 윤경옥 | 부녀계장<br>(1947.8−?) | 대한여자청년단전북지단장(1952−56), 대한부인회전북도본부회장(1953−61), YWCA전주시지부회장(1955−1960) | − |

| 구 분 | 이름<br>(출생<br>년도) | 공직직위<br>(재임년도) | 학력 및 주요 경력 | 종교/<br>집안배경 |
|---|---|---|---|---|
| 전남 | 조아라<br>(1913) | 부녀계장<br>(1947.10.25－54.4.26) | 수피아여고 졸, 대한부인회 총무, 이사,<br>성빈여사 설립, 호남여숙 설립 | 개신교 |
| 경북 | 김연주 | 부녀계장<br>(1949.1.1－50.10.31) | 대한부인회 경북도본부 조직부장 | － |
| | 엄숙희 | 부녀계장<br>(1951.1.11－52.10.28) | － | － |
| | 이자형 | 부녀계장<br>(1953.4.23－55.3.24) | － | － |
| | 김도연 | 부녀계장<br>(1959.10.27－60.11.14) | － | － |
| 경남 | 윤필오 | 부녀계장<br>(1956.6.23－62.9.10) | － | － |
| 제주 | 미상 | － | － | － |

자료: 김석영, 『여류명사 30인선집－인물평판기』, 숭문사, 1953. 김숙자, 『한국여성명사집』, 입체문화
　　사, 1960. 한국부인회 총본부, 「한국부인회 30년사」, 1993, 보건사회부(1987), 「부녀행정40년사」,
　　안용식 편, 1995, 『대한민국 관료연구』 Ⅰ, Ⅱ, Ⅲ, 연세대학교 사회과학연구소, 참조 정리.
　* 임용 날짜가 안용식의 책과 다른 경우에는 안용식의 책이 관보를 인용한 것이므로 더 정확하다
　　고 판단되어 안용식의 책의 임면 날짜를 사용함. 안용식의 책에는 중앙과 서울시의 5급(사무관
　　급) 이상의 경우만 게재되어 있음. 따로 이 책에서 언급하지 않은 서울시 계장과 지방의 계장의
　　경우는 앞에서 제시한 다른 자료를 활용함.

# 계몽 위주의 여성정책 실시:

## 1948－50년

　1948년 대한민국 정부의 출범은 여성에게 많은 변화를 예고하였다. 남녀평등의 헌법이 제정됨으로써 정부는 관습적으로 행해 오던 차별적 제도의 개선과 더불어 사회구성원의 의식변화를 위한 조치가 필요하게 되었다. 이를 위해 국가 출범과 함께 정부가 여성을 대상으로 실시한 역점 사업이 의식계몽운동이었다. 이는 여성의 문맹률이 남성에 비해 월등하게 높고 여성들의 지식수준이 상대적으로 낮았기 때문이다.[74] 정부는 여성을 대상으로 "한글보급, 의식주생활개선, 자녀보육 및 양육방법의 교화, 정치의식계몽, 미신타파" 등의 계몽사업을 추진하였다. 특히 한글보급에 대해서는 "부녀운동단체의 협력으로 문맹부녀에 대한 기본조사를 실시하여 최단 시일 내에 주부로 하여금 한글신문을 통독할 수 있도록 보급"한다는 적극적인 의지를 가졌다. 또한 "생활경제의 합리화를 위하여 의복·

---

74) 이배용, 2003, 610쪽.

주택·영양의 개선을 지도하고, 전국적으로 관민합작의 부녀운동단
체를 결성하여 부녀에 대한 종합적 교화육성에 전력하고, 유유아
(乳幼兒)의 보육 및 자녀의 교육방법 향상에 대한 교화적 지도를
하고, 민권관념의 보급을 위한 선거 훈련" 등의 사업을 계획하였
다.75) 이러한 계몽사업의 효율적 수행을 위해 1949년 10월 문교부
소속의 생활개선과를 부녀국으로 이관하여 생활개선 업무를 담당하
도록 하였다.

이 장에서는 정부 수립부터 6·25전쟁 발발 전까지 계몽 위주의
여성정책이 어떻게 추진되었는가를 살펴보기로 한다.


## 1. 국가건설과 여성의 역할 확대

### 1) 여성의식계몽사업의 추진

대한민국 정부는 남녀평등의 헌법에 기초하여 수립되었다. 남녀
평등의 헌법이 있다는 것과 여성들이 평등한 권리를 행사한다는
것은 별개의 문제이다. 여성들이 헌법에 규정된 남녀평등권을 행사
하기 위해서는 여성들 스스로가 권리와 의무를 알아야 하나, 여성
들의 의식수준은 이에 월등히 미치지 못하는 것이 현실이었다. 따

---

75) 1948년 10월 6일 초대 사회부장관 전진한의 제1회 83차 국회 본회의에서 여성정책
(부녀사업)에 대한 시정방침: 『시정월보』 창간호, 1949. 1. 5, 29−45쪽.

라서 당시 여성정책을 담당했던 공무원들이나 사회지도층 여성들은 여성들의 의식수준을 향상시키는 것, 즉 계몽이 급선무라고 생각했다. 이러한 인식은 다음의 글에서 잘 나타난다.

> 여성이 주체로서 스스로의 빈곤을 해결해야 한다. 여기서 빈곤이란 정치적으로 볼 때의 빈곤, 사회적으로 볼 때의 빈곤, 문화적으로 볼 때의 빈곤을 말하며 이는 지식의 빈곤, 교양의 빈곤, 의식의 빈곤에서 초래되는 것으로 이런 빈곤이 모두 무식에서 기인하는 것이다. 평등전선에 여성들이 정도를 걸어가기 위해서는 '생각의 준비'와 '지능의 준비'가 필요하다. 그렇기 때문에 당면한 과제는 첫째도 계몽이요, 둘째도 계몽이요, 셋째도 계몽일 수밖에 없다. …… 여성들의 역량을 키워야 하는데, 역량이란 정치적 역량, 사회적 역량, 경제적 역량, 문화적 역량을 말한다. 이러한 역량을 갖지 못한 여성에게 법적으로, 사회적으로 남녀평등을 강조해 봤자 그것은 '우이독경(牛耳讀經)'에 불과하고, 평등은 형식적인 장식물에 불과하다. 대한민국 헌법에서 아무리 여성의 동등권을 승인하고 보장했어도 실제로 여성의 실력이 따르지 않으면 무용지물이라는 것이다. 실력 양성이 중요한데, 이를 위해서 경제적 조건이 갖추어져야 하겠지만 지금까지의 가정제도와 부부도를 새롭게 바꾸지 않고서는 남녀평등의 실체를 바랄 수 없다.76)

이와 같이 민주국가 건설에 있어 여성의 실력 양성과 의식개혁이 필요하며, 이를 위해서는 계몽이 우선 과제라고 생각했다. 여성들이 전통적으로 가정 내 역할을 해 왔지만, 이제 여성들이 경제적 역할도 해야 하며, 따라서 가족제도와 부부역할에도 변화가 있어야 한다고 주장했다.

여성들은 어머니나 아내로서의 역할도 예전과는 달리 근대적이

---

76) 최신덕, 「남녀평등의 실제문제」, 『민성』 5-9호, 1949년 9월.

고 합리적인 방법으로 수행하는 것이 필요했다. 8·15해방 이후 벌써 3년이 흐른 이 시점에서 여성의 해방은 부엌으로부터 시간적 해방에서 시작되어야 한다는 자각이 싹텄다. 여성들이 대부분의 시간을 부엌살림과 빨래에 사용한다고 말해도 과언이 아니기 때문이다. 부엌시간의 절약 없이 여성들의 독서, 강연 강습 참여, 사회봉사활동도 불가능한 일이었다.[77] 따라서 가정생활의 합리적 개선은 필수적인 일이었다.

여성들의 활동으로 가정생활뿐만 아니라 직업 활동도 강조되었다. 제1공화국의 초대 부녀국장인 박승호는 "민주평등국가에서는 직업과 가정은 분리될 수 없고, 양자는 어디까지나 병행되어야 한다. 가정을 합리적으로 관리함으로써 여성의 직업능력도 높아질 수 있는 것이다. 가정인으로서 가정을 어떻게 하면 잘 관리할 수 있는가가 중요한 반면, 직업인으로서는 능력을 최고로 발휘하는 것도 중요하다. 이 두 가지는 서로 분리될 수 없는 것이다. 즉 우리의 가정을 합리화하고 시간과 정력의 소비를 최소화시킴으로써 다른 방면으로 자신을 발휘 향상시킬 수 있는 것이며 나의 충분한 활동에 대해 상응하는 대우를 받을 수 있도록 노력하는 것이 여성들에게 부과된 임무라 아니 할 수 없다."고 보았다. 그리하여 그는 부녀국이 여성들의 가정생활을 합리적으로 개선하기 위한 사업을 추진하는 한편, 여성들의 사회적 진출을 위한 방안도 마련해야 한다고 생각했다.[78]

---

77) 최명숙, 「생활개선에 대한 소감」, 『새살림』, 1948년 6월.

제1공화국의 계몽사업은 미군정기의 사업을 계승한 것으로 미군
정 당국은 문맹퇴치 사업을 민주주의 제도의 정착과 좌익과의 이
념투쟁과정에서 최우선 과제로 보았다. 그 이유는 "공산주의자들이
무식 대중을 현혹하여 민주주의 국가 정체를 위협한다."고 보았기
때문이다. 미군정기에 관민이 일치하여 활발하게 문맹퇴치 운동을
전개했으며 소정의 성과도 거두었다.[79] 미군정기 문맹퇴치 사업은
문교부 성인교육국에서 주도하였으나, 부녀대상의 문맹퇴치 사업은
부녀국이 중심이 되어 추진되었다. 당시 문맹퇴치 사업은 단순히
문자해득 교육이 아니라 민주국가의 시민으로서 여성들의 자질향상
과 사회진출을 촉진하기 위한 의식 개혁 사업이었다. 전통적인 가
정역할인 주부의 역할을 근대적, 합리적으로 수행토록 함과 동시에
직업인, 또는 사회인으로서의 역할, 때로는 정치인으로서의 가능성
도 강조하였다.

다음의 글은 여성들에게 급한 것은 가정제도의 개혁인데, 이보다
더 큰 문제는 국문부터 쓸 수 있어야 한다는 절박한 심정을 표현
하고 있다.

> 우리는 이미 안해(아내)된 책임 며느리의 책임 또 어머니의 책임으로 분
> 주하다. 하루 이십사 시간이 우리에게는 짧으며 할 일은 너무도 많다. 그 할
> 일이란 것은 전부가 육체의 노동이요, 노예적 노동이요, 죽는 날까지 마치지

---

78) 박승호, 「여성과 직업」, 『민성』 5 - 9, 1949년 9월. 49쪽.
79) 미군정기 문맹퇴치 사업의 결과, 남한민의 문맹자비율이 1945년 8월 31일 현재
    79%에서 1947년 8월 31일에는 29%로 줄어들었다.: 신상준, 1997, 『미군정기의
    남한행정체제』, 한국복지행정연구소, 452쪽.

못하는 끝없는 일이다. 지금까지 우리 여성들은 소나 말처럼 대우를 받아 오
고 조선 남성들은 거기에 대한 아무런 반성도 없는 것이다. 우리는 앞으로
우리의 가정제도를 절대적으로 개혁해야 할 것이다. 이 개혁문제는 너무나
큰 문제이므로 다음 기회로 미루고 우리에게 시작해야 될 것은 우리가 알아
야 된다는 것이다. 우선 국문을 읽을 수 있는 여성이 몇 퍼센트나 될까. 나
는 전국 여성의 삼분의 일도 못 되지 않을까 의심한다. 그러면 국문부터 쓸
줄 알아야 다른 문제는 나중 토의할 것이다. …… 이제 우리는 읽는 습관을
시작하자. 날마다 한 시간이라도 아무리 바빠도 밥을 먹고 잠을 자는 것처럼
우리는 잠을 한 시간 덜 자더라도 꼭 책을 몇 페이지라도 읽자![80) ……

미군정 부녀국은 문맹퇴치 사업과 아울러 교양강좌를 개최하여 여
성들의 의식계몽을 꾀하였다. 부녀국은 1948년 3월 27일부터 5월 2
일까지 매주 토요일 약 2개월간 부녀사업관에서 어머니학교를 개설
하였다. 이 행사에는 100명의 부인이 참석하였고, 고황경 국장의 '어
머니와 세계'라는 제목의 강연이 있었으며, 의사 민부식의 '어린이
위생'에 대한 강연, 그리고 총선거에 대한 설명이 있었다.[81) 이와 더
불어 다가올 1948년 5월 10일 총선거에 대한 선전과 문자 교육이
같이 실시되었다. 또한 부녀국이 발간하는 『새살림』지에는 한글을
바로 알리는 기사를 게재하기도 하였고, 야간이나 농한기에 어머니
학교를 개설하여 부녀자 문맹퇴치 사업도 전개했다. YWCA나 기독
교계명협회와 같은 단체에서도 독서보급운동이나 문맹퇴치 사업을
벌여 정부정책에 협조하였다. 이들 단체도 한글 외에 교양교육도 실
시하였다.

---

80) 김메리, 「우리는 먼저 알아야 한다」, 『새살림』 1947년 5월호, 19 - 20쪽.
81) 보건후생부 부녀국, 『새살림』, 1947년 9월.

정부 수립 후 1949년, 부녀국은 지방 시도에도 어머니학교를 개설하였다. 주로 도지사나 군수가 추천한 약 20-30명의 부녀자를 대상으로 약 5일간 국문을 비롯한 교양교육을 실시하는 것이었다. 서울시에서도 시 부녀과 주최로 어머니학교를 개설하였는데, 국문, 음악, 가사 및 위생 등을 무료로 지도하였다. 희망자는 학교나 각 구청 총무과에 신청하였다. 어머니학교가 있었던 동회는 성동구 돈암동 동서남북 각 동회, 마포구 아현동 동회였으며, 영등포구 상공중학교, 성동구 제일교회에도 어머니학교가 개설되었었다.[82]

이와 같이 미군정과 제1공화국의 부녀국은 여성들의 의식계몽사업을 문자계몽운동과 함께 추진하였다. 부녀국은 어머니학교를 개설하거나 계몽지인『새살림』을 발간 배포하는 등의 방법을 통해서 의식계몽사업을 추진하였다. 제1공화국 초기의 여성의식계몽사업은 선거계몽운동과 생활개선 사업으로 구체화되었다.

## 2) 선거계몽운동의 추진

5·10선거를 앞두고는 미군정 부녀국은 선거계몽운동을 활발하게 추진하였다. 이 선거에서 여성들은 한국역사상 처음으로 투표권을 행사하게 되었다. 미군정의 방침은 한국에 민주주의를 정체로 하는 국가를 수립하는 것이었다. 미국이 발표한 군정의 민주화에 관한 8개의 준칙은 서구 민주주의의 본질적 속성을 잘 대변해 주

---

82)『동광신문』, 1949년 2월 5일, 보건사회부, 1975, 124쪽에서 재인용.

며, 이러한 준칙은 한국에도 적용되는 것이었다. 그 원칙은 주권재민의 원칙, 복수정당제, 자유선거를 통한 평화적 정권교체와 정책의 선택, 정당의 조직과 활동의 민주성, 국민의 기본권 보장, 여론형성의 자유보장, 법치주의 원칙, 정부권력 분립 원칙 등으로 서구 민주주의의 기본적 요건이다.[83]

민주주의 정신은 투표권 행사로 구체화된다. 미군정은 1946년 12월 과도입법의원을 개원시켰다. 과도입법의원은 표면적으로는 미소공동위원회의 재개에 대비하여 남한 측 협의 대상이 될 새로운 대표기구를 선출하기 위한 것이었지만, 제2차 미소공위가 결렬될 경우에는 언제든지 남한 단독정부 수립을 위한 사전 준비가 된다는 이중적인 포석을 깔고 출발하였다.[84] 남한단독정부 수립을 위해서는 선거가 필요하고, 이를 위해서는 선거법을 제정해야 했다. 따라서 과도입법의원의 일차적 과제가 바로 보통선거법의 제정이었다. 보통선거법은 1947년 6월 28일에 과도입법의원을 통과하였고, 9월 3일에 공포되었다. 이 선거법은 우익에게 유리한 것이었다. 즉, 선거형태로 단순다수대표제를 채택하였고, 선거구는 소선거구제를 채택하였다. 선거권은 23세, 피선거권 25세, 투표방식은 기표(記票) 대신 자서(自書)로 하여 문맹자를 배제하는 것이었다. 또 특별 선거구를 두어 266석 가운데 36석을 할애하여 38선 이북에 본적을 둔 남한거주자 투표를 집계하도록 하였다.[85]

---

83) 김운태, 1992, 『미군정의 한국통치』, 박영사, 299쪽.
84) 유영익, 2000, 『이승만연구 - 독립운동과 대한민국 건국』, 연세대학교 출판부, 457쪽.

입법의원은 한국 역사상 최초의 여성의원들을 탄생시켜 의회에서 여성들을 대표하여 국가정책 수립에 의견을 개진할 수 있게 되었다. 관선의원 45명 중 4명의 여성 입법의원이 활약하였다. 황신덕(애국부인회), 신의경(여자기독교청년연합회), 박승호(애국부인회), 황현숙(애국부인회)이었다. 이들은 애국부인회와 여자기독교청년협의회(YWCA)라는 두 여성단체의 대표 몫으로 선발된 것이었다. 이들이 참여하게 된 것은 8개 여성단체로 구성된 전국여성단체총연맹이 1946년 11월 13일 독립촉성애국부인회관에서 첫 번째 위원회를 여는 자리에서 여성의 입법의원 참여를 결의하고, 군정 당국에 강력하게 요청한 데 따른 조치였다.[86] 여성단체가 국가 정책결정의 파트너로 인정되었다는 것을 의미하는 것이었다.

이들 네 명의 여성들은 입법의원에 참여한 후 소감을 피력하였다. "처음에는 당황하였으나, 뒤에 단체가 있다는 생각에서 최선을 다하였고, 공부의 필요성을 느껴 많이 배운 자리"였음을 고백하였다. 이들은 여성으로서 '여자대의원을 편법으로 하여 22명의 수효를 확보'하는 일종의 할당제를 주장하였다.[87] 또한 남녀평등권의 법적 인정, 축첩에 대한 법률적 금지, 공창폐지로 인한 문제들을

---

85) 앞글, 459쪽. 『서울신문』, 『동아일보』, 1947년 8월 13일.

86) 『조선일보』, 1946년 11월 21일.

87) 황신덕은 이것을 '여자특별위급법안'이라는 용어를 사용했다.: 황신덕, 「선거법과 부인」, 『새살림』 1947년 9월, 47쪽, 한편 제72차 입법의원에서 총 의원 수 266명 가운데 여자 대의원의 최저 인원 22명을 특별조례로 선발하고, 선거유권자는 남녀구별 없이 25세, 피선거권자 자격은 30세로 하자고 주장하였다.: 『조선일보』, 1947년 5월 14일.

제기하였다. 이들뿐 아니라 여성단체(전국여성단체총연맹)에서도 "장래의 법률은 남녀평등을 보장하는 것이 될 줄 믿고, 우선 현행 법규 중에서 여성에게 불공평하고 불리한 법률은 즉시 폐하여 주기를 희망한다."는 건의서를 내기도 했다.[88] 즉, 경제 정치 문화 부문에서의 남녀평등권의 보장, 선거권에 있어서의 남녀동등권 인정, 노동사회적 보험 및 교육 부문에 있어서의 남녀평등권 보장, 자유결혼 및 이혼에 있어서의 남녀동등권 인정, 상속권에 있어서의 남녀동등권을 요구하였다. 헌법뿐만이 아니라 모든 분야에서의 민주적 입법을 촉구한 것이다. 여성의원들의 주장은 관철되지 못했다. 그 이유는 입법의원이 과도기적 의회로서 "법률을 제정하기보다는 당장 급한 일을 일시적으로 취급하는 데 급급하여 겨우 보통선거법 하나를 통과시킨 데 그쳤기 때문이다."[89]

그럼에도 불구하고 단기간 존속하였던 입법의원이 여성정책사에서 갖는 의미를 찾아볼 수 있다. 그 하나는 여성의원들이 남녀동등권과 축첩금지를 법으로 제정할 것을 주장하여 여성운동의 전략적 목표를 법률의 제정에 두는 선례를 보였다는 점이다. 다른 하나는 '상속권에 있어서 남녀동등권'을 요구하는 등 훗날 민법 제정운동의 싹을 볼 수 있다는 점이다.[90] 무엇보다도 1948년 남한 단독정부 수립을 앞두고 여성 지도자들의 이런 요구들은 1948년 7월 17일 공포된 대한민국 헌법에 수렴되었다.[91] 이로써 민주주의 이념에

---

88) 『입법의회 속기록』 제16호, 1947년 1월 20일.
89) 박승호, 1947, 「입법의원 한 모퉁이에서」, 『새살림』, 1947년 9월호, 10 - 11쪽.
90) 앞글.

입각한 남녀평등권이 헌법상 보장되었던 것이다.

보선법이 제정된 1947년 여름 이후부터 남조선과도정부 주도로 총선거에 대한 홍보가 획기적으로 늘어났다. 각종 서적, 팸플릿, 전단지 및 포스터가 제작, 배포되었고, 정치홍보와 이념교육이 실시되었으며, 남한 전역에 홍보용 영화, 뉴스영화, 미국의 일반영화 등이 상영되었다. 마지막 2달(1948. 3 - 5) 동안 820만 부가 넘는 선거 관련 팸플릿이 살포되었으며, 선거의 중요성과 미국식 민주주의의 우월성이 선전되었다.[92]

선거 직전에 보통선거법이 개정되었다.[93] 선거권을 부여하는 최소 연령이 23세에서 21세로 하향 조정되었으며, 서명이 아니라 '작대기' 투표방식을 채용하여 문맹자에 대한 차별요소도 제거되었다. 또한 월남 주민을 위한 특별선거구제도 폐지되었다. 이는 전향적인 정치개혁으로 평가받아 무리가 없었다. 그러나 피선거권은 여전히 25세였다.

투표 자격은 반드시 사전에 자진 등록해야 자격이 주어지고, 선거일 60일 이전부터 해당 지역 거주자로 한정되었다. 정당공천제는 폐지되었으며, 200명 이상 주민의 추천만으로 등록이 가능하여 입후보자의 개인적 인기가 선거에서 큰 비중을 차지하게 되었다. 선

---

91) 이효재, 1996, 241쪽.
92) 유영익, 2000, 465쪽.
93) 이 과정에서 미군정의 러취 장관은 선거권자의 연령문제를 가지고 문제제기를 하였다. 선거연령을 23세로 함에 따라 150만 명이 선거권을 가질 수 없다는 점에서 비민주적이라고 비난하면서 입법의원에 개정을 요청한 바 있었다.:『서울신문』,『조선일보』,『동아일보』,『경향신문』, 1947년 6월 13일.

거운동에서 정당원은 배제되었으며, 입후보자 개인만 선거운동을 할 수 있어 인물 위주의 선거가 되었다.[94]

이렇게 단독국가 수립을 위해 보선법 제정 등 준비가 완료되었으나, 당시 한국민에게 민주주의의 절차와 방법, 과정은 매우 생소한 것이었다. 미군정청은 미국식 민주주의 제도를 성공적으로 이식시키기 위해 미국식 시민 재교육과 언론매체를 통해 자유민주주의 문화를 확산시켜 나가는 시책을 펴기 시작했다. 민주시민교육은 정치활동의 주체인 성인대상의 교육을 통하여 수행하였다.

선거를 약 두 달 앞둔 시점에서 미군정 부녀국은 언론을 통해 시도의 부녀계를 총동원하여 대대적인 선거계몽 활동에 돌입한다는 계획과 함께 여성들을 향해 투표 지침을 밝혔다. 부녀국이 여성들에게 제시한 투표 지침은 다음과 같다. "첫째, 여자 대의원 입후보자에 대해 전폭적인 지지를 해야 한다. 단, 여자 대의원이 입후보하지 못한 지역에서는 여성의 사정을 가장 잘 알아줄 사람에게 투표한다. 둘째, 절대로 정당단체를 가리지 말고 여성을 위해 노력을 아끼지 않을 사람에게 투표한다. 셋째, 축첩자에 대해서는 절대로 투표하지 않는다." 등이었다.[95] 이러한 지침은 여성의 입장에서 여성의 권익을 위해 일할 수 있는 후보에게 투표하라는 것으로 상당히 앞선 내용이었다.

---

94) 유영익, 2000, 466－468쪽.
95) 『경향신문』, 『서울신문』, 1948년 3월 18일. 같은 기사에서 당시 안재홍 장관은 부녀국에서 의당할 수 있는 일이며, 여성단체도 할 수 있다고 언급하였으며, 축첩자 수는 3월 23일까지 발표할 예정임이라고 답변했다.

선거 계몽 방법은 성인교육을 위한 강습회나 강연회를 개최하는 것과 부녀국에서 발행하는 홍보용 기관지인 『새살림』에 관련 기사를 게재하고 보급하는 두 가지 수단을 사용하였다. 선거일(5월 10일)이 다가오자 부녀국은 막판 선거 계몽과 홍보활동을 집중적으로 전개하였다. 1948년 3월 23일부터 5월 9일까지 고황경 국장, 윤종선 아동과장 등은 하루 3-4개 곳을 돌면서 강연을 강행하였다. 즉, 서울 시내 전체 24개 중학교 부인회 방문, 라디오 방송출연, 직업여성을 위한 강연, 모자회 방문, 여자대학교와 각 도 부녀계장 방문 등이었다.96) 당시 선거 홍보 캠페인의 구호는 "총선거를 통해 남녀 동등권을 찾자.", "여성대의원 선출은 지상명령, 정권야욕의 남성을 믿을 수 없다.", "총선거는 여성을 부른다.", "나라를 세우는 한 표, 여성은 여성에게" 등으로 여성들의 자주적이고 주체적인 투표를 강조하는 구호를 사용하였다.97)

캠페인 외에 『새살림』지에 선거 관련 기사를 게재하여 선거계몽운동에 나섰다. 황애덕이 가장 많이 기고하였는데, 황애덕은 여성 단체의 협의체였던 전국여성단체총연맹의 회장이었다. 여성계몽운동을 앞장서 전개하는 입장이었기 때문이다. 다음으로는 입법의회의 의원이었던 박승호, 황신덕이었으며, 부녀국에서도 보선법에 관해 원고를 게재하였다(<표 Ⅲ-1> 참조).

---

96) 보건후생부 부녀국, 『새살림』, 1948년 6월호, 33쪽.
97) 신영숙, 2000, 125쪽.

〈표 Ⅲ-1〉『새살림』에 기고된 선거 계몽 관련 기고 기사

| 기고자 | 제목 및 내용 | 기고지 |
|---|---|---|
| 엠 헨슨 | 민주주의 강좌: 민주주의 개념, 여성의 책무. | 1947년 2·3월호, 14-15쪽. |
| T. S | 참정권에 대하여: 부인의 투표는 여성에게 희망을 주는 것이며 그 인격이 정치적, 법률적으로 자각하게 됨. | 1947년 2·3월호, 16-18쪽. |
| - | 국회의원 선거법 총칙 | 1948년 5·6월호, 1쪽. |
| 황신덕 | 선거법과 부인: 민주주의와 선거법의 중요성, 선거법의 실시와 부인의 역할, 여성평등권의 쟁취. | 1947년 8·9월호, 45-47쪽. |
| 황애덕 | 총선거와 우리 여성의 입장: 여성의 손으로 여성입법의원을 많이 뽑아 주자. | 1947년 10월호, 3-7쪽. |
| 황애덕(전국여성연맹위원회위원장) | 총선거와 여성의 역할: 총선거의 중요성, 지식층 여성의 무식 대중에 대한 계몽활동 촉구, '여성중앙선거대책위원회' 설치. | 1948년 3·4월호, 2-3쪽. |
| 공보과 | 민주주의의 초석: 민주주의 기본원리에 대한 설명. | 1948년 3·4월호, 2-3쪽 |
| 한성운 | 선거와 여성의 지위:미국의 선거제도와 여성의 투표권행사 등 지위. | 1948년 3·4월호, 8-9쪽 |
| - | 전국여성단체 총연맹에서 UN조선위원단에게 보내는 메시지: 총선거의 조속한 실시 촉구. | 1948년 3·4월호, 8-9쪽 |
| 부녀국 노동과 과장 | 대표자를 선출합시다: 여성의 경제적 차별을 해소하기 위해 여성의 이익을 존중하고 보호할 여자 대표자를 선출하자. | 1948년 3·4월호, 14쪽. |
| 고황경 (부녀국장) | 여성의 대표는 여성의 손으로: 잡음과 충동과 선전과 모략을 잘 판단하여 신성한 이 총선거에 다 참여하여 인권 존중하는 새 국가 세우자. | 1948년 3·4월호 목차전. |

| 기고자 | 제목 및 내용 | 기고지 |
| --- | --- | --- |
| 헬렌닉슨<br>(부녀국 고문) | 여성들이여 각성하자: 민주주의는 자기가 원하는 정부 수립, 좋은 정책에 대한 투표와 지지 또한 좋지 못한 정책에 대한 반대 의사를 표시할 수 있음. | 1948년 3·4월호 목차전. |
| – | 국회의원 선거법 총칙:<br>국회의원 선거법 내용. | 1948년, 5·6월호, 1쪽. |
| 여성단체<br>총연맹 | 총선거와 알아둘 몇 가지: 총선거와 우리, 선거의 종류, 선거권과 피선거권, 여성과 참정권, 신성한 투표, 선거인 및 입후보자의 알아둘 것 몇 가지. | 1948년 5·6월호, 2−10쪽. |
| 황애덕 | 국민의 신성한 권리와 의무를 포기하지 말자: 반드시 투표할 것 권고. | 1948년 5·6월호, 11−12쪽. |
| 모윤숙<br>(嶺雲) | 부인 대의사는 누가 되는가(2) | 『새살림』, 1950.1 |

선거캠페인에서 부녀국과 여성계가 강조한 것이 시대의 중요성이었다. 국가건설의 중대한 시기를 맞아 국가민족의 장래와 여성 자신의 장래를 투표해야 한다는 것이다. "이번 선거가 민족 만대의 운명을 거는 기초공사를 하는 선거로서 역사적 거사이며, 자주독립국가가 수립되도록 노력과 지성을 다해야 한다."고 주장하였다.[98] 이것은 우익 단체의 입장으로 '남조선 총선거'는 남한단독정부 수립을 향한 첫 번째 단계였다. 당시 우익 여성단체를 포함하여 우익 정당 및 대표자들의 회합이 빈번하게 열렸다.[99]

---

98) 황애덕, 「총선거와 우리의 역할」, 『새살림』, 1948년 4월.
99) 1947년 9월 4일 이승만은 마포숙사에서 한민당(김성수, 장덕수), 독촉국민회(백남

선거캠페인을 통해 여성들이 반드시 투표를 해야 한다는 것이 강조되었다. "사랑스런 자녀가 살 국가를 건설하는 데 있어 기권은 안 된다. 그 이유는 민의를 잘 반영해야 하기 때문"이다.[100] 그리고 여성은 반드시 여성입후보자에게 투표할 것을 권하였다. 즉, "여성이 여성을 무시하고 여성에게 투표하지 않으면 여성대의원은 한 사람도 입법기관에 그 수가 없게 될 것이고 이렇게 되면 우리를 옹호할 법안이 나오기 어렵다. 우리 여성의 지위와 권리는 영원히 상실될 것"이라는 것이다. "우리 앞길의 운명은 우리의 손으로 남녀평등을 찾도록 노력해야 한다."며 여성들의 대오 각성을 촉구하였다.[101] 모윤숙은 '여성은 여성이 살려야 한다.'고 여성입후보자에 대한 투표를 강조하였다. 다시 말해 여성은 정치적 상식 부족, 경제비용 궁색, 교제 면에서 남성을 따라갈 수 없기 때문에 여성이 할 수 있는 방법은 여성들이 여성에게 투표하는 것뿐이라는 것이다.[102] 그러나 인구의 반을 차지하는 여성들이 무식 대중인 것이 현실이었다. 그러므로 여성대중에 대한 계몽운동이 필요했다. 여성

---

당, 명제세), 민통(최규일, 박재영), 여자국민당(황현숙, 정현숙), 독촉애국부인회(박순천), 독촉청총(이성주, 백석기) 등을 초청하여 남조선 총선거에 대비하여 회담하였다.:『조선일보』, 1947년 9월 6일. 이어 9월 10일에는 2차 간담회를 또 개최하였는데, 이 자리에서는 우익 진영이 공동보조를 취하기 위하여 단일정강정책을 수립하는 방안에 대해 토의하고, 지방 세포조직의 결성을 논의하였다. 이때 여자국민당에서 김선, 황현숙, 정현숙이, 독촉부인회에서는 박순천과 박승호가 참석하였다.:『조선일보』, 1947년 9월 10일.

100) 한국여성단체총연맹, 「총선거와 알아둘 몇 가지」, 『새살림』, 1948년 6월.
101) 황애덕, 1948, 앞글.
102) 구체적으로 여성대의사로 입후보할 만한 인물도 열거하였다. 김활란, 박순천, 고황경, 황애덕, 최이권, 박승호, 황신덕, 박인덕, 박현숙, 유각경, 황현숙, 최례순, 박은혜 등 모두 13명이었다.: 영운, 『새살림』, 1948년 1월, 54-55쪽.

들이 총선거의 중요성을 깨닫고 바른 인식을 갖고 투표권 한 장을 국가민족을 위해 유리하게 행사할 수 있도록 계몽하는 것이 지식층 여성의 임무이며 동시에 부녀국의 정책과제인 것이다. 투표와 관련된 지식을 보급하고, 투표권 행사에 장애가 되는 모든 조건에 대한 해결을 위해 문자와 정신을 계몽하는 운동을 추진했다.[103]

여성단체들은 선거대책위원회를 구성하였다. 여성단체총연맹에서 '여성중앙선거대책위원회'를 조직하였는데, 가맹 여성단체에서 선출된 선거대책위원들로 구성되었다. 각 반의 책임자를 지정하고, 호별 방문하여 투표연령에 있는 모든 여성들이 빠짐없이 투표를 하도록 독려한다는 목표를 세웠다.[104] 이러한 선거계몽활동은 지방도 마찬가지였다.

남조선과도정부는 부녀국과 여성단체의 총력 노력과 행정조직, 경찰, 학교와 우익 청년단체를 총동원하여 등록을 종용한 결과, 선거인 명부에 등록한 유권자 비율이 90% 이상을 차지하고 투표율도 조사주체 간에 차이는 있지만 70% 이상이었다. 당시 보선법에서는 반드시 사전에 등록해야 투표 자격이 주어졌기 때문에 미군정 당국은 여러 가지 수단을 동원하여 유권자의 등록을 종용하였던 것이다(<표 Ⅲ-2> 참조).

---

103) 황애덕, 1948, 앞글.
104) 한국여성단체총연맹, 1948, 앞글.

〈표 Ⅲ-2〉 1948년 5·10선거의 유권자 등록률 및 투표참가율 비교

단위: 명, %

| 구 분 | 총인구 | 유권자<br>총수 | 선거인명부유<br>권자 수 | 투표<br>참가자 수 | 유권자대비<br>투표율 |
|---|---|---|---|---|---|
| 중앙선거<br>관리위원회 | 19,190,877 | 8,132,517 | 7,840,871 | 7,487,649 | 95.6 |
| 유엔한국<br>임시위원단 | 19,947,000 | 9,834,000 | 7,837,504 | 7,036,750 | 71.6 |

자료: 유영익, 2000, 『이승만연구: 독립운동과 대한민국 건국』, 연세대학교 출판부, 473-474쪽.

선거가 다가오자 선거계몽에 앞장섰던 여성 지도자들 사이에서 여성들의 입후보에 대한 문제가 제기되었다. 어느 지역에 누구를 출마시킬 것인가를 놓고 의견이 분분하다가 각자의 의사에 맡기기로 하였다. 처음부터 선거에 출마할 의사를 밝힌 사람은 박순천과 박승호 두 명뿐이었다. 그런데 막상 총선이 시작되자 등록을 마친 여자 후보자는 전국적으로 22명이었다.[105] 전체 입후보자 951명 가운데 2.3%에 해당되는 것이었다. 이 선거에서 박순천은 종로구, 박승호는 용산구, 황애덕은 중구, 김선은 마포구에서, 김활란은 서대문구, 경북 금천에서 김철안 등이 출마하였다. 22명의 후보자 가운데 4명이 무소속이고, 나머지 18명이 소속 단체가 여성단체였다. 소속단체 가운데 대한독립촉성애국부인회 회원이 8명 출마하여 가장 많았다. 이때 여성단체총연합(여총)은 출마한 여성들을 위해 비용을 갹출했고, 풀 그릇과 빗자루, 그리고 포스터를 짝을 지어 들

---

105) 한국부인회 총본부, 1987, 71쪽.

고 나가서 담벼락에 붙였다. 트럭을 타고 가두연설도 하였다.[106] 이들이 입후보한 동기는 '새 국가 건설에 여성도 한 몫해야 한다.' 는 것이며, 선거공약에는 민주정권 수립, 통일, 토지문제 등의 정치경제적 쟁점과 여성의 재산권, 상속권 등 여권 옹호 관련 주장이 포함되어 있었다.

선거결과 전원이 낙선하였다. 여성입후보자 가운데 박승호가 가장 많은 5,680표를 얻었다.[107] 후에 보궐선거로 임영신(대한여자국민당)이 경북 안동군 을구에서 당선되었다.[108] 여성입후보자의 참패는 여성입후보자의 낮은 인지도와 재정적 열세, 서툰 선거운동방식과 유권자의 보수적인 사고방식 등이 상호 작용한 결과였다. 역사상 처음으로 해 보는 선거라 선거운동원들이 방식을 몰라 우왕좌왕하였고, 조직보다는 다분히 붐에 의존하려는 방식이었다. 유권자들의 여성에 대한 경시풍조도 여성들의 참패에 영향을 미쳤다.[109]

선거 직후에 열린 독촉애국부인회 제3회 전국대회에서 회장 박승호는 "1천만 여성은 희생적 노력을 아끼지 않고 분투한 결과 5·10선거는 완료되었으나, 정부 수립과 국제적 승인 등 아직도 난관이 허다하니 더욱 노력해야겠다."고 훈사를 했다. 이어 박순천은

---

106) 최은희, 1980, 『여성전진』, 중앙출판인쇄, 357쪽.
107) 김원홍, 1996, 『국회의원 여성후보에 관한 연구』, 한국여성개발원, 183쪽.
108) 당시 임영신은 1948년 5월 도미하여 유엔총회에서 한국문제를 상정하여 좋은 성과를 거두고 귀국을 앞두고 있었는데, 여자국민당에서 7월 23일 긴급중앙집행위원회를 개최하고 경북 안동군 을구에 출마시키기로 만장일치로 결의하였다. 이는 오는 유엔총회에 파견할 대표단에 포함시키기 위해 이승만이 적극적으로 추천한 것으로 추측되었다.: 『서울신문』, 1948년 7월 25일.
109) 앞글.

"여성이 한 사람도 당선되지 못한 것은 유감이다."고 말하고 "다음에는 이번과 같이 홀아비 국회를 만들지 않도록 우리 여성은 총궐기하여야겠다."고 열변을 토하였다.[110]

5·10 선거 후, 5월 31일에 제헌의회가 열리게 되었다. 제헌의회에서 이승만은 국회의장으로 당선되었다. 이 의회에서 헌법을 제정, 7월 17일에 대한민국 헌법이 공포되었다. 그리고 7월 20일 국회에서 정·부통령 선거를 실시하여 이승만이 대통령, 이시영이 부통령으로 당선되어 8월 15일에 대한민국정부가 수립됨과 함께 이승만 정권의 제1공화국이 시작되었다.

새로 구성된 국회에 대해 여성계를 대표해 고황경은 '한 눈을 잃어버린 외 눈퉁이' 국회라며 통탄했다.[111] 여성과 국가에 대해 "남자는 국가의 행정을 잘하고 여자는 가정의 행정을 잘하여서 안에서 밖으로 질서 정연하게 할 때 민족과 국가는 번영한다."고 생각했다. 남녀가 각각 담당하는 역할이 다르다는 것이다. 이러한 분업은 "어느 나라 어느 시대에나 통용되며, 근본적 변화는 없다." 그러나 "가정과 국가는 별개가 아니요, 국가의 세포는 곧 가정이므로 불행한 가정이 많을수록 불행한 국가가 될 것이다. 따라서 가정 행복과 관련된 법의 제정에 세심한 노력을 기울여야 한다. 이를 위해 가정의 행정관인 주부요 여자들의 관찰력과 경험이 매우 중요하며, 따라서 대책을 수립하는 데 여성(주부)의 참여가 보장되어야 한다.

---

110) 『동아일보』, 『조선일보』, 1948년 6월 15일.
111) 고황경, 「신국회에 제언함」, 『민주조선』 7호, 1948년 7월, 79 - 80쪽.

남녀가 같이 볼 때 전체를 잘 볼 수 있다. 국가 대업(大業)은 쌍안 (雙眼)을 요구하는데 한 눈을 잃어버린 제헌국회는 국가를 위해 통 탄할 일"이라는 것이다. 고황경은 남녀의 역할이 따로 있지만, 가 정의 행복을 위해 국가는 법률과 같은 제도를 잘 운영해야 하는데, 여기에는 여성들의 경험과 관찰이 중요한 공헌을 할 수 있으므로 여성의 정치 참여가 필수적이라고 보았다.

5·10선거에서 비록 여성들이 한 명도 당선되지 못했지만 여성 사의 측면에서 볼 때 의미가 있었다. 무엇보다도 여성들이 국가 정 책을 결정하는 고위직에 자력으로 스스로 도전했다는 데 의미가 있다. 후보로 적극적으로 참여하였던 여성인사 중 박순천은 초대 감찰위원에, 박승호는 사회부 부녀국장에 각각 등용되었다. 또한 비록 관의 종용이나 동원에 의한 것일지라도 여성들이 '내 손으로 내 의사를 표현했다'는 것은 혁명적인 사건이었다.

1950년 제2회 국회 개원을 위한 총선거가 다가오자 여성계는 제 헌국회의 참패를 떠올리며 각오를 새로이 하였다. 박순천은 "우리 의 여권을 확립하기 위하여 우리 앞에 부여된 참정권부터 충분히 활용하여 우선 우리들 속에서 국회에 보내는 다수의 의원을 획득할 때까지 투쟁해야 한다."며 투쟁의욕을 불태웠다.[112] 여성운동가이며 소설가인 김말봉은 "우리나라에는 여자들이 여권을 획득하기 위하 여 피나게 싸운 일이 없이 얻은 여권이라 그런지 모처럼 주어진

---

112) 박순천, 1950, 「여권의 확립 – 사적 고찰 부인운동의 형로」, 『부인경향』, 1950년 1월 호, 17쪽.

권리가 어째 남자들의 이용에만 분주히 응하게 되고 정작 여성 자신들과 직접으로 가장 큰 이해관계를 가지고 있을 여성을 선출치 못하는가 생각할 때 기가 꽉 막히고 만다."며 "뭉치고 뭉쳐서 우리 약한 여성의 권리와 행복을 찾을 수 있는 법과 제도를 만들어 내자."고 주장하였다.[113] 그런가 하면, 초대 부녀국장이었고 창덕여중 교장으로 재직 중이던 박승호는 "여성들이 더 여편네의 입후보를 싫어한다."고 지적하고, 결국은 "여성 자신이 노력하여 인격적으로 지적으로 자기를 향상시키는 길밖에 없다."며 다음과 같이 주장하였다.[114]

> 남의 나라 여성들이 백여 년씩 싸워 얻은 권리가 찾아온 것이다. 5천 년 만에 처음 얻은 귀한 권리가 온 줄도 모르는 여권을 유린하고 여성 자신을 모욕하고 자기가 받은 권리를 헌신짝만도 못 하게 아는 것은 우리 여성들 자신이 아닌가. 오히려 남성들이 여성이 뒤떨어지면 국가발전에 큰 장애가 된다고 느끼는 경우가 더 많다.
>
> 우리나라 정부에서 이러한 사실을 인정하여 행정 방면에서 부녀를 많이 등용하거니와 과거의 모든 악조건을 물리치고 행정기구까지 설치하여 급한 시일 내에 모든 부녀들의 재교육과 각 방면의 계몽을 목적으로 막대한 예산을 염출하는 것을 아끼지 않는다는 이 사실을 바로 보아야 할 것이다.

선거가 목전(目前)에 다가오자 당시 부녀국장 유각경은 제헌국회 5·10 총선거에서 여성이 패배한 원인은 결국 여성 자신에게 있었다고 비판하고, "한 가정의 아니 남성의 식모요 침모요 종으로서

---

113) 김말봉, 1950, 「새술은 새부대에」, 『부인경향』 1950년 1월호, 18−20쪽.
114) 박승호, 1950, 「지적 향상의 길」, 『부인경향』 1950년 1월호, 23−34쪽.

아직은 자기의 위치를 그대로 두고 그 환경의 한계 내에서의 생활을 감수하자는 결과 밖에는 안 되었다. 여성일진대 부엌에서 밥 짓는 것, 옷을 꿰매는 것, 남편을 도와 일을 성취시키는 것은 여성의 본분이니 마땅히 행해야 할 것이지만 다만, 자아의 주체적 사상을 버리고 나아가서는 아무런 생의 가치도 발견치 못하고 밥만 짓는 것이 여성이라면 한 개 식모에 지나지 못할 것이다."라고 강한 어조로 반성을 촉구하였다. 또한 "비록 제헌 국회의원 선출 시에는 한 명의 여성의원을 국회에 내보낸 바 되어 여성 전체의 정치에 대한 몰인식을 세상에 알렸지만 이번 선거 때에는 우리 여성은 분연히 일어서서 절대 다수의 여성국회의원을 우리 국회에 보내어 여권 옹호와 명실 공히 남녀동등권을 사회에서 찾아야 하겠다. 한국 여성은 이 세기의 역사적 현실과 여성의 진로에 대하여 자각해야 하겠다."고 여성들의 각성을 촉구하였다. 더욱이 헌법 제5조와 제8조는 여성을 포함한 모든 국민의 법률 앞에 평등을 규정하고 있으므로 이와 같이 "여성이 차지할 권리를 똑똑히 정하고 있는데도 불구하고, 권리도 은전도 찾지 못하고 받지 못하는 것이 여성 자체의 무지로 인한 것이라면 앞으로 수백 년, 수천 년이 가도 여권 옹호는 이루어지지 못할 것이며, 여성으로부터 조소를 면치 못할 것이라고 주장하였으며, 한국 여성은 이 세기의 역사적 현실과 여성의 진로에 대하여 자각하여 이번 총선거에서 절대적 승리가 여성입후보자 위에 와야 한다."고 주장했다.[115]

---

115) 유각경, 1950, 「여성과 정치」, 『부인경향』 1950년 5월호, 16-20.

5·30선거 직전인 1950년 4월 29일에 가진 좌담회에서 대한부인회 회장 자격으로 나온 박순천은 이번 선거 전략을 "남성 대 여성으로" 세웠으며, 여성에게 불리한 소선거구제 선거법의 개정이 필요하다고 주장하였다. 금권이나 암탉이 운다고 외면하는 유권자들의 의식도 문제이며 당시 국회의 남자의원들의 싸움을 보고 '장거리' 같다고 비난하였다.[116] 5월 30일 선거에서 여성입후보자는 전체 입후보자 2,198명의 0.5%인 11명이었다. 대한부인회는 서울에서 1명(종로구, 박순천), 지방에서 4명의 여성후보자(경기도 양주 박봉애, 전북 전주 임영자, 경북 금릉 김철안, 경남 마산 한신광)를 출마시켰다. 대한여자국민당은 임영신(전북 금산군)과 강신상(경기도 여주군) 등 2인의 여성후보자를 출마시켰다. 개표 결과 박순천과 임영신 2명의 여성이 당선되었다.

두 차례의 선거에서 여성 진출의 부진은 제3대 국회에도 이어졌다. 1954년 5월 20일에 실시된 선거에서는 박순천과 임영신이 낙선했고 김철안이 경북금릉군에서 자유당 부인부장으로 출마하여 당선되었다. 1954년은 1950년 6·25전쟁을 경험한 후임에도 불구하고 여성의 정치진출이 좌절된 데 대해 다음과 같이 평가를 내렸다. 전쟁에서 초인간적인 힘으로 남성 대신 가정을 지킨 것이 여성인데, 선거에서 당선되지 못하는 이유가 있었다.[117]

---

116) 『경향신문』, 1950년 5월 3일－4일.
117) 최홍조, 1954, 「여류정객의 등장이 필요하다－그들은 왜 패배하였나?」, 『여성계』 1954년 1월호, 3－10쪽.

6·25전쟁에서 남성들이 전면에서 나섰으나, 어머니나 아내나 누이들이
이 전쟁을 통해 몇 갑절 수난하면서 이를 극복해 오는 데 초인간적인 힘을
썼고, 남성들이 숨어 있을 때 여성들이 가정을 유지했다. 그러나 선거결과는
반대로 나왔다. 이렇게 선거에서 패배한 이유는 첫째, 후에 청탁하려면 여성
보다 남성이 낫다. 둘째, 여성정객의 공헌이 구체적으로 나타나지 않은 데
대한 실망이다. 셋째, 선거구 구민들이 자신의 환경개량에 여성의 힘이 약할
것이라는 막연한 판단이다. 넷째, 각 가정에서 가장인 남성이 지배권을 갖고
아내, 딸의 선거권을 좌우했다 등을 들 수 있다.

그리고 이어서 여성에게 선거가 불리한 더 중요한 근본적인 이
유는 소선거구제라는 것이다. "여성들이 자신에게 유리한 선거구를
확보하지 못했다는 점, 여성들이 아직도 한글조차 해득하지 못하고
있다는 점, 여성 지도자들이 공명심에 취해 나 한 사람의 인기 확
장에 주력하여 대중을 상대로 조직적 투쟁력이 부족하고 대중 운
동을 전개하지 못한 점" 등을 지적하였다. 이에 대한 방안으로는
여성운동의 침체 현상을 타파하고 무엇보다도 한글해득운동이 가장
시급하고 여성 지도자들이 농촌이나 어촌 광산으로 가는 브나로드
운동을 펼쳐서 '지식의 균등화'를 실현해야 한다고 주장했다.

그러나 6·25전쟁으로 인한 사회적 환경의 변화는 여성정치가의
등장을 필요로 하고 있어 앞으로 여성정치가의 전망은 밝다고 분
석하였다. 첫째, 전쟁으로 말미암아 발생한 사회문제가 미망인, 전
쟁고아 등의 여성문제이기 때문이라는 것을 들었다. 여성정치가들
이 정략적 싸움을 하는 남성 속에서 여성문제의 해결을 주장해야
한다. 둘째, 여성교육문제의 시급성을 들 수 있다. 남성정치가들은
학교교육이나 성인교육을 이차적인 문제로 취급할 우려가 있다. 이

때 전면에 나서서 주장하는 몇 사람의 여성정치가가 꼭 필요하다. 셋째, 여성의 사회진출의 측면에서 필요하다. 여성들은 사회적으로 동등할 수 있는 무한한 노동력을 가지고 있으므로 남성 본위의 직업전선 재편이나 생산력을 증강하는 획기적인 사업이 필요하다. 이때 여성정치가들의 활약이 필요하다.[118] 이런 평가와 반성, 그리고 전망이 있었음에도 불구하고 여성들의 정계진출은 어렵기만 했다. 겨우 1, 2명의 여성의원을 낼 수 있었을 뿐이다. 이러한 전망은 결과적으로 탁상공론에 불과했다.

부녀국도 여성들의 의회 진출을 뒷받침하는 구체적인 정책을 마련하지 못했다. 5·10 선거에서는 여성들의 투표참여 독려를 위한 의식계몽사업을 전개했고, 제2대 국회의원선거에서는 여성운동 차원에서 선거 캠페인을 지원하였을 뿐이다.

이와 같이 여성정치 진출을 확대하기 위한 획기적인 정책이 부재한 가운데, 50년대를 통해 여성입후보자의 수는 감소하는 추세였다. 즉, 1대 국회(제헌국회)에서 여성입후보자가 22명, 2대 국회에서는 11명, 3대 국회에서는 10명, 4대 국회에서는 5명으로 줄어들었던 것이다. 국회의원 수는 1대 국회에서 1명, 2대 국회에서는 2명, 3대 국회에서는 1명, 4대 국회에서 3명으로 답보 상태를 면치 못했다.

이러한 현상은 제헌의원 선거에 참여한 여성들이 항일운동세대로서 이들의 동기는 일제의 억압적 식민정책에 항거하는 애국심,

---

118) 앞글.

그리고 정의의 승리를 확신하는 신앙심[119] 등이 함께 어우러져 젊은 여성들도 현장에 뛰어들었던 것이었고,[120] 이후 정치권의 변화와 가부장제 강화, 그리고 여성들의 정치 현실의 벽에 대한 인식이 높아짐으로써 여성들의 정치 참여가 줄어들었다. 그 증거로 1, 2대에는 여성들이 여성단체의 후보로 입후보하였으나, 3, 4대에는 정당의 대표로 입후보하였다. 정당정치가 점차 확립되어 가고, 자유당의 일당독재가 강화되는 환경에서 여성들의 정치 환경은 그만큼 열악해질 수밖에 없었다.

## 3) 여성단체의 지도 · 육성

해방은 여성에게 많은 과제를 부여하였다. 우선 일제의 봉건적 수탈에서 벗어난 여성들의 일차적 과제는 주체적인 국가시민의 일원으로서 남녀평등의 국가건설에 참여하는 것이었다. 해방 바로 다음 날(8월 16일), 일제시대에 여성운동에 참여했던 여성 지도자들이 모여 새로운 국가건설에서 여성의 역할을 모색하기 시작했다. 1945년 8월 17일, 건국부녀동맹이 첫 번째 여성단체로 결성되었다. 서울에서 발기총회를 갖고, 위원장에 유영준, 부위원장에 박순천을 선출하였고, 총무부, 재무부 등 9개 부서를 두었다. 이 단체에 참여

---

119) 사실상 이들의 대부분은 여성단체 소속으로 여성운동가이며, 개신교 신자이며, 당시로서는 지식인 계층에 속하였다.
120) 손봉숙, 1991, 『한국여성국회의원 연구: 충원과정과 원내활동』, 한국여성정치연구소, 21쪽.

한 여성들은 거의 모두 근우회에서 활동했던 인물들로 사회주의계와 개신교계(우익계)가 함께 포함되었다. 그러나 곧 우익계 인사들이 빠져나가고, 남은 사회주의계 인사들은 조선부녀총동맹을 결성하였다. 건국부녀동맹을 탈퇴한 우익 여성들은 한국애국부인회를 결성하였고, 곧이어 독립촉성애국부인단, 대한여자국민당 등을 결성하였다.

양측은 당시 현안이었던 신탁통치 찬반을 놓고 격돌, 양분되었다. 이미 1920년대부터 시작된 좌우이념의 문제는 해방정국에서도 그대로 재현되었다. 여성운동도 예외가 아니었다. 미군정의 방침에 따라 우익이 힘을 얻게 되고, 우익을 중심으로 단독정부가 출범하였다. 이 과정에서 미군정이 설치한 여성정책담당 기구인 부녀국은 우익 여성단체를 정책 추진의 파트너로 상정하고 단체를 조직하고, 이들을 활용한 부녀계몽 등 각종 정책을 펼치기 시작하였다. 미군정기와 제1공화국에서 여성정책을 담당했던 부녀국이 어떻게 대여성단체 정책을 추진했는지를 살펴보고자 한다.

미군정기 여성국의 여성단체에 대한 입장은 다음의 고황경 국장의 발언에서 잘 나타난다.

> 과거에 부인들은 애국반을 조직하여 왔습니다. 또 교회에는 교회단체가 있습니다. 그 외에 과학관계단체라든가 고학생 구호단체라든가 각 학교의 동창회, 자모회, 모자회 등은 모두 속히 부녀국에 등록을 하여 주셨으면 …… 우리들은 관청의 힘으로 할 수 있는 한 뒤를 밀어드리겠습니다. 여성들이 모여서 이러한 일을 한다는 것을 그게 비록 사소한 것일지라도 다 등록을 하여 주십시오.[121]

이는 고황경이 경상북도에 부녀계를 설치하기 위해 대구를 방문한 자리에서 발언한 것이다. 사사로운 단체를 모두 관에서 등록 관리하겠다는 방침을 밝힌 것으로 이는 당시 여성운동과 단체 활동을 전개했던 대다수 민족진영(우익) 여성 지도자들의 입장이었다. 여성단체를 자생적인 모임으로 자발적으로 운영되는 자율적인 조직이라기보다 관에서 의도를 가지고 조직하고 육성시켜야 한다고 생각했다.

이런 입장은 고황경이 국장으로 임명(1946년 10월 5일)된 지 불과 한 달 후에 있었던 전국여성단체총연맹의 결성과정에서도 드러난다. 1946년 11월 15일, 부녀국이 기존에 조직되어 있던 우익 여성단체인 조선(대한)여자국민당, 불교여성총연맹, 가톨릭여자청년연합회, 여자기독교청년회, 독립촉성애국부인회, 독립촉성여자단, 천도교내수회 등 7개 단체와 함께 연맹의 일원으로 참여했던 것이다. 이날 서울에서 "각 단체의 독자적 성격을 청산하고 대동단결로 합치자는 씩씩한 단체 대표자들" 200명이 참석하여 결성식을 가졌다. 이 결성식에서는 황애덕의 개회사와 문선호의 경과보고가 있은 다음, 이승만, 김구, 하지 중장(대리), 러치 군정장관(대리)의 축사가 있었다. 뒤이어 강령과 결의문이 발표되었다.[122]

---

121) 보건후생부 부녀국,『새살림』, 1948년 1-2월호.
122)『동아일보』, 1946년 11월 15일.

강령
1. 우리는 조국의 자주독립을 기함.
2. 우리는 국토의 남북통일과 민족의 진정한 단결을 기함.
3. 우리는 세계여성과 제휴하며 인류평화의 공헌을 기함.

결의문
1. 우리는 조국의 자주독립을 위하여 각자의 주의 주장을 초월하여 동일한 노선을 취하기로 함.
2. 우리는 민생의 활로를 개척하기 위하여 협동 단결하여 산업건국의 최선의 방법과 최대의 역량을 집결하기로 함.
3. 우리는 각자 단체가 호상하며 사업을 협조하기로 함.
4. 우리는 여성의 지위 향상을 도모하며 인류사회에 공헌함을 기함.

이상에서 부녀국이 아예 여성단체의 일원으로 여성단체의 협의기구에 참여하여 국가정책이나 각 단체의 사업을 협조하여 추진하려 했다는 것을 알 수 있다. 또한 단체의 목표가 여성의 지위 향상이나 자립 등 여성문제의 해결보다는 조국의 자주 독립, 국토의 남북통일, 민족의 단결 등 국가나 민족문제가 우선이었다. 고황경 국장은 1948년 7월 10일에는 부녀국이 조직한 직업여성회의 회장을 맡기도 하였다. 그 목적은 여성의 계몽과 아울러 직업여성들의 복리와 문화생활의 건설을 위한 것이다. "직업을 통한 여성들의 우의와 단결을 촉구하는 동시 교양과 사회생활의 건전한 발전에 기여할 수 있는 부드러운 노력을 기울여 국제적으로 여성의 친목을 도모한다."는 것이다.[123]

---

123) 『동아일보』, 1948년 7월 10일.

미군정기 여성단체는 부녀국의 지도를 받았으며, 아예 부녀국이 단체의 일원으로 단체 협의체에 가입도 했으며, 부녀국장이 단체를 직접 결성하고 회장이 되었다. 행정 당국이 여성단체를 직접, 육성하거나 공무원이 단체 활동에 참여하는 상황은 제1공화국이 출범한 후에도 계속되었다.

신생 대한민국 정부의 사회부 부녀국장 임명 과정에서도 정부의 여성단체에 대한 입장이 잘 나타난다. 박순천은 1948년 2월 자신이 회장으로 있는 독립촉성애국부인회와 김성실(후에 서울시 부녀과장)이 회장을 하고 있는 관제 서울시 부녀회를 통합하여 대한부인회를 발족시켰다. 그러나 아직 전국 조직은 마치지 못한 상태였다.124) 대한부인회를 조직한 후 박순천은 이를 "전국적인 조직으로 확장하여 거대한 여성단체로 키워서 남녀 없이 범국민운동을 전개하여 문맹퇴치 등 국민운동을 전개"하고자 하였다. 이는 민간인의 힘으로는 달성할 수 없기 때문에 행정력을 동원하여 전국적으로 파고드는 것이 가장 효과적이라고 생각했기 때문이다. 이런 생각에서 박순천은 김활란, 유각경, 황신덕 등과 협의하여 박승호를 부녀국 국장으로 추천하였다. 이를 계기로 여성운동의 기틀을 잡고자 하였다. 이들은 전진한 초대 사회부장관에게 초대 부녀국장으로 박승호를 강력하게 추천하였다.125)

---

124) 독립촉성애국부인회는 3·1운동 당시 조직되었던 애국부인회와 독립촉성부인단이 각각 1946년 4월 6일 발전적인 해체를 하고 4월 7일 서울 인사동 승동교회에서 통합하여 발족시킨 것이다. 회장은 박승호, 부회장은 박순천, 황기성이었다.: 한국부인회총본부, 1986, 71쪽.
125) 한국부인회 총본부, 1986, 73쪽, 164쪽.: 이때 박순천은 여성계 인사들의 의견과

다른 하나는 '관민합작의(관주도의) 여성단체 결성'이 제1공화국 부녀국에서도 주요 업무 중 하나로 추진되었다는 점이다. 전진한 초대 사회부장관의 1948년 정부 시정방침보고[126]에서도 "전국적으로 관민합작의 부녀운동단체를 결성(부인구락부, 모자회, 애국부인회 등)하여 부녀에 대한 종합적 교화육성에 전력케 할 것"이라는 사업계획을 밝혀, 여성단체의 결성을 업무의 하나로 파악하고 있었음을 알 수 있다. 그리고 정부가 민간과 합작으로 단체를 결성하는 이유는 정부의 정책, 즉 부녀교화(계몽)에 있었다. 또 다른 이유는 부녀운동단체의 협력으로 정책추진에 필요한 기초조사를 실시한다는 것이다. 당시로서는 문맹퇴치가 중요한 정책이었으므로 '각 촌락의 문맹부녀에 대한 기본조사'를 부녀운동단체를 활용하여 실시하고자 하였다. 따라서 정부의 여성단체 결성의 직접적인 이유는 정부 정책 수행의 수단으로 단체를 활용하기 위한 것이었다. 제1공화국에 와서도 미군정기와 마찬가지로 여성단체 조직·육성은 여성부서의 중요 업무 중의 하나였던 것이다.[127]

1949년이 되자, 부녀국장 박승호는 박순천과 함께 이범석 총리와 사회부장관(2대 이윤영)을 만나 거국적인 여성단체 조직의 필요성을 역설하고, 관의 적극적인 행정적 지원을 요청하였다. 그리고 이 일을 할 실무자로 이예행을 부녀국 보호과장으로 추천하였다. 이예

---

여성운동의 활동 상황을 알리고 여성계몽의 대변지로서 신문의 필요성을 느껴『부인신문』을 창간하기로 결심하였다.

126) 『시정일보』 창간호, 1949년 1월 5일, 29 – 45쪽.
127) 최남형, 1966, 「부녀복지행정 약사」, 『윤락여성에 관한 연구보고서』, 서울특별시, 3쪽.

행은 여성의 지위 향상을 위한 정책 방향을 세 가지로 제시하였다. 첫째는 남녀구분 없이 대중을 상대로 하여 범국민운동을 광범위하게 전개할 것, 둘째는 여성만을 대상으로 하는 문맹퇴치를 하는 교육 사업을 펼치는 것, 셋째 행정력을 동원하여 전국적으로 철저히 파고드는 것 등이다. 이는 당시 여성운동지도자들이 가지고 있던 일반적 관점이었다. 대부분의 여성 지도자들이 당시의 여건으로는 여성단체 활동이나 조직 결성은 행정조직을 통해서 관 주도로 하는 것이 가장 효과적이라고 판단했다.

이예행은 독립촉성애국부인회 조직을 근간으로 대한부인회를 조직한다는 원칙을 세우고, 세부적인 운영과 조직 요강을 마련하여, 순수 민간단체가 아니라 반관반민 단체로 결성하기로 계획을 세웠다. 그리하여 이윤영 사회부장관의 이름으로 전국 시도지사에 "독립촉성애국부인회의 조직을 근간으로 전국에 대한부인회를 행정 관서에서 주관하여 조직하라."는 공문을 시달하였다. 이승만 대통령도 대한부인회 조직을 지원하였다. "여성의 대소 단체는 전부 대한부인회에 합류하라."[128]는 담화문 발표가 있었다. 단체는 국고보조로 운영되며, 시도본부의 조직비는 시도지사가 부담한다는 것이다. 부녀국은 예산의 집행을 위해 재무부 예산과 공무원(김다수)을 배치하여 사무를 담당하게 하였다.[129]

대한부인회는 1949년 2월 15일 부녀국의 부녀사업관에서 발기인

---

128) 최은희, 1980, 321쪽.
129) 한국부인회총본부, 1986, 398쪽.

대회를 가진 데 이어 2월 24일 결성되었다. 애국부인회를 중심으로 한 군소 여성단체는 대한부인회의 발족으로 단일체가 되었다. 결성대회는 유엔한국위원단 필리핀대표 루나 씨를 위시하여 내무장관 대리, 사회부차관 최창순, 각 여성단체 대표 그리고 회원 등 1,000여 명이 모인 가운데 열렸으며, 박순천의 경과보고를 거쳐 "우리는 우리의 힘을 나라 위해 바치자."라는 강령과 결의문 낭독이 있었다.130) 초기 조직 단계에서부터 여성운동의 뿌리를 심자는 생각에서 관 주도형 단체로 강력하게 밀고 나갔다. 이예행은 공무원으로 재직하면서131) 전국의 대한부인회 창립에 모두 관여하였다. 결국 대한부인회는 박승호 국장과 이예행 과장의 적극적인 지원에 힘입어 1949년 4월말까지 전국 시도본부 및 시군까지 조직을 완료하고 5월에 전국대의원대회(창립총회)를 열 수 있게 되었다.132) 대한부인회의 지역조직은 1949년 2월 - 4월까지 이루어졌다. 이예행 과장의 방침대로 지역의 대한부인회 조직은 독립촉성애국부인회 조직이 그대로 대한부인회로 계승되었다. 다만, 제주도의 경우 고혜영을 중심으로 한 성인교육협회 회원이 대한부인회 제주도 본부 회원의 중심이 되었다(<표 Ⅲ - 3> 참조).133)

---

130) 『동아일보』, 1949년 2월 25일.
131) 이예행은 1949년 3월 30일에 사회부 부녀국 보호과장으로 공무원 생활을 시작하여 1955년 8월 30일까지 과장과 국장을 역임한 뒤 퇴임하였으나, 4·19혁명 후 1960년 5월 16일부터 1961년 7월 20일까지 다시 국장직에 임명되었다.
132) 한국부인회총본부, 1986, 73쪽.
133) 1946년 고혜영을 비롯한 여성 지도자 5인의 부녀그룹이 모체가 되어 시작한 성인교육이 1년 후 17명으로 구성된 성인교육협회로 발전하여 문맹퇴치 사업을 펼쳤다.: 한국부인회, 1986, 488쪽.

<표 Ⅲ-3> 대한부인회 지역본부 창설

| 지역본부 | 창설년도 | 참여인물 | 비 고 |
| --- | --- | --- | --- |
| 서울시본부 | 1949.4.30 | 한소제(회장), 박마리아 최은희(부회장), 방호선(총무) | 초대지부장: 중구 정현숙[134], 종로구 이경채, 용산구 김종하, 성동구 오인실, 성북구 문봉실, 서대문구 이옥성, 영등포구 김소성, 동대문구 이송자 |
| 경기도본부 | 1949. 봄 | 이경지(회장), 황희순, 안인애, 원박애, 송신실 | – |
| 강원도본부 | 1949.3 | 박인순, 최연실, 김신득, 이정숙 | 박인순 서울시 부녀과장으로 부임, 최연실이 회장 |
| 경북도본부 | 1949.4.13 | 김선인(회장), 한신덕, 노복신(부회장) | 대구시지부(초대 회장, 이명득, 조직부장 송금순 등) |
| 경남도본부 | 1949.3 | 정봉금(회장) | – |
| 충북도본부 | 1949.4 | 임순도(회장), 조윤순(부회장) | – |
| 충남도본부 | 1949.4 | 임도례, 유계순, 김현경, 안순득, 조배세 | – |

---

134) 한길의 증언에 의하면 서울시장의 공문을 받고 중구지부의 동분회조직에 힘을 기울여 정현숙을 중구 지부장에 임명하고 아들이 운영하는 병원 2층에 대한부인회 중구지부 연락 사무소를 차려 1년 동안 조직에 힘썼다고 증언하고 있다.: 앞글, 142쪽.

| 지역본부 | 창설년도 | 참여인물 | 비 고 |
|---|---|---|---|
| 전북도본부 | 1949. 봄 | 차영민(회장), 김채봉, 전유택, 양난초 | 차영민 회장 6·25전쟁 때 처형, 1953년부터 도청 부녀계장 윤경옥이 회장 |
| 전남도본부 | 1949.2 | 현덕신(회장), 최선희 조아라(부회장) | 1954년부터 3대회장 조아라 |
| 제주도본부 | 1949.4 | 고수선(회장) | 성인교육협회가 모체 |

자료: 한국부인회총본부, 1986, 『한국여성운동약사-1945년-1963년을 중심으로-』에서 정리.

지방 조직을 마친 후 대한부인회 제1회 전국대회가 1949년 5월 2일에 열렸다. 각 도에서 대표자 2명, 각 군에서는 1명씩 초청되었다. 전국대회는 중앙여중고 강당에서 열렸으며, 200여 명이 참가했다. 이 자리에서 박순천이 발행한 『부인신문』 창간호가 배포되었다. 초대 회장에 박순천, 부회장에는 박승호와 유각경이 선출되었으며, 창설위원으로는 박순천, 박승호, 유각경, 황신덕, 김철안, 황애덕, 최은희, 임영신, 박현숙, 김성실, 이예행, 송금선, 박인순, 양배상 등 여성계의 지도급 인물들이 포함되었다. 기구는 본부에 총무부, 재정부, 조직부, 사업부, 외교부 등 5개 부서, 시도에 시도본부, 시군에 시군지부, 읍면동에 읍면동지회를 두었다. 이 대회에서 3개 항의 강령이 채택되었는데, 역시 미군정기와 마찬가지로 여성의 지위 향상보다 국가 건설이 우선이었다.

1. 우리는 우리의 힘을 나라 위해 바치자.
2. 우리는 상애상조하여 국민문화를 세우자.
3. 우리는 우리의 지위를 향상시키자.

그리고 사업목표는 "남북통일까지 일체 정치에 관여하지 않고, 한글보급·생활간소화 운동을 펼침으로써 군경원호·여성계몽·불우여성구호에 전력한다."는 것이었다.[135] 뒤이어 5월 11일에는 제1회 전국총회를 거행하였다. '국민의 단결은 어머니의 힘으로'라는 구호 아래 제1회 총회는 이승만 대통령 부인 프란체스카 여사, 임영신 상공부장관 등을 비롯하여 남한의 각 군·면 대표 800여 명이 참석하였다. 이 자리에서는 총재로 프란체스카, 부총재로는 조신성과 황애덕, 회장에는 박순천, 부회장에는 유각경과 오인식이 선임되었다. 마지막으로 생활간소화, 애림강조, 한글 신술어 제정 반대 등에 관한 것을 당국에 건의하기로 결의하였다.[136] 이와 같이 대한부인회의 초기사업은 국민생활개선운동 요령에 의한 범국민운동, 문맹퇴치와 군경원호사업 실시 등이었다.[137]

대한부인회의 기구는 결성 당시에는 5개 부였으나 제1공화국 후기로 오면서 9개 부로 확대되었다. 총무부, 재정부, 외교부, 조직부는 그대로 있고, 사업부가 확대되는 형태이다. 창설 초기 조직이 언제 개편되었는지 명확하게 밝혀낼 자료가 없다. 다만, 1958년에 창간된 『대한부인회보』에 의하면, 사업부 대신에 외교부, 신생활부, 선전부, 산업부, 문화부, 원호부 등으로 조직이 확대되었다는 것은 확인할 수 있다. 이는 다른 한편으로 대한부인회가 각종 정부사업에

---

135) 한국부인회총본부, 1986, 74쪽.
136) 동아일보, 1949년 5월 13일.
137) 한국부인회총본부, 1986, 167쪽.

참여하는 범위가 더 넓어졌다는 것을 의미한다(<그림 Ⅲ-1> 참조).

시지부 등 대한부인회의 지방조직도 대체로 총본부의 조직을 따르고 있었다. 시지부의 조직을 대구시지부를 예로 들어 보면 총무부, 조직부, 계몽선전부, 생활개선부, 원호보, 재정부, 근로사업부, 문화부 등 8개 부서를 두었다(<그림 Ⅲ-2> 참조). 시지부에서는 총본부에 있는 외교부가 없었다. 부서 명칭은 다르나 총본부와 같은 일을 한 것으로 추측된다. 중앙본부와 비슷한 명칭은 다음과 같다. 총본부의 선전부는 계몽선전부로, 신생활부는 생활개선부로, 산업부는 근로사업부로 각각 바꾸어 사용했다. 이외 시지부는 시의 검찰청장, 시장, 경찰국장, 경찰서장, 여자경찰서장을 고문으로 두었으며, 매월 1회 40명의 이사로 구성된 이사회 회의와 부장 회의를 개최하였으며, 감사를 두었다. 이와 같이 대구시지부의 예에서 보듯이 관과 밀접한 관계를 유지하였고, 정부의 모든 부녀사업을 대행할 수 있을 정도로 다양한 부서를 두었던 것을 알 수 있다.

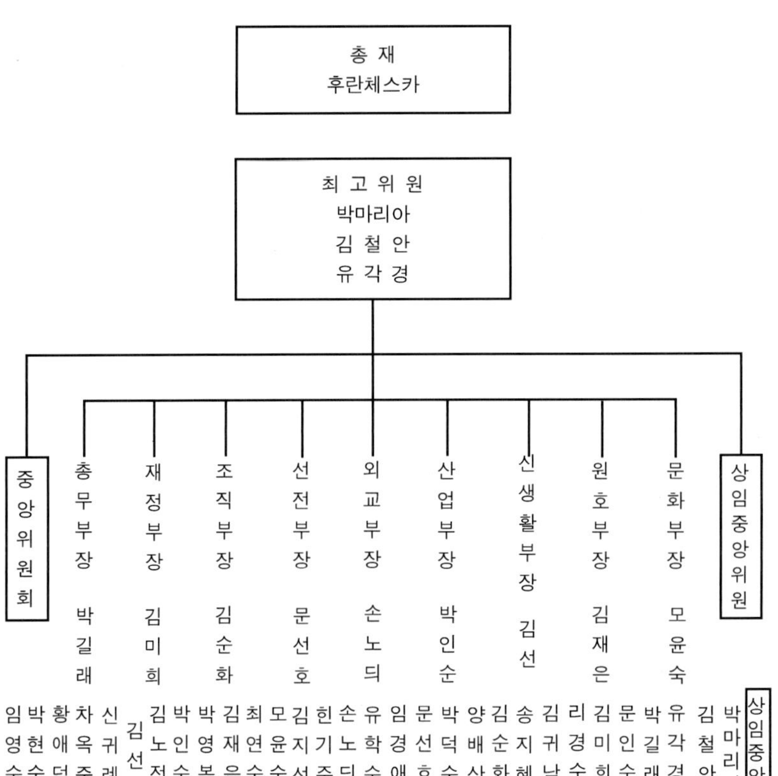

자료: 대한부인회, 『대한부인회보』 창간호, 1958년 7월 20일, 29쪽.

〈그림 Ⅲ-1〉 대한부인회 총본부기구도

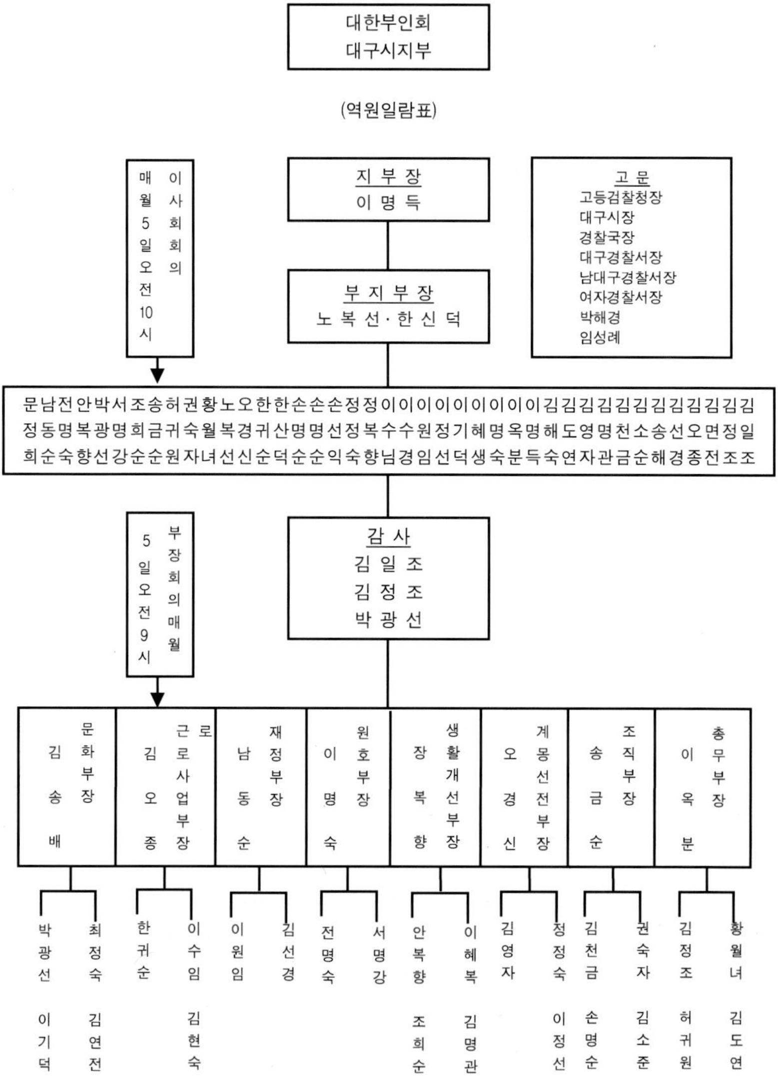

자료: 한국부인회총본부, 1986, 『한국여성운동약사－1945년~1963년까지 인물중심·, 414쪽.

〈그림 Ⅲ－2〉 대한부인회 대구시지부 조직도

총본부의 초대 이사로는 각 시도 본부장이 자동적으로 이사가
되었다. 부녀국의 과장, 국장도 총본부의 당연직 이사(또는 상임위
원)가 되었다.[138] 박승호가 여성단체 회장이면서 여성운동가로서
활동하다가 부녀국장으로 부임한 뒤에도 대한부인회 창설에 깊이
개입하였고, 대한부인회 부회장을 다시 맡았다. 지방도 마찬가지였
다. 시도지부에서는 계장이 이사가 되었다. 예를 들면 서울시 내무
국 부녀과장(1949. 2 - 50. 1)이었던 김성실은 대한부인회총본부 이사
(1949), 사회국 부녀과 지도계장(1952. 4 - 59. 8)이던 윤을순은 대
한부인회서울시본부 총무부장을 역임했고, 충청북도 부녀계장(1947
- 50)이던 조윤순도 대한부인회충북도본부 부회장(1950)을 겸직하
였으며, 전라북도 부녀계장 윤경옥도 대한부인회 전북도본부 회장
을 겸했으며, 전라남도 부녀계장 조아라도 대한부인회전남도본부
총무, 이사를 겸직했다. 경상북도 부녀계장 김연주도 대한부인회
경북도본부 조직부장을 겸직했다. 이와 같이 당시 여성운동과 여성
정책 업무 담당 공무원 사이에는 상호 겸직이나 역할 바꾸기는 흔
한 일이었다. 여성단체 활동은 곧 부녀과 업무이면서 동시에 민간
의 여성운동이었던 것이다.

따라서 정부는 대한부인회에 대해 운영비를 지원하였다. 대한부
인회의 재정은 정부보조금, 회비금, 찬조금으로 구성되었다. 정부

---

138) 한국부인회 총본부, 167쪽. 1958년 대한부인회 정관에 따르면 총본부에서는 이
　　사회 대신 상임중앙위원회라는 명칭을 사용하고 있으며, 중앙위원에는 부녀국장
　　을 포함한다는 규정이 있다.: 대한부인회, 『대한부인회보 창간호』, 1958년 7월
　　20일, 28쪽.

지원액은 다르지만 지원방식은 제1공화국의 대표적인 반관반민단체인 국민회, 대한청년단과 같았다. 얼마나 어떤 방식으로 지원되었는지 명확하게 알 수는 없다. 다만, 남아 있는 자료에 의하면, 지방자치단체장이 세 단체에 대해 가구당, 또는 성인여성 1인당 일정액의 연회비를 거두었고, 세 단체의 것을 한 몫으로 징수하여 각각 배분한 것으로 보인다. 그리고 자치단체마다 회비의 액수가 달랐을 것으로 추측된다(<표 Ⅲ-4> 참조).

〈표 Ⅲ-4〉 대한부인회에 대한 정부의 재정 지원

| 지 역 | 연회비 | 단체별 분배 | 운영방법 | 비 고 | 자 료 |
|---|---|---|---|---|---|
| 충청남도 | 200환 (가구당) | 국민회 80환, 대한청년단, 80환, 대한부인회 40환 | 도가 운영회를 두어 직접 운영 | 국민회 반발, 보류 | 『동방신문』, 1949.9.9 |
| 전국 | 400환 (가구당) | 국민회 200환, 대한청년단 100환, 대한부인회 100환, | 중앙본부에 1할, 시군 지부에 2할, 읍면 (각 동리포함)지부에 6할 배당 | — | 『자유신보』,1949.12.8 |
| 대구시 | 400환 (가구당) | 국민회 200환 나머지는 불분명 | 대구시국민운동재정회를 설치, 각 단체에 배분 | 6월 10일 내로 각 동회장이 일괄 징수 | 『남선경제신문』,1950.5.21 |

| 지  역 | 연회비 | 단체별 분배 | 운영방법 | 비  고 | 자  료 |
|---|---|---|---|---|---|
| 전국 | 60환 (가구당) | 대한부인 회만 해당 | – | 전쟁 후 유각경 (부녀국장)건 의 | 한국부인회 총본부, 1986, 50쪽 |
| 경상 남도 | 10환 (성인여성 1당) | 대한부인 회만 해당 | 행정관서 징수, 그 일부 부인회 사용 | 부인회에서 직접 수납 했으나, 행 정당국에 직접 수납 건의 | 위의 책, 474쪽 |

* 성인여성은 18−60세임.


대한부인회 정관에 의하면, 정부지원 외에 회비도 거두었다. 통상회원은 매년 회비 100환을 납부하도록 되어 있다. 그리고 이 통상회원이 납부한 회비는 서울특별시와 도로 나누어 각각 지부조직의 규모에 따라 비율을 달리하여 배분하였다(<표 Ⅲ − 5> 참조). 각 자치단체별로 거두어진 회비를 최말단 조직인 동분회나 읍면지부에 반을 배당하고, 총본부에는 가장 낮은 비율을 배당하였다.

〈표 Ⅲ − 5〉 특별시와 각도의 회비 분배비율

| 서울특별시 | 각  도 |
|---|---|
| 동분회 5할 | 읍면지부 5할 |
| 구지부 2할 | 군지부 3할 |
| 시본부 2할 | 도본부 1할 |
| 총본부 1할 | 총본부 1할 |

자료: 대한부인회, 『대한부인회보』 창간호, 1958년 7월 20일, 28쪽.

그리고 회비 외에도 행정의 최말단 조직인 동회를 통해서 물건을 파는 것도 일종의 이들 단체에 대한 운영비 지원의 일환으로 허용되었다. 예를 들면 1950년에 경남도지사 양성봉은 부산시 각 동회에 물건을 강매하는 상인들이 많으나 응하지 말고 지사의 허락 없이 동회를 통해서 물건을 팔 수 없으나, 국민회, 한청, 대한부인회의 경우는 예외를 인정한다고 발표했다.139)

이 시기 기부금은 일종의 잡부금으로 일반국민의 생활고를 가중시키는 심각한 문제였다. 국민들은 국민회비, 한청단비, 치안협조비, 후생복표, 국민봉공대비(國民奉公隊費), 경찰후생협회비, 극빈자구제금 등에 시달렸으며, 더욱이 '오늘 당장 내지 않으면 모모기관에서 잡아간다. 내지 않는 놈은 빨갱이다. 또는 배급을 주지 않는다. ……'는 등 강제에 가까운 징수가 더 문제였다.

이와 같이 대한부인회는 반관반민의 여성단체로서 부녀행정기구(부녀국, 부녀과, 부녀계 등)가 적극 개입하여 조직하였고, 각종 사업을 수행하는 자원 또는 파트너로 활용되었다. 대한부인회는 국민회, 대한청년단과 함께 반관반민의 단체로서 행정부에 대해 행정인력의 공급원이었으며, 동시에 정부사업대행기관이었다. 따라서 정부도 일정액의 운영비(보조금)를 지원하였으며, 정부의 주요 여성정책이었던 여성 대상의 계몽사업이나, 구호 및 원호사업 등에 대대적으로 동원, 활용하였다.

---

139) 『자유민보』, 1950년 1월 10일.

## 2. 생활계몽사업의 추진

### 1) 가정생활의 개혁

대한민국 정부 수립과 함께 여성들에게 투표권이 주어지고, 남녀평등을 보장하는 헌법이 제정되었다. 이러한 근대적 법은 여성들의 실생활에도 적용되어야 했다. 당시 여성운동가들과 부녀행정 담당자들은 '살림의 근대화', 즉, 부엌 시간을 줄이지 않으면 여성이 해방될 수 없다고 하여 기존의 생활관습을 근대적이고 과학적인 생활로 바꾸는 것을 당면 과제로 삼았다. 동시에 부부관계, 고부관계, 자녀양육, 생활관습에 있어서도 민주화되고 평등해야 하며, 불합리한 관습은 고쳐져야 한다고 생각했다.

가정생활 개혁의 실마리는 부부관계의 평등을 확보하는 것으로부터 시작되었다. 가정 내 부부관계 불평등의 상징은 축첩이었다. 당시 여성 지도자들은 헌법상 남녀평등권의 보장이 구체적으로 표현된 것으로 첫 번째 가장 중요한 것이 여성의 투표권 즉 정치참여권 보장이며, 두 번째가 가정 내 불평등한 부부관계의 표출인 축첩에 대한 반대라고 보았다.

축첩반대운동은 일제시대 근우회 사업의 하나일 정도로 여성운동의 주요 이슈 중 하나였다. 해방 후 미군정기를 걸쳐 정부가 수립된 후에도 여전히 여성계 중요 문제로 남아 있었다. 우선 축첩을 제도적으로 근절하기 위해 국가공무원법 제정 시 첩을 얻은 사람

은 공무원이 될 수 없다는 조항을 넣자고 국회에 제안, 국회 내에
서 토의한 바가 있으나 부결되었다. 이에 대해 여성계가 강력, 항
의하는 궐기대회를 열었다. 여성계는 1949년 7월 29일 집회에서
다음과 같이 분노를 표시했다.[140)

> 금번 국회에서 연 3일에 걸쳐 토의된 축첩문제 부결에 대하여 우리 여성
> 은 항의한다. 국가가 초비상시기에 있는 국정을 알고 여성문제는 차기를 기
> 다리고 자숙태도로 함구불언하고 있었는데, 국회에서 82명의 의원이 찬성 제
> 의하여 무기명 투표에서 53명의 찬성이라는 기묘한 숫자로 부결된 축첩이란
> 문제는 우리 여성의 울분이 장구한 시일에 억압을 당한 우리들에게 짓궂은
> 충동이라고 본다. 우리 여성을 옹호한다고 이 문제를 제기한 82명의 의원들
> 은 과연 전부가 첩이 없는 분들이었으며, 이를 부결한 분들은 첩이 있단 말
> 인가 의심하는 바이다. 제공들이 자기의 연봉을 가결할 때의 열과 일사천리
> 식 만장일치는 가관이었는데, 국민의 반수인 우리 여성들은 제공들을 선출할
> 때 결코 심심풀이로 염천(炎天)에 그늘 밑에서 부채질하는 격으로 여성문제
> 를 국회에서 논의하라고 보낸 것은 아니다.

또한 이 집회에서 박순천은 "문명국가로서 축첩제도가 존속하여
있다는 것은 다시없는 수치라고 하지 않을 수 없다."고 주장하고
"국회에서 축첩을 반대하는 법안이 그대로 묵살되었으니 이는 우리
나라에 있어 결국 축첩제도를 법률로써 묵인하게 된 셈이요, 여성
전체에 대한 모욕이다. 이에 우리는 총궐기하여 축첩제도에 대한
전면적 투쟁을 전개하는 한편 법률로써 축첩을 인정치 않도록 하
는 새로운 법률을 제정하도록 촉진시킬 방침"임을 천명하였다.[141)

---

140) 『자유신문』, 1949년 7월 29일.
141) 『경향신문』, 1949년 7월 29일.

"자기 딸을 첩이나 기생으로 내어 놓겠는가 물어보라. 여인의 정조가 아름다우면 사나이도 지키라."는 구호가 적힌 전단지가 뿌려졌다. 또한 강연에서는 "우리는 어렸을 때 오빠와 싸운 일이 있는데 그때 어머니는 여자가 참아야 된다고 말씀하시고, 우리들은 그런 방식으로 남자에게 늘 지고 그저 참고 참아서 살아오는 동안 남자들은 첩을 두기 시작하였으나 우리는 결단코 남의 첩이 되지 말자."고 열변을 토하였다.

이와 같이 당시 여성단체 활동가들이 남성들의 축첩이 여성에 대한 차별이고 인권 무시인 것을 인식하고, 오랜 가부장제 폐해를 법률로써 금지하려는 선구자적 노력으로 평가할 수 있다. 그러나 이들의 인식에는 시대적 한계가 있었다. 여성들이 첩이 되지 말자고 스스로 결심하여 되는 것이 아니라는 점에서 첩이 되는 사회경제적 요인에 대한 인식은 매우 취약하였다고 볼 수 있다.

국회는 이러한 여성계 의견에 화답하여, 국가공무원법에는 포함되지 못했으나 100명의 국회의원이 서명하여 '축첩 공무원을 엄단하라는 건의서'를 대통령에게 제출하였다. 임영신이 주동이 되어 "공무원은 국민의 의표(儀表)가 되어야 할 것이 당연하니 전형에 있어서 현직자도 포함하여 그 신분조사를 철저히 하여 축첩을 난행(亂行)하여 우리 민주제도의 윤리 도덕을 파괴하는 자는 엄중 제지하는 방침을 취하여 주시오."라는 요지의 건의를 정부에 내게 되었다.142) 국회뿐 아니라 당시의 여성단체143)도 건의서를 보냈다.

---

142) 『경향신문』, 1949년 10월 28일.

이에 대한 답변으로 이승만 대통령은 담화를 발표하였다. 이 발표에서 대통령은 "개명한 나라에 축첩은 사회도덕상 불공평한 일이고 없어져야 할 폐습"으로 반대를 표명하고, 법(축첩방지법)을 만들어 공포하겠다는 의지를 밝혔다.

> 1남 1녀로 가정을 이루어 국가사회에 기본이 되는 것은 모든 개명한 나라의 동일한 법이요, 우리나라서도 자고로 부부의 배필을 존중하는 것이 오륜(五倫)에 들게 되어 상대여빈(相對如賓)으로 내외간의 동등 권리를 누리는 것은 소위 사부(士夫) 가정에 중대한 예절로 여기던 것이다. 그러나 중간에 이르러 소실을 두는 습관이 생겨서 남자가 첩을 두는 것이 풍속화되어 오직 부인들만이 정조를 지키고 남자는 정조를 지키는 법이나 예의가 없기에 이르렀으니 이것은 사회도덕상 불공평한 일일뿐만 아니라 일남다처의 비평을 면할 수 없는 것이니 개명한 나라의 국법으로 이러한 결점이 있다면 우리로서는 다 같이 그 수치를 막기 어려울 것이다. 이 폐습을 막아서 우선 국가의 명망을 중히 여기며, 또 우리가 유래로 존중해 오던 1남 1녀 가정을 보호하는 동시에 여자의 지위를 높여서 첩이나 소실이라는 천한 자리에 떨어지는 사람이 없도록 하여야 한다. …… 법에 극히 주의해서 욕스러운 폐습을 영영 막아서 우리가 범한 오랜 치욕을 삭제함이 개명한 국민으로서 마땅한 직책이다.[144]

결국 축첩방지법이 법률로 제정되지는 않았지만, 축첩 경찰관은 해직되었다. 1950년 6월 23일, 내무장관이 축첩경관 파면에 관해 담화를 발표하였다.[145] "경관은 민중의 모범이 되어야 하는 까닭에

---

143) 당시 여성단체들이 연합하여 건의서를 보냈다. 참여한 단체는 여권옹호대책위원회, 대한부인회, 여자국민당, 여자기독교청년회, 한국기독교연합회이었다.: 『자유신문』, 1949년 12월 11일.
144) 『자유신문』, 1949년 12월 11일.
145) 『연합신문』, 1950년 6월 24일.

인권을 존중하는 의미에서 경관의 축첩을 금한 것이다. 지난 15일 현재로 경감 2명, 경위 24명 경사 84명, 순경 141명 합계 251명을 퇴직시켰다.”고 발표하였다.

이와 같이 평등한 부부관계를 정립하기 위해서 여성국회의원과 여성단체들이 축첩문제에 대해 국회에 압력을 넣고 대통령에게 건의서를 보냈으나, 축첩방지법은 제정되지 않았고, 축첩경찰관의 해직으로 종결되었다. 이 문제는 1950년대 후반 민법제정과정에서 재론되었다.

축첩 외에 부부관계의 불평등과 관련해 당시 중요한 사회문제로 떠오른 것이 간통문제였다. 1949년도부터 법전편찬위원회에서 ‘강간, 간통에 관한 법적 죄의 유무(有無) 문제’에 관해 법전편찬위원회에서 논의된 바가 있었다. 즉, 간통에 대해 여자만 처벌할 것인가, 남녀모두 처벌할 것인가, 또는 도의적 문제로 돌리고 법적으로는 불문에 부칠 것인가 등의 문제에 대한 논란이 분분하였다.[146]

‘남녀 모두 처벌하지 말자’는 이유는 헌법상 남녀는 동권이므로 일방만 처벌함은 불공평하다는 것이다. 간통죄의 철폐는 부부관계에 있어 법률상 예속시켰던 남성으로부터 여성을 해방시키는 것이다. 현대사회에서 남녀 간의 애정은 자유의사에 따른 것으로 법률로 강제할 수 없다는 관점이다. “남녀 간의 애정관계에 있어 종래의 즉 봉건시대의 남성에 있어서는 강압적 수단이나 구속으로라도 여성을 복종시키고 예속시킴으로 해서 얻어지는 애정에 만족을 갖

---

146)『국도신문』, 1949년 11월 21일.

고 있었을지 모르나 적어도 현대 남성은 남녀 간의 애정을 억압과 구속으로써 강요하지 않을 것이요, 설사 그렇게 함으로써 성립이 된다고 하더라도 오히려 그것을 남성의 불명예로 알 것이며 따라서 그러한 애정에 만족할 가능성은 없는 것이다."147)

'여자만 처벌하자'는 이유로는 무조건하고 여자만 처벌하겠다는 것은 아니라는 것이다. 남편이 묵인한 경우, 유기한 경우, 또 학대한 경우, 혹은 남편이 사후에 용서한 경우나 특수한 일이지만 남편의 사전 허가가 있을 경우는 죄가 되지 않는다. 또한 남편이 이를 안 뒤 6개월이 지나도록 고소를 제기하지 않으면 죄는 성립되지 않는다는 것이다. 최병주 대법관은 간통한 여자만 처벌하는 근거에 대해 이유를 밝혔다. 이유인즉, 생리적, 심리적으로 남자와 여자는 다르다는 것이다. "여자의 마음은 감정적이고 단순하고 또 편파성이 있으므로 마음이 전향되기 쉽다."148)는 것이다. 이러한 견해는 "그 근원이 남존여비(男尊女卑)의 봉건사상에 있는 것으로 남성들이 정치상의 집권적 지위를 악용하여 순전히 남성 자신들의 편의상 전제적(專制的)으로"149) 생각하는 것으로 봉건적 의식이 그대로 드러난 것이다.

당시 부녀국장 박승호는 법전편찬위원회의 간통죄 폐지에 대해 반대하는 견해를 명백히 했다.150) "간통죄란 개인생활에 관한 것인

---

147) 박영환, 1949, 「여성해방과 간통죄 철폐에 대한 소고」, 『자유민보』, 1949. 12. 4.
148) 『국도신문』, 1949년 11월 21일.
149) 『자유민보』, 1949년 12월 4일.
150) 『서울신문』, 1949년 11월 19일.

만큼 민주국가 법률에서는 당연히 이를 철폐하여야 할 것이다. 그러나 우리의 현 사회실정으로 보아 만약 이러한 법의 제재가 없어진다면 그나마 존재하던 도의적 인습관은 완전히 소실될 것이며, 따라서 이 나라의 정조관념은 여지없이 땅에 떨어지고 말 것"이라고 간통죄 폐지를 반대하였다.

이 문제는 1950년 전시 중 부산 피난지 임시정부 시절까지 이어져 논란을 벌였다. 이 시절에도 여성단체 회원들은 플래카드를 트럭 위에 달고 시가지를 누비며 캠페인을 벌였으며, 임영신과 박순천 두 여성국회의원은 간통雙벌죄 법안을 통과시키기 위해 국회의원들을 대상으로 로비 활동을 벌였다.[151] 드디어 1952년 11월 형사소송법 중 雙벌죄가 3표 차이로 통과되었다.[152]

축첩반대운동은 1953년 11월 3일에 공포, 실시된 신형법에 간통雙벌죄가 포함된 것으로 일단 그 성과를 거두었다는 평가를 내릴 수 있다. 그러나 현실과 법 간의 괴리는 있었다. 신형법에 의해 간통죄를 雙벌주의로 하였음에도 불구하고 공공연하게 간통죄를 범하고 있는 남녀가 존재하였다. 이러한 괴리는 법제적으로 인정된 권리를 행사하지 못하고 버림받는 여성들이 있었다는 증거도 되었다. 그 이유는 "남성들이 문명국가의 탈을 뒤집어쓰려는 허영심에서 여성들에게 집어 주었을 뿐 남성의 여성관이나 여성들의 의식에 변화가 아직 없기 때문"이라는 것이다.[153] 법정에 호소하여 신고한 1

---

151) 한국부인회총본부, 1986, 456쪽.
152) 한국부인회총본부, 1986, 87쪽.
153) 『여성계』, 1954년 3월.

호 간통죄 사건은 1954년에 나타났다.[154] 이 밖에도 임영신, 박순천 두 여성의원들이 노동법 개정을 위해 노력하여 1954년, 1표 차이로 통과(근로기준법 59조, 생리휴가 1일, 산전산후 휴가 60일)되었다.

부부관계에서의 남녀평등이 법적으로 일보 전진한 데 비해 고부관계에서는 아직도 전통적인 관계를 강조하였다. 따라서 가정 내 평화를 지키거나 고부관계에 있어서 주부(여성)의 인내가 강조되었다. 미군정기에 간행된 『새살림』에 실린 '가정평화의 비결법'은 '참을 인(忍)'의 연속이다.[155]

1. 인내, 참는 것이 제일이다.
2. 이해하고 믿고 존경하고 이렇게 하기를 끊임없이 노력하면 가정은 언제나 평화하다.
3. 먼저 존경하고 그 다음 성격과 전신을 이해하자.
4. 침묵, 인내, 양보가 제일이다.

뿐만 아니라 '시어머니 섬기는 10비결' 또한 여성(주부, 며느리)의 일방적 인내와 배려를 강조하고 있다. 여기에 남편이나 시어머니, 또는 가족의 도움이나 자발적 참여 등 민주적인 의식은 찾을

---

154) 제1호 사건으로서 한우동(태평양고철회사 한국지배인)과 현순원과의 애정갈등이 5백만 환 위자료 청구의 민사제소하면서 커다란 파문을 던졌다. 그런데 담당 편영완 판사는 "법률상보다도 사실상의 부부가 중요하다는 점과 현순원 원고의 태도는 성실한 이 땅의 며느리답지 못하다는 점" 등을 들어서 마침내 공소기각의 판결을 내렸다. 그리고 5백만 환 위자료 청구의 민사 재판에 있어서는 2백만 환을 지급하도록 판결이 내려진 바 있었다.: 대한민국 건국10년지 편찬위원회, 1954, 『대한민국 건국 10년지』, 733쪽.
155) 보건후생부 부녀국, 『새살림』, 1947년 12월. 35쪽.

수 없고, 단지 처세만 드러나고 있다. 사실 "부부 사이가 화합치 못한 것은 눈에 검부러기가 들어간 것 같이 견딜 수 없고 고부 사이가 맞지 않아도 귀에 버러지가 들어간 것 같고 작고 귀 속으로 들어가 어떻게 할 수 없게까지 되고 마는 것"156)이 사실일지라도 당시로서는 가족관계에서 민주화는 아직 먼 길이었다고 생각할 수밖에 없다. '시어머니 섬기는 10비결'은 다음과 같다.

  1. 무엇이나 시어머니와 의논하고 행할 것.
  2. 시어머니의 마음을 적적하게 하지 말 것.
  3. 시어머니는 나이 많은 어린아이와 같이 알 것.
  4. 시어머니의 칭찬을 받고 싶으면 시어머니를 칭찬하여야 한다.
  5. 시어머니에게 항상 정답게 하여야 한다.
  6. 시어머니의 아이인 시동생을 친동생보다 더 사랑하여야 한다.
  7. 시어머니 앞에서 친정자랑을 하지 말 것.
  8. 신식 며느리인 체 하지 말 것.
  9. 항상 명랑하고 항상 웃는 얼굴을 가져야 할 것.
  10. 주부대학선생으로서 시어머니를 선택할 일.

  부부관계, 고부관계에 이어 신식 자녀양육법에 대한 계몽사업도 활발하였다. 미군정기 부녀국 아동과에서는 자녀양육과 관련된 계몽기사를 부녀국의 계몽지 『새살림』지에 수차례 게재하였다. 뿐만 아니라 자녀양육에 대한 상담도 하였다. 아동의 영양문제, 아동의 발달과 가정교육의 문제, 아동의 유희의 중요성, 문제아동의 유형과 해결방법 등을 다루었다(<표 Ⅲ-6> 참조).157)

---

156) 앞글.
157) 보건사회부, 1975, 82쪽.

<표 Ⅲ-6> 『새살림』지에 게재된 아동 양육 관련 기사

| 기고자 | 기사 제목 및 내용 | 게재지 |
|---|---|---|
| 함처식 | 보육수첩 (1회)유아기: 유아기의 활동, 활동과 습관, 가정교육의 세 가지 방법, 유아실 | 1947년 10월호, 32-33쪽 |
| 함처식 | 모육수첩 (2회)어린이의 유희: 유희에 대하여, 어린이의 유희는 어른의 일과 같음, 유희의 두 가지 방법, 유희의 종류 | 1947년 11·12월호, 28-30쪽. |
| 함처식 | 보육수첩 (3회)어린이와 그림책: 그림의 제재(題材), 그림책의 종류와 선택, 그림책 주는 방법 | 1948년 11·12월호, 25-27쪽. |
| 함처식 | 보육수첩 (4회)어린이와 장난감: 장난감의 가치, 장난감 선택에 대하여, 유아기의 장난감 | 1948년 5·6월호, 27-30쪽. |
| 함처식 | 보육수첩 (5회)어린이와 장남감: 장난감이란 무엇인가, 장난감의 필요 | 1948년 3·4월호, 39-40쪽. |
| 부녀국 아동과 | 애기 기르는 어머니들에게(2회): 생후 즉후의 아이 젖먹이기, 시간젖먹이기 등 | 1947년 10월호, 11-12쪽. |
| 윤종선 | 애기 기르시는 어머니들에게(3회): 어린애들의 음식 먹는 습관, 장난감과 동무, 고집부리는 애, 거짓말과 돈 훔치는 애, 자리에 오줌 누는 애, 어려서부터 독립심을 길러 주어야 한다. | 1948년 3·4월호. 36-39쪽. |
| 윤종선 | 애기 기르시는 어머니들에게(4회): 떼쓰는 애, 신경질인 애, 열등감을 가진 애, 겁 많고 무서워 잘 하는 애 | 1948년 5·6월호, 25-26쪽. |
| 윤종선 | 감정의 순환기 | 1947년 11·12월호, 60쪽. |
| — | 젖 먹이는 모친의 감기: 마스크 착용 권유 | 1947년 3·4월호, 58쪽. |
| 한소제 (삼봉의원의사) | 애기의 영양섭취: 영양분 및 식품, 그리고 칼로리에 대한 설명 | 1947년 11·12월호, 54-57쪽. |

| 기고자 | 기사 제목 및 내용 | 게재지 |
|---|---|---|
| — | 영양 소강: 봄철의 학동 영양 간식(어린이의 점심 등) | 1947년 5·6월호, 12−14쪽. |
| — | 어느 어머니: 아이의 버릇을 가르쳐야 한다. | 1947년 3·4월호, 66쪽. |
| — | 애기의 백일해와 그에 대한 저항력: 백일해에 대처하는 방법 소개 | 1948년 5·6월호, 35쪽. |
| — | 출발부터 바르게: 어린 아이의 초기의 자세에 대한 주의 생후 사개월까지 / 잠자리, 잠자는 자세, 깨었을 때 자세, 안아 주는 것, 옮기는 것, 발, 울음, 운동. | 1948년 5·6월호, 50−51쪽. |
| 이시현 (기계협회 기술 이사) | 어머니와 과학지식: 어머니의 과학지식 및 가정교육의 중요성 | 1947년 11·12월호, 50−51쪽. |
| — | 어머니들: 어머니의 자녀양육과 관련된 퀴즈 | 1947년 10월호, 42쪽. |
| 아동과 | 크리스마스의 유래 | 1947년 11·12월호, 51쪽. |
| 민삼기 | 애기의 구두를 만들어 신깁시다. | 1947년 3·4월호, 59−60쪽. |
| ＴＷＫ | 유아용 개량바지 | 1947년 3·4월호, 61−62쪽. |
| — | 낡은 '양복속옷'으로 어린아이 '윗저고리'와 '래긴스'를 | 1947년 4·5월호, 26쪽. |

정부 수립 후에도 자녀양육과 보육에 대한 업무는 그대로 부녀국에서 계승하였다. 전진한 초대 사회부장관은 "우리나라 부녀가 자녀교양 보육에 몰이해하기 때문에 유유아(乳幼兒)의 보육 및 자

녀의 교육방법 향상에 대해 교화적 지도를 가하며 취미, 오락, 덕성의 민족적 순화운동을 전개하며 도시의 상설 탁아소, 농촌의 농번기 탁아소 등의 시설을 설치하는 것" 등의 내용이 포함된 시정방침을 발표하였다.

이외에 부녀국은 1949년에 가정의 일상생활에 남아있는 고래(古來)의 전통적 누습(陋習)을 없애고 근대적이고 합리적인 가정생활을 계도하는 활동도 펼쳤다. 부녀국이 개최한 부녀지도자 양성강습회에서는 미신타파 등 생활개선과 국산품애용에 대해 홍보하였으며, 이와 관련된 포스터 12,000매를 제작하여 각 지방에 배부하였다.158)

미신타파는 소위 서구식 합리적이고 과학적인 가정생활을 유도하기 위한 것이었다. 이승만 대통령은 미신타파에 대해 "민주주의 국가에서 생활해 나가는 사람들에게 그 생업을 해라 하지 마라 할 수는 없는 것이다. 그러나 미신은 타파하여야 할 것이고, 국민 각자가 자기의 직책을 완수하여야 하늘도 돕지 주문만 읽고 앉았다고 하늘이 돕는 것은 아니다."159)라는 말로 무당, 복술가들에게 국민들이 의지하는 것을 경계하였다.

그러나 오랜 미신의 관습이 하루아침에 없어질 수는 없었다. 사회부에서는 1949년 12월 29일, 무당·복술가(卜術家) 대회를 개최하여 선도활동을 전개하였다.160) 무당들은 신도회라는 명칭으로 무

---

158) 『동아일보』, 1949년 9월 14일.
159) 『자유신문』, 1949년 12월 11일.
160) 『한성일보』, 1949년 12월 29일.

당, 복술 등에게 회원증을 발행하였는데, 회원이 무려 1,500명이나 되었으며, 이외에도 새끼 무당이 3,000−4,000명이었다. 부녀국은 서울시 경찰국, 한민족 문화연구소와 공동주최로 무당계몽대회도 개최하였다.

1949년 부녀국은 이중과세에 대해서도 "완고한 사람들은 옛 법이나 습관을 바꿀 줄을 모른다. 그러한 태도는 발전이 없다."고 양력 단일과세를 추진하였다. "주책없이 먹고 질탕 놀아야만 속이 풀리는 우리나라 백성이지만 1년에 설 명절을 두 번씩이나 쉬는 것은 아무리 얕은 상식으로 판단해도 미개 문명국 백성만이 할 수 있는 일이다. 관의 힘을 빌려서 일대 국민운동을 전개하고 있었지만 해방을 맞이한 그해 설부터는 대체로 음력설이라 하여 술 담그고 떡 해 먹고, 또 양력설이라 하여 고기 사 먹고 …… 국민생활이 막다른 골목까지 곤궁해진 오늘날에 있어 좋은 일이라고 볼 수 없다."는 것이다.[161]

1949년 12월, 대통령은 유고문을 공포하였다. 각 도 경찰국장 고시로 음력설에 소·돼지도 못 잡고 술도 못 담그고 떡방아 등을 못 찧는다는 경고문을 발표하고, 공보처를 통해서 일반국민이 이 취지를 인식하도록 철저히 선도하도록 하였다. 사회부는 상공부와 연락하여 양력설에는 세궁민(細窮民)에게 옷감·식량 등을 배급하며, 재무부·상공부와 연락해서 설날만이라도 충분히 먹을 수 있는 술을 양조하여 배급하도록 하였다. 그러나 음력설에는 일체 도살을

---

161) 『자유신문』, 1949년 12월 11일.

중지하는 등 엄격하게 단일과세를 단행하기로 방침을 세웠다.

미신타파나 음력설 폐지 등은 오랜 전통과 관련된 문제였다. 캠페인과 행정력으로 강요한다 하여 실효성을 거두기는 힘들었다. 그 결과 1957년에 와서도 그 관습이 시정되지 않았다. 즉, 1957년 100개 중고등학교 조사 결과, 아직도 음력을 지내는 비율이 67.9%에 달하였다(양력은 23.1%, 이중과세는 7%).

이와 같이 남녀평등의 헌법 제정 등으로 국가 건설에 여성도 남성과 동등하게 참여할 것을 강조하면서 선거계몽운동을 전개했지만, 정부의 입장은 가정의 파괴를 가져오는 남녀동권은 있을 수 없는 것으로 보았다. 여성의 직장진출과 사회활동도 아동이나 가정이 희생되지 않는 범위에서 가능한 것이었다. 즉, "남녀동권이란 남녀가 하는 일이 다르되 한 일에 대한 가치를 똑같이 하자는 것이다. 우리 여자들의 할 일은 많다. 여자에게 직장이 확대되어 이후 점점 더 많은 여자들이 사회에 진출할 것이다. 이때에 우리들은 노동하는 부녀들이 가정을 깨트리지 않고 일을 더 잘하여 나갈 수 있게 만들어야 한다. 공장 같은 데에서 일을 보는 부녀들이 그 일을 하는 것으로 인하여 많은 희생을 받는다면 그 영향은 아동과 가정이 받는 것이다. 따라서 가정이 파괴되면 나라가 파괴된다. 또한 남녀동등이란 남자가 치마를 두르고 여자가 모자를 써야 하는 것이 아니라 남녀가 각기 제 힘을 다하고 그 특질을 발휘하여 그 가치를 같이해야 한다."고 보았다.162)

---

162) 보건사회부, 1975, 92쪽, 100쪽.

쌍벌죄 조항과 같은 부부간의 평등 확보를 위한 조치나 과학적
이고 합리적인 가정생활의 도입을 위한 여성계몽사업은 정책의 성
격상 단기간에 끝날 수는 없는 것이었다. 따라서 6·25전쟁 후 전
시생활개선 사업의 형태로 지속적으로 추진되었다.[163] 그러나 개선
되어야 대상이 구래의 관습이어서 빠른 시일 내에 성과를 달성할
수 없는 것이었다.

## 2) 의식주 생활개선 사업

부녀국은 가정생활에 대한 의식개혁운동과 아울러 의식주 가정
살림살이에 대한 개선사업도 추진하였다. 『새살림』지를 통해 '살림
의 근대화'로 부엌 시간을 줄이지 않으면 여성은 해방될 수 없다고
보았다. 가정살림의 능률 향상을 주장했다. 과학적 시간 관리로 가
정일의 능률화를 촉구하였다. 시간이 나서 여성들이 독서를 하면서
수양할 시간이 있어야 하며, 동시에 의복생활과 가옥구조도 바뀌어
야 한다고 생각했다. 가옥구조에서는 부엌, 세면소, 변소, 목욕실의
개량이 시급하다고 주장했다. 식사하는 시간을 규칙적으로 정해서
한다든가 아이들 방을 따로 마련해 주어야 한다든가 소위 서구식
근대적 가정생활을 이상적인 가정생활로 제시하였다.

---

163) 『새살림』지의 '알림'란에는 '이과세(二過歲)를 타파하자'라는 제목으로 양력단일
　　과세의 추진요령에 대한 상세한 정보가 실려 있다.: 보사부 부녀국, 『새살림』
　　1957년 1월, 88쪽.

우리 가정에서도 일정한 시간을 정하여 주방일하는 시간과 집안일하는 시간과 나들이하는 시간과 저자 가는 시간과 수양하는 시간과 쉬는 시간을 미리 작정하여 마치 학교에서 시행하는 시간표 같은 것을 만들어서 이용하였으면 가정생활에 재미도 나고 질서가 있어서 주부가 넉넉히 수양할 시간도 있을 수 있을 것이다.

우리가 재래로 살아온 우리 조선의 가정을 들여다보면 너무도 질서가 없고 불규칙하여 주부는 아침부터 저녁까지 조금도 쉴 시간이 없다. 나간 돈 결산 소비를 분명히 하는 주부가 몇몇이며 우리들에게 문화를 보급시킬 만한 시책을 서재에 가득 장식하여 날마다 일정한 시간을 정하여 읽고 연구하는 주부가 몇 분이나 되는가 묻고 싶다.

우리의 가정생활에 능률을 내려면 먼저 의복제도와 가옥제도를 개발하여야 한다. ……우리 조선 부인의 의복은 퍽 미묘하다고 볼 수 있으나 활동적으로 보아서는 치마가 너무 길어 일의 능률을 낼 수 없다. 걸음을 걷기에도 퍽 장애가 된다. 그리고 빛은 동절에는 흰 빛을 피할 것이다. 될수록 치마는 좀 짧고, 의복은 좀 치수를 넉넉히 하여서 몸이 자유롭게 능률 본위를 택하였으면 좋겠고, 될수록 재봉으로 아주 지어서 그냥 세탁하여 매림질만으로 다시 입을 수 있었으면 얼마나 우리 주부들 시간을 많이 얻을 수 있을까 속히 실행하고 싶다.

……그리고 주부가 제일 자주 드나드는 부엌도 좀 개량하여야겠다. ……식사하는 시간도 매일 일정하게 하여 술 먹고 늦게 돌아오는 주인을 기다릴 필요도 없다. ……변소의 설비를 완전히 할 것과 세면소 목욕실의 설비를 잘하여 아이들이 어머니의 손을 빌지 않고라도 저 혼자 세수할 수 있고 손 씻을 수 있는 자기 생활을 할 수 있는 습관을 길러 주어야겠다. 될 수 있으면 아이들에게 마음대로 놀 수 있는 방도 따로 정하였으면 우리는 가정일을 하기에 좀 더 능률적으로 할 수 있을 것이다.[164]

『새살림』지에는 '가정메모'라 하여 가정살림을 잘할 수 있는 단편적인 지식이 계속 게재되었다. 이를테면 풍로를 사용하는 법, 냉

---

164) 김온순, 1947, 「가정과 능률-생활론-」, 『새살림』, 1947년 12월. 31-34쪽.

장고의 얼음을 잘 사용하는 법, 얼음을 오래 간직하는 법, 전등불을 밝게 쓰는 법, 숯을 경제적으로 쓰는 법, 반지를 간단히 손질하는 법, 넥타이를 잘 사는 법, 중절모자의 때 빼는 법, 털목도리를 간직하는 법 등이었다.[165] 이외에 서양식 옷차림을 위한 양재 강좌가 게재되어 옷본에 따라 바느질하는 법을 실었다.[166]

정부 수립 후에도 생활 개선은 여성운동의 주제이고 정부의 주요사업이었다. 박순천은 "신국가 여성은 생활을 개선해야 하고, 독립을 하려는 여성은 전시생활과 같이 긴장이 풀어져서는 안 된다. 경제적 지식이 필요하고, 허풍성세에 흥청거리는 생활을 반성, 자각해야 한다. 산업에 전력하고, 국산품애용운동은 여성 즉 주부의 손으로 먼저 착수해야 한다. 식생활은 매식 1탕 1찬으로 하되 양분은 충분하도록 하며, 의복 역시 작업복을 바지로 하고, 짧은 소매 단추로써 가사의 능률을 기하며, 색의(色衣)를 입어 시간을 절약하여, 자녀교육이나 자기의 시간적 해방을 누려야 한다."고 주장하며, 거리의 여성들은 비활동적인 의복으로 노예와 같으며, 새 나라 여성은 생활개선이 아니라 생활혁명을 해야 한다고 주장하였으며, 끝으로 여성은 여성을 모멸하는 언사를 삼가야 한다며 여성끼리의 자매애를 강조하였다.[167]

---

165) 『새살림』, 1947년 12월, 38쪽.
166) 김난공(서울양재학원장), 양재강좌(아동복 편)에는 양복 만드는 순서, 제도에 대한 주의, 아동 표준 치수 그리는 법 등에 대해 기록하고 있으며(『새살림』, 1948. 4), 김난공의 양재강좌(2) -부인복 만드는 법-과 육칠 세 여아복 만드는 법이 실려 있다.: 보건후생부 부녀국, 『새살림』, 1948년 6월.
167) 박순천, 「정부 수립과 여성임무」, 『대조』, 1948년 8월.

정부는 이러한 여성계의 요구를 받아들여 체계적인 의식주 개선 정책을 펴게 된 것은 1950년에 와서다. 2월 22일, 차관회의에서 국민생활운동 실천운동을 국무회의에 건의하였다. 3월 6일에는 선전대책중앙위원회의 소집을 가결하여 즉시 실천에 옮길 예정이었다.[168] 부녀국은 5월 19일 향후 3년간 국민내핍생활 실천운동을 전개한다는 대국민 발표를 하고, 국민소비생활 긴축을 위한 행동요령을 발표하였다.[169] 내용을 보면 의식주 생활개선내용이 포함되어 있으며, 물자를 절약하고 건강을 증진시킬 수 있는 방법, 사치품 안 쓰기, 국산품을 애용하고, 허례허식 안 하기 등 생활 전반의 개혁을 들고 있다. 다음 이러한 개선운동의 추진방법은 대한부인회에 대한 국가지원을 통해 이들로 하여금 국민운동의 형식으로 전개하고자 하였다. 공무원이 먼저 솔선수범하고, 도시부터 시작하고 3년간 계속 실시한다는 계획이었다.

　1. 복장 간소화
　　일반복: 견실·보건·간소를 위주로 하고 고급품의 사용을 제한하며 국산
　　　　　　품과 색의를 적극 장려한다.
　　학생복: 고급 나사품 사용을 단속한다.
　　예　복: 혼상제의 예복을 제정한다.
　2. 식생활간소화
　　절미운동전개: 혼식 여행(勵行)과 쌀을 사용하는 양주와 떡·엿 제조를
　　　　　　　　　단속한다.
　　음식점 및 요리점의 개선: 고급 요정을 폐지하고 일반 대중식당과 음식점

168) 『자유신문』, 1950년 2월 25일.
169) 『서울신문』, 1950년 6월 7일.

으로 갱신하고 야간 영업시간 제한과 음주량 제한 및 무허가
음식점을 철저하게 단속한다.

기타 식생활 참고건: 공무원 전심지참 적극 장려와 무육 · 무주일 실시, 낮
술 금지와 단속 및 밀주 · 밀살의 방지와 철저한 단속을 한다.

3. 주거의 간소화

연료 절약과 무허가 벌채단속 및 전기의 지정등수와 촉수, 여행과 수도용
수 절약 및 자력 청소 여행을 한다.

4. 국산애용과 외국 상품의 수입제한

생필품과 일용품은 반드시 국산품을 쓰도록 하여 원료와 생산상 필요자재
이외 수입제한과 외국 사치품 암시장을 단속한다.

5. 도보여행(徒步勵行) 허례폐지(虛禮 廢止): 도보여행으로 가솔린을 절약한다.

6. 허례폐지: 결혼 피로연의 간소와 상제 시의 향응 전폐와 환영회, 송별회,
신년회, 망년회, 야유회 등 자숙 및 공무원 출장 회식 연회 전폐와 세배
를 폐하고 한 장소에 모여 교례회로 할 것과 연말연시 증답품을 폐지한다.

7. 자원애호와 물자소비절약과 폐물 상용, 저축을 장려한다.

8. 실시방법: 운동전개에 대한 필요예산을 충분히 계상하여 각 시도행정기관,
국민회, 대한청년단, 대한 부인회 등에 실천운동을 의뢰케 할 것과 계몽선
전은 계몽선전대책 중앙위원회에 일임한다. 한편 계몽 강습 좌담회 신문
방송 영화 삐라 표어 등을 이용 실천운동의 법령 초안을 법제처로 하여금
작성케 한다. 그런데 이 운동은 일반 공무원이 솔선수범하고 주요 도시로
부터 시작케 하고, 이후 3년간 계속 실천케 한다.


그러나 1950년 의식주 생활개선 계획은 1950년 6월 한국전쟁의
발발로 전시생활개선법으로 법제화되어 추진되게 되었다.

한편 이에 앞서 1949년 11월 부녀국은 정부 수립 후 1년이 지난
시점에서 계몽 위주의 정책에서 탈피하여 부녀보호사업을 확충한다
는 새로운 계획을 발표하였다.170) 이는 중점사업을 생활개선 계몽

---

170) 『동아일보』, 1949년 11월 25일.

사업에서 부녀보호사업으로 전환하는 것이었다. 부녀국은 이 계획의 실천을 위한 예산도 1950년도에 이미 반영하였다고 밝혔다. 내용은 모두 7가지로 구성되었다. 첫째는 부녀보호사업을 확대하는 것이다. 공창제도의 폐지에 따라 보호가 필요한 창녀와 접객부들의 자립을 위한 부녀사업관 사업을 확장하고자 하였다. 서울, 부산, 대전, 대구, 광주, 전주 6개소에 설치되어 있는 부녀사업관의 사업을 확장하는 동시에 나머지 4개 도에도 증설할 계획이고, 이들이 만든 제품은 전국 부녀전시회에 전시하여 일반의 부녀사업에 대한 관심을 높이고자 하였다.

둘째, 직업부인 공동기숙사를 설치할 계획이었다. 도시직업부인의 불충분한 숙소와 적은 수입으로 인한 생활난을 완화시키는 동시에 이들의 윤락을 방지하기 위해 전국 5개소에 직업부인공동기숙사를 설치하는 것이다.

셋째, 임산부 보호 사업을 실시할 계획이었다. 유아와 산모의 사망률이 높은 현실에서 제1단계로 임산부에 대한 위생과 육아지식을 보급하고, 일반인들의 임산부 보호 인식을 높이고, 제2단계로는 국가적 사업으로 임산부의 등록과 빈곤자의 무료검진 치료를 시행하여 건강한 산아의 출생과 육성을 도모하였다.

넷째, 부녀문제 상담위원회를 설치하고자 하였다. 여성에 관한 일반 사회문제와 일부남자의 몰이해한 부녀관을 시정하며, 여성들에게 정신적 조력을 다하기 위해 남녀지도층으로 구성된 부녀문제 상담위원회를 구성하고 중앙에 본부를 설치할 계획이었다.

다섯째, 탁아사업을 실시할 계획이었다. 국립탁아소 1개와 지방 탁아소 6개, 농번기 농촌부인을 위한 계절탁아소 10개소를 설치한다는 것이다.

여섯째, 모자보건사업을 실시하고자 하였다. 요구호 편모세대를 위하여 전국 7개소에 보호시설을 설치하는 한편 모자보호에 관한 법률을 제정할 계획이었다.

일곱째, 아동보호사업을 실시하고자 하였다. 어린이들을 사랑하는 정신을 계발하기 위하여 이에 관한 영화와 팸플릿을 제작 발행하고, 법률적으로 보호하기 위하여 선진국가에서 이미 시행되고 있는 아동보호법을 제정할 계획이었다.

이러한 사업들은 정부가 여성들의 실질적인 지위 향상을 도모하려는 것으로 그 성과가 기대되는 것이었다. 1950년부터 시행하고자 했던 이런 7가지 사업계획은 건국 후 계몽 위주의 정책에서 일반 여성대중을 위한 보호정책에 눈을 돌려 세심한 준비를 했다는 데 의의가 있다. 그러나 이 계획은 6·25전쟁으로 인하여 정상적으로 추진될 수 없었다. 전쟁으로 인한 전쟁미망인, 윤락여성, 고아 기아 문제 등 산적한 난제를 풀어야 했기 때문이다.

# Ⅳ 전재민 구호 위주의 여성정책 실시:

## 1950 - 56년

대한민국 정부 수립 후 정부는 새 국가 건설에 여성참여를 촉진
하고자 여성 대상의 의식계몽과 문자계몽운동을 추진했다. 그 후
1949년 11월에 부녀보호사업 확충에 역점을 둔 사업계획(신계획)을
발표하였다. 그러나 신계획을 실행에 옮기기도 전에 6·25전쟁이
발발하였다. 전쟁으로 인해 국군 전사자 14만 명, 민간인 사망자 약
24만 명, 행방불명자 36만 명, 전쟁고아 약 6만 명이 발생하였
고,171) 전쟁미망인도 약30만 명(1952년)이 발생했으며, 피난민 일제
등록에서 약 1천만 명 이상의 피난민이 신고되었다(1952년).172)

전시비상사태에서 정부의 여성정책 또한 전쟁 상황의 극복에 우
선순위를 두어 추진하지 않을 수 없었다. 정부는 전시생활개선법을
제정하여 전쟁 전에 추진했던 생활개선 사업을 전시체제에 맞도록

---

171) 한국방송공사, 1984, 『이산가족을 찾습니다』, 박용옥, 1985, 「6·25전란이 가족
　　　제도에 미친 영향」, 『현대사상연구』 제2집, 성신여대 현대사상연구소, 88쪽에서
　　　재인용.
172) 『조선일보』, 1953년 8월 26일.

재편하여 추진하였다. 또한 전쟁으로 발생한 전쟁피해여성들을 보호하기 위한 정책을 수립, 추진하였다. 전쟁미망인, 윤락여성과 전쟁고아가 여성정책의 주요 대상이 되었다.

다음에서 6·25전쟁이 발발하면서 1956년 새로운 여성정책이 추진되기까지 약 6년간, 여성정책이 어떻게 추진되었는가를 살펴보고자 한다.


## 1. 전시생활개선 정책의 추진

### 1) 전시생활개선법의 제정

대한민국 정부 수립 후, 정부는 새 국가를 건설하기 위해서는 가정의 근대화가 필요하다고 생각하여 생활개선 사업을 전개하였다. 생활개선 사업은 여성의 역할을 가정 내의 주부, 어머니 역할이라고 보고, 비과학적이고 불합리한 가정생활을 근대적이고 과학적인 생활로 바꾸려는 것이었다. 이 사업은 정부 수립 직후부터 부녀국 지도과가 추진한 여성정책의 중요과제 중 하나였다. 1949년 10월에 생활개선 사업을 분장 사무로 하는 생활개선과가 문교부로부터 이관되어 부녀국에 설치됨으로써 더욱 활기 있는 정책 추진을 기대할 수 있게 되었다. 생활개선과는 '의식주생활·관혼상제 및 국민관습의 개선과 장려에 관한 사항'을 분장하였다(Ⅱ장의 <표 Ⅱ-3> 참조).

6·25전쟁이 발발하기 전에도 정부는 국가적으로 궁핍한 상황을 타개하기 위해 국민들을 대상으로 절약과 검소한 생활을 강조하고 동시에 유흥소비의 억제를 위해 음식점의 영업시간 단축과 음주량의 제한 판매를 시행했으나, 실제로는 잘 지켜지지 않았다.[173]

그러던 중 6·25전쟁으로 인한 전시 비상사태를 맞이하여 정부는 종전의 생활개선 정책을 좀 더 엄격하게 시행할 필요가 있어 관련 법률의 제정을 추진했다. 1951년 11월 18일, 공포된 전시생활개선법(법률 제225호)은 "국민생활을 혁신 간소화하여 전시에 상응하는 국민정신의 앙양을 목적"으로 하는 것이었다(제1조). 주요 내용은 전시생활개선위원회의 설치, 전시(戰時) 음식점의 주류 판매 금지, 청객(請客) 위주 부녀자 사용 금지, 가무음곡 금지, 전시에 적합하지 않은 복장의 제한 또는 금지, 사치품 금지 등이었으며, 전문 14조와 부칙으로 구성되었다. 이 법에 따라 정부는 음식점이나 유흥업소 등에 대해 규제조치를 시행하는 한편, 국민생활실천 요강을 발표하여 국민운동으로서 전시생활개선 사업을 추진하고자 하였다. 이로써 해방 후부터 계몽사업의 일환으로 추진된 생활개선 사업이 전시라는 특수한 상황에 상응하여 법제화되어 체계를 갖추어 추진하게 되었다.

정부는 전시생활개선법의 입법을 추진하면서, '전시국민생활실천요강'도 함께 마련하였다. 이 실천요강은 전시 국민이 지켜야 할

---

173) 1950년 6월, 서울시는 밤 11시까지이던 영업시간을 한 시간 단축하여 5월부터 9월까지는 밤 10시까지이고, 10월부터 4월까지는 밤 9시까지였으며, 1인당 술 판매량을 2홉으로 제한하였다.: 『연합신문』, 1950년 6월 16일, 21일.

최소한도의 생활기준을 제정하여 권고하는 것으로 의식주 생활에 대한 실천요목이 제시되었으며, 이외에도 국민도덕, 전시절제운동, 폐풍(弊風)교정, 실천방법 등에 대한 지침도 포함되었다.174)

실천요강의 내용은 다음과 같다. 식생활에서는 "영양과 위생을 위주로 하고, 식생활의 낭비를 방지하고, 전시생활경제에 적합하도록 간소해야 한다."는 것이 요지였다. 실천요목을 보면 "절미·혼식, 국 한 가지에 반찬 한 가지(一湯 一菜)로 식사하기, 술 안 먹고 소고기 안 먹는 날(無酒·無牛肉日)의 실시, 낮술 엄금(嚴禁), 식사시간 정하기, 아동의 편식 고치기, 가급적 주연회(酒宴會)를 금지하기, 공무원 등 봉급생활자의 도시락(벤또) 지참" 등이 포함되었다.

의생활에 있어서 정부는 "의복은 활동과 위생을 주안으로 하고 국민경제에 적합해야 한다."는 요지에서 실천요목으로 "건국복175)의 착용, 양복 착용 시 동절 이외에는 와이셔츠나 넥타이를 매지 않고 노타이셔스 입기, 춘추에 스프링(코트) 금지, 의복지는 국산품 사용과 색깔 있는 옷(色服)을 장려하였다. 이외에 한복 착용 시 남자는 바지통을 약간 좁히고, 길이를 좀 짧게 할 것, 두루마기의 길이를 짧게 하거나 두루마기를 입지 말 것 등을 권고했으며, 여자는 깨끼겹저고리와 기다란 폭치마를 입지 말고, 허리통 치마를 입을 것 등을 권고하였다. 한편 남녀공통으로 한복은 "반드시 색옷으로

---

174) 정부기록보존소 보관 문서, 1951, 「제34차 차관회의(1951년 8월 2일)중 전시국민생활실천요강」 참조.
175) 건국복은 남녀, 학생복으로 나누어 각각 봄·가을·겨울용과 여름용의 옷의 모양도 제시하였다.: 앞글.

하고 옷고름을 없애고 단추로 하며, 박아서 지어 세탁 때마다 뜯어
서 빠는 비경제적 폐단을 없애고, 다듬이질을 하지 않고 세탁할 수
있게 할 것” 등을 권고하였다.

주택 생활에 대해서는 “생활실제에 적합하고 특히 보건위생에
중점을 둘 것”을 핵심요소로 제시하였으며, 실천요목으로는 “주택
내외를 청결하게 정돈하기, 채광과 실내 환기에 유의하기, 변소나
배수설비를 충분히 하고 오물을 제거하기, 주택주변에 식목이나 화
초 심기, 노변방뇨(路辺放尿) 금지, 공동생활 준수” 등을 들었다.

국민도덕에서는 “굳은 독립정신으로 자력자활의 도를 강구할 것,
소이(小異)를 버리고 대동단결할 것, 동포끼리 사랑하고 친절하게
대할 것, 국가민족을 위하여 국민의 의무와 책임에 충실할 것, 국
제간의 친선을 도모할 것, 단정한 체모(體貌)로 예의와 염치를 존
중할 것, 교통도덕을 준수할 것, 부녀자·노약자·상이군인·병자
에게 좌석을 우선적으로 양보할 것, 관존민비(官尊民卑) 사상을 버
리고 남녀동권을 실천할 것, 국가민족을 반역하는 폭리를 배격할
것, 밀수입 방지와 근절에 협력할 것” 등이었다.

전시절제운동에는 “공사 간(公私間) 시간을 준수하여 촌시(寸時)
라도 선용할 것, 전기·수도·연료 절약, 술·엿·떡 만들기 금지
와 양곡 낭비 방지, 사치품·귀금속·장식품 사용의 금지, 전발(電
髮)176) 금지, 시간에 맞지 않는 화장 금지, 경박한 외래 풍속 일소,
댄스홀 기생 같은 여성 직업 폐지,177) 대중식당을 장려하고 회식

---

176) 파머나 고대와 같이 전기로 머리를 지지는 것을 말한다.

(會食) 시 5종 이상의 음식 금지, 도로 청결과 간선도로에서 불결한 노점영업 금지” 등을 제시하였다.

폐풍교정(弊風 矯正)이 필요한 사항으로는 미신타파, 도박엄금, 관혼상제의 간소화 등 세 가지를 제시하였다. 미신타파에서는 “혹세무민(惑世誣民) 업자 단속(광고판, 신문광고 금지), 미신맹종자 단속, 미신행사 적발 폐쇄, 일반인에게 미신의 허무성(虛無性) 계몽, 미신으로 인한 시간과 경제 낭비 방지” 등을 지침으로 내놓았다. 또한 마작이나 투기적 여흥도 엄금하였다. 관혼상제에 있어서는 “형식을 취하지 말고, 경·조(慶·弔)의 정성을 위주로 할 것, 혼례식과 장례식은 간소하게 할 것, 구식·신식을 막론하고 전시체제에 어긋나지 않게 할 것, 장례일을 3일 이내로 할 것, 경조(慶弔)에 다수인이 오랫동안 취하고 음식을 먹는(長醉飲食) 악습을 폐지할 것” 등을 제시하였다.

이와 같이 전시체제하에서 정부는 생활을 합리적으로 간소화하는 실질적이고 구체적인 방법들을 제시하였다. 특히 국민도덕에 대해서 “관존민비(官尊民卑) 사상을 버리고 남녀동권(男女同權)을 실천하는 것”을 강조하였다. 그러면서도 개인의 자율에 중점을 둔 서구식 근대 시민의식의 강화보다는 전시체제라는 여건에서 단결과 동포애, 국민으로서 의무를 강조하였다. 첫째 법적 제재에 의하지 않고 “국민 각자의 애족애국 정신과 생활의 반성”을 촉구하여 실천하며, 둘째 계몽지도는 주로 민간 사회단체를 총동원하여 일대 국

---

177) 유엔위안장소나 국제사교 기관은 예외 조항을 두어 제외시킴.

민운동을 전개하며, 셋째 각종 언론, 라디오, 공동 집회 장소에서 선전과 계몽을 추진하고, 넷째 전시국민생활개선운동 주간을 설치하여 실천운동을 강화하여 전개한다는 것이다.

전시생활기본법이 주로 업자를 대상으로 법적 제재를 가하여 간소하고 절약하는 생활을 강조하였다면, 실천요강은 국민운동의 일환으로 생활개선 사업을 전개하려는 의도를 가지고 있었다. 이 실천요강에 따라 여성정책의 주무부서인 부녀국은 대한부인회를 비롯해 여성단체를 동원한 캠페인 등 대대적인 관 주도 행사를 계획하게 되는 것이다.

한편, 전시생활개선법에 의거하여 보건부는 고급요정을 폐쇄하고 무허가 음식점에 대한 단속을 강화하기 위해 보건, 국방, 법무, 내무 등 4부와 감찰위원회를 중심으로 합동위생감찰대를 시, 군 단위로 조직하여 1952년 1월부터 전시생활개선법을 위반하는 경우에는 벌금 50만 환 이하 또는 구류 또는 과료(科料)에 처하였다(제10조).

업자의 준수사항으로는 다음과 같은 것이 열거되었다(<표 Ⅳ-1> 참조). 정부는 유흥점이나 음식점을 대상으로 각종 음식물 판매에 대해 규제조치를 내렸다. 음식물을 제공할 때는 상 단위의 요리는 내지 말고, 일품요리를 제공할 것이며, 1인당 3종 이상의 요리를 내지 말라고 주문하였다. 또 백반을 금지하고 3할 이상 잡곡을 섞을 것을 요구했다. 이승만 대통령조차 "백미만 먹으면 안질이나, 체증, 부족증 등의 병을 불러올 수 있다며, 현미를 먹어 비타민 B를 보강해야 한다."는 내용의 담화문을 발표하기까지 하였다.[178]

다음 주류 판매 시간을 엄격하게 제한하였다. 오후 5시부터 통행 금지시간(12시) 1시간 전까지 주류를 판매할 수 있었으며, 주간에는 주류를 판매할 수 없었다. 주류 외의 일반물품에 대한 영업시간은 통행금지 해제 시(오전 4시)부터 통행금지 1시간 전까지였다. 유흥을 목적으로 하는 가무, 음곡, 연주, 유희를 일체 금지하였다. 접대부의 고용도 음식점 종류별로 1 - 3인까지로 한정하고, 복장도 간편한 것을 착용하도록 하였다. 또 전쟁발발일인 6월 25일에는 중식도 금지하였다. 심지어 각종 요리, 음료, 차의 판매 가격까지도 통제하였다.

<표 Ⅳ - 1> 전시생활개선법의 업자 준수사항

| 번호 | 구 분 | 내 용 | 비고 |
|---|---|---|---|
| 1. | 제공음식물 | - 요리를 상 단위를 폐지하고, 일품요리를 제공할 것. 단, 1인이 3품 이상을 초과하지 말 것.<br>- 백반을 금지하고 3할 이상 잡곡을 혼합할 것.<br>- 주류는 청주(정종) 표준 1인 2합 이하, 소주, 양주 1인 1합 이하 탁종, 맥주 1인 5합 이하. | |
| 2. | 영업시간 | - 주류 판매: 하오 5시부터 통행금지 1시간 전까지, 주간은 엄금(嚴禁).<br>- 일반영업시간: 통행금지 해제 시부터 동 금지 1시간 전까지, 유흥을 목적으로 하는 가무, 음곡의 연주와 유희를 엄금할 것. | |

178) 이승만 대통령의 1951년 9월 27일자 "현미식 애용으로 식생활의 양점을 취하자" 라는 제목의 담화문.: 공보처, 1953, 『대통령이승만박사 담화집』, 203 - 204쪽.

| 번호 | 구 분 | 내 용 | 비고 |
|---|---|---|---|
| 3. | 접대부 고용 | － 표준음식점 1실당, 1인, 대중식당 합 3명 이내, 주점 각 2명 이내. | |
| 4. | 접대부 준수사항 | － 간편한 복장을 할 것.<br>－ 간단한 음식물 운반 이외에 객에게 금주를 금할 것.<br>－ 무허가 접대부를 고용하지 말 것.<br>－ 국난극복일(25일) 중식 금지와 야간 주류 판매를 금할 것.<br>－ 특별세 행위는 계정률에 의하여 정확히 징수하고 영수증을 받을 것. | |
| 기타 | 각 음식물 및 요리 가격표 | － 음식(정식 비빔밥 장국반 만두국 닭고음 화반 등, 1,000－7,000)<br>－ 요리(한국 / 양요리 / 중화요리 1,000－12,000)<br>－ 음료(청주, 소주, 탁주, 백주, 양주 1,000－6000)<br>－ 차(맥차, 생과차, 홍차, 커피, 밀크, 코코아, 밀크커피 500－8,000) | |

자료: 보건사회부, 1975, 『부녀행정30년사(안): 1945－1975』, 275－277쪽.

이러한 정부의 통제는 비록 전시로 인한 경제적 궁핍을 돌파하기 위한 시책이었지만, 일상생활의 불편을 초래하는 과도한 각종 조치들이 제대로 지켜질 수 없었다. 그리하여 이 시기 신문지상에는 특수층의 사치 행각에 대한 기사가 꾸준히 오르내렸다.

1952년 5월 23일 국무회의는 더 강화된 국민생활개선안을 의결하였다. 의결사항은 네 가지로 구분되었다.[179] 식생활, 의생활, 극장개관, 국민도의생활 부문으로 나누어 각각에 대해 지침을 내렸다.

---

179) 『조선일보』, 1952년 5월 25일.

전시 식생활에 관련해서는 미곡 부족을 해소하기 위한 방안이 제시되었다. 주요 도시의 음식점을 대폭 감소 정비한다는 방침 아래 무허가 음식점과 요리점을 모두 폐쇄하고, 신규허가는 이유 여하를 막론하고 허가하지 않으며, 유허가 음식점 중에서도 전쟁 중인 지역에 있거나 또는 비위생적인 업소는 허가를 취소한다는 방침을 밝혔다. 또한 미곡을 원료로 하는 양주제(釀酒製)나 제과(製菓)는 일체 금지하고, 여관과 음식점에서 백반 제공이 금지되고 잡곡혼식만 허용되었다. 일반가정에서도 미곡의 소비절약을 위하여 잡곡혼식을 권장했고, 1회 식사에서 식기를 2개 이내로 제한하여 많은 반찬을 내지 못하도록 하였다.

전시 의생활에서는 외국제 천으로 옷을 제조 판매하는 것을 금지하였으며, 사치품 장신구의 패용을 금지했다. 귀금속 또는 보석으로 된 단추, 반지, 팔찌, 귀걸이, 브로치, 비녀 등은 수입, 제조, 판매, 착용을 금지했다. 또한 극장처럼 흥행을 목적으로 사업은 평일에는 야간에만 개관할 수 있고, 일요일에는 일체 개관이 금지되었다.

마지막으로 국민도의생활에 대해서는 매월 1일을 국민정신생활 개선일로 정하여 훈화와 표어를 전달하고 각종 개선안을 실천하도록 하였다. 도시는 반(班), 농촌은 부락 단위, 각 기관은 기관 단위로 조직하여 이 개선안을 전달받았다. 또 잘 전달되었는지를 점검하기 위해 촉진감시반과 특별감시반을 조직하여 순찰, 독려하였다.

가두선전대도 가동되었다. 부산의 임시중앙청이었던 경남도청 정문입구에서 여성들로 구성된 전시생활개선실천계몽대는 "당신의 옷차림은 전쟁하는 국민으로서 부끄러움이 없습니까?"라는 선전판을 세워 놓고, 지나다니는 사람들에게 물어 확인하는 방법을 사용할 정도로 적극적인 의식계몽활동을 폈다.180) 뿐만 아니라 이 지침의 실천을 위해 1952년 6월 25일 '관민합동종합화합회'를 개최하였다.181) 이 회의에서 1952년 9월 6일부터 9월 31일까지 약 한 달간을 생활개선강조기간으로 정하여 계몽활동을 추진하였으나, 성과를 거두지 못하여 9월 말까지의 기간을 10월까지로 1개월 더 연장하였다.182) 심지어 1955년에 와서도 정부의 전시생활개선 정책이 성과를 내지 못하자, 급기야 이승만 대통령은 특별유시(特別諭示)를 내렸다. 대통령은 "가난한 나라에서 절약과 검소와 질소한 국민의 생활태도가 사치와 허영의 풍조에 좀먹어 가니 이러한 국민의 풍조를 바로잡아서 국민이 다 같이 이 비상시국에 내핍생활을 하도록 하게 하라."는 것이었다.

이승만 대통령의 유시에 공무원들이 반응을 보이고 솔선수범을 다짐했다. 각 부처의 이사관급 이상 공무원들이 연석회의를 갖고 외래 사치품을 일체 배격하고 국민생활 검소화 운동에 앞장설 것을 다짐했다. 이들은 회의에서 "요정 앞에 경관을 세워 놓고 밤새도록 연회를 계속하는 장관과 군인들의 주연(酒宴)"을 비난하였다. 따라서 관공리의 생활부터 국민운동을 일으키지 않으면 생활개선운

---

180) 『조선일보』, 1952년 6월 20일.
181) 『조선일보』, 1952년 6월 24일.
182) 『조선일보』, 1952년 10월 2일.

동은 확산될 수 없다는 데 의견을 모았다. 그리하여 이들은 우선 공무원과 그 가족들이 솔선수범하여 국산품으로 만든 과거의 국민복과 같은 옷을 입게 하거나 신사양복을 개조하여 착용하게 하고 가족들은 여자인 경우에는 통바지를 입고, 값진 옷을 입고는 어디에도 갈 수 없도록 국민의 의식을 고치는 방향으로 각 사회단체의 협력을 얻어서 효율적인 국민운동을 일으키자는 제안을 했다. "앞으로 공무원들이나 그 가족들은 외국산 양말, 벨베트, 레이스, 콜셀, 오파르, 나일론으로 된 의복과 스프링코트, 털목도리, 금이나 보석으로 된 장신구 일체, 외국산 양산, 모자, 화장품, 핸드백, 담배 술 등을 절대로 못 쓴다."는 규율을 정하였다.183)

이렇게 공무원들이 나서서 생활개선운동을 벌인다는 사실 자체가 역설적으로 전시생활개선법이나 실천요강이 제대로 지켜지지 않았다는 것을 의미했다. 특히 고위층의 법 위반이 심각했음을 알 수 있다. 따라서 정부는 전시생활개선을 범국민운동으로 전환할 필요가 있다고 판단했다. 이는 곧 관변단체들을 총동원한 대규모 행사로 나타났으며, 신생활운동으로 전환하여 추진되었다.

## 2) 신생활운동의 전개

전시생활 위주로 추진되었던 생활개선 사업은 휴전 후에는 일상체제로 전환하여 추진하게 되었다. 전쟁은 휴전으로 끝났지만, 부

---

183)『조선일보』, 1955년 1월 11일.

녀국은 전시에 추진하였던 정책들을 일상적인 정책으로 탈바꿈시켜
야 했다. 전쟁이 끝난 1954년부터 정부는 전쟁으로 인한 혼란과
궁핍을 극복하고 부흥의 계기를 잡고자 국민생활의 합리적 개선을
추진하는 신생활운동을 전개하였다. 신생활운동은 전시체제에서 제
시되었던 지침이나 요강을 발전시킨 것으로 매우 현실적인 것이었
다. 이는 전후 사회통합 전략의 일환으로 추진된 것으로 근대적 사
회질서를 정착시키기 위한 것이었다. 이 운동에서는 도의와 과학이
강조되었다. 전통보다는 불필요한 오래된 관습과 그 폐단을 없애는
의례의 간소화와 미신타파, 위생과 실용성이 강조되었다.

여성을 대상으로 근대적이고 합리적인 의식주 생활을 습득시키
는 계몽운동을 전개하여 가정생활의 과학화를 도모하였다. "낡은
생활을 새 생활로 고치려면 가장 먼저 …… 굿과 점하는 미신을
없애고, 모든 것을 정결하게 하고, 나쁜 습관을 없애면 깬 사람들
이 되어 밝아 오는 새 나라의 국민생활을 잘할 수 있다."는 것이
다.184)

1956년 정준모 보건사회부장관은 민족발전의 기반이 되는 신생
활운동의 기본이념을 밝혔다. 그는 전쟁으로 인한 최대의 혼란과
비극에서 벗어나기 위해서는 새로운 문화가 확립되어야 한다고 주
장하였다. "시대성에 입각한 새로운 생활을 향한 운동인 신생활운
동은 재건과 부흥의 깃발을 올리려는 현 시점에서 매우 유용한 운
동"이라는 주장이었다.185) 그는 신생활운동의 하위운동으로 합리적

------

184) 사회부 부녀국, 1954, 『주부 계몽용 부인생활독본』 제1편, 1 - 3쪽.

인 경제생활, 도의생활에 기초한 누풍과 폐습 일소, 관혼상제와 의식주생활의 과학화를 다음과 같이 추진해야 한다고 주장했다.

신생활운동은 강력한 생활력과 뚜렷한 생활태도로. 경제적으로 어려운 상황에서 과거와 같이 명분론과 수신론에 경도될 수 없다. 새로운 경제체제를 확립할 수 있는 원칙과 지표가 설정되어야 한다. 그러자면 지역적 특수성과 생활태도에 대한 재검토와 신구상이 불가결의 요소가 된다. 특히 지도층은 정치와 경제에서 신질서가 자리 잡도록 강력하게 계획하고 인플레 현상을 디플레 현상으로 바꾸기 위해 적당한 납세, 저축, 국체, 복권 등으로 통화를 수축하는 한편 농촌 금융의 원활을 기하고 대중생활의 보장을 기하기 위해 물가를 억제하고 수입을 조절하여 국산장려와 생산증강을 주력하는 것은 초내핍 경제 질서 확립에 가장 중요한 요체가 될 것이다.

도의생활을 기초로 해서 누풍(陋風)과 폐습을 일소하고 신애와 봉사로써 시대성의 요구에 호응하여 명랑하고 밝은 사회를 형성하도록 노력해야 할 것이다. 허례허식을 버리고 간략한 생활양식을 채택해야 할 것이다. 사대사상이 외물숭배(外物崇拜)와 보수적인 객관성, 또는 과학생활과 배타적인 미신맹종 등을 발본색원하는 강력한 계몽운동이 민본주의적으로 전개되어 나가야 할 것이다. 특히 풍속을 쇄신하고 인습을 타파하여 생활을 간소화하고 과학화하는 일이 무엇보다도 긴급한 일이다. 무당 복술은 민중을 미혹하고, 아까운 생명마저 무참히 희생시키는 요인이 되는 것이므로 이러한 민중의 미몽(迷夢)을 깨우치는 과학의 계발이 필요하다.

관혼상제에 있어서는 번거로운 형식이나 과용을 삼가야 할 것이다. 이를테면 부모를 생존 시에는 천대하다가도 죽은 뒤에는 소 잡고, 떡 치고 술 빚어 3년 상을 치르는 데 땅까지 팔아서 패가망신(敗家亡身)하는 일도 있으니 이는 곧 오히려 조상의 명복을 비는 것이 아니라 결과적으로 조상을 크게 욕되게 하는 것임을 깊이 각성해야 할 것이다.

의식주생활에서도 과학적, 합리적으로 바뀌어야 한다. 의생활의 근본은 실질적이면서 검소하고 활동적이라야 하며 사치, 화려, 도락(道樂)의 퇴폐상을

___

185) 보건사회부, 1975, 『부녀행정30년사(안)』, 252－253쪽.

170

결단코 시정해야 할 것이다. 의복은 일차적으로 활동적이어서 기좌(起坐), 작업상의 부자유가 없어야 하며 색조, 섬유, 통기성 등이 위생적이며 경제적으로 고려되어 있는 것을 입도록 권장하는 것이 긴요한 일이다. 식생활에 있어서도 량보다도 경제와 질 본위로 조리법을 개선하고 현식미(玄食米, 7分度米)를 장려토록 하는 등 영양개선에 힘써야 한다. 특히 주지육림(酒池肉林)의 난무광태(亂舞 狂態)를 삼가도록 엄히 시정해야 할 것이다.

주거생활은 우리나라 재건, 부흥, 도상의 중차대한 현안의 하나가 아닐 수 없는 것이 무엇보다도 환경 청소 미화, 목재 절약 및 임산연료(林産燃料) 절약(節約)을 위주로 주택구조와 온돌 개선, 도시 녹화, 철도 연변의 외관 개선, 입체적 규모 있는 주택, 건축사업 등은 대단히 긴요한 일이다.

다음으로 요청되는 것은 지도자층의 솔선수범이다. 과거의 권력층 지도계급이나, 지식층에서는 구두로 호령에 시종했고 민중에게 강요할 뿐 그 대부분은 언제나 예외에 이탈하여 오히려 각란자적 장본인이었던 것이다. 바라건대 국민 일반은 지혜 있는 능동적이며 자율적인 활동으로써 법의 활동이나 어중 띤 형식의 일시적인 행정명령을 기다릴 것 없이 신생활운동의 본래의 사명에 입각하여 서로가 협동하는 정신 밑에 민중을 교화 선도하는 데 주력하여야 할 것이다. 또한 정부시책에 강력한 박차를 가하는 한편 가일층의 창의력을 발휘하여 자유 세계인으로서의 긍지와 자질을 향상, 발전하도록 함께 노력할 것을 염원하여 마지않는 바이다.[186]

이러한 신생활운동의 취지와 목표는 부녀국의 생활개선 사업에도 그대로 반영되었다. 봉건시대의 구각을 탈피하여 재건과 부흥에 전력 경주하고 있는 상황에서 새 문화와 새 문명을 흡수하는 신생활체계를 확립하여야 한다고 보았다. 신생활을 하려면 우선 생활방식을 합리적이고 민주적인 것으로 바꾸어야 한다며 다음과 같이 주장했다.[187]

---

186) 보건사회부 부녀국, 『새살림』, 1956년 제4호.
187) 보건사회부, 1975, 257쪽.

　　신생활 운동은 우리가 지향하고 있는 민주주의 발전을 생활 자체 내에 침
투하게 하고 이러한 생활 체계를 확립하는 데에 주안점이 있다. 완고 미혹한
인습의 굳은 장벽에 새로운 빛을 넣어 주는 것이 신생활운동이며, 어두운 굴
속에서 헤매는 대중에게 광명을 던져 주는 것이 신생활 공작이고 또한 적고
흐린 물이 고인 마음의 터전에 깨끗한 물을 갈아 넣어 주는 것이 신생활작
업이며, 녹슨 기계에 기름을 넣어서 그의 활동을 원활하게 하는 것이 신생활
신조인 것이다.

　　결국 신생활운동은 다음과 같은 목표 체계하에 추진되었다(<표
Ⅳ-2> 참조). 6 · 25전쟁 후의 혼란과 궁핍의 생활을 극복하고, 사
회적 질서를 회복하고 국가부흥의 길로 가기 위해서 국가는 도의
확립, 건설부흥, 과학생활의 세 가지 목표를 제시했다. 세 가지 목
표를 달성하기 위해서 각각 다섯 가지의 목표 달성 방안을 제시했
던 것이다.

〈표 Ⅳ-2〉 신생활운동의 목표

| 번　호 | 목　표 | 목표 달성 방안 |
|---|---|---|
| 1. | 도의확립 | 인격완성 공민훈련 정신무장 평등관념 풍속쇄신 |
| 2. | 건설부흥 | 창의존중 자원개발 기술연마 협동일치 내핍생활 |
| 3. | 과학생활 | 인습타파 보건후생 의생활의 합리화 식생활의 합리화 주생활의 합리화 |

자료: 보건사회부, 1975, 『부녀행정30년사(안)』 참조 정리.

　　부녀국은 매년 전국적으로 국민생활합리화 계몽강조 주간을 정
하였다. 이 주간에는 대한부인회, 국민회 같은 사회단체의 협력을
얻어 각 시도에 구체적인 추진 요강을 시달하였다.[188] 예를 들어
부녀국은 1956년 7월 16일부터 22일까지 1주일간을 '생활개선강조

---

188) 보건사회부, 1958, 『보건사회행정연보』, 213쪽.

주간'으로 정하였다. 이 기간에 농촌과 도시의 실천항목을 별도로 정하여 추진하였다. 즉, 도시에서는 시간존중, 물자절약, 예식의 간소, 낮술 금지, 양담배 금지를 지켜야 할 항목으로 제시했고, 농촌에서는 시간존중, 경제확립, 예식의 간소, 환경위생의 노력, 애향심 배양 등이 강조되었다(<표 Ⅳ-3> 참조).

<표 Ⅳ-3> 도시와 농촌의 생활개선 강조사항 비교

| 도시에서 강조할 사항:<br>자숙내핍생활 실천 5항목 | 농촌에서 강조할 사항:<br>합리화 생활 실천 5항목 |
| --- | --- |
| 재1항 시간을 존중하자. | 제1항 시간을 존중하자. |
| 1. 시간은 생명이다.<br>2. 집회에 시간을 낭비 말자.<br>3. 직무에 책임을 다하자.<br>4. 시간관념을 기르자. | 1. 시간은 생명이다.<br>2. 집회에 시간을 낭비 말자: 회의는 정시에 열자, 회의에 지참 말자, 폐회시간을 예정하자.<br>3. 밤 여가시간을 잘 이용하자: 집에서 농산가공에 힘쓰자, 독서에 힘쓰자, 규칙적인 생활을 하자, 시간관념을 기르자. |
| 제2항 물자를 아껴 쓰자. | 제2항 경제자립에 노력하자. |
| 1. 간소한 복장, 국산애용, 노타이를 평상복으로 입자. 전 국민이 여름에 반소매 옷 입으면, 125,000필, 8백만 농민, 2백만 청소년이 한 벌만 짧은 바지 입으면 62,500필 절약, 금액 12억 환 절약.<br>2. 성냥절약, 800만 성인이 1일 1개비 아낀다면 1년에 2,902만 갑 그 금액은 1억 4천6백만 환.<br>3. 용지절약, 공무원과 사무원 50만 명이 1일 1매의 용지를 아낀다면 1억 4천6백만 환 절약. | 1. 수지균형을 맞추자.<br>2. 협동정신을 발휘하자.<br>3. 미신에 속지 말고 과학에 살자. |
| 제3항 혼례식은 경건, 간소히 하자. | 제3항 제례식은 경건, 간소히 하자. |

| 도시에서 강조할 사항:<br>자숙내핍생활 실천 5항목 | 농촌에서 강조할 사항:<br>합리화 생활 실천 5항목 |
| --- | --- |
| 1. 예식은 신성하게, 식장은 간소하게, 복장은 깨끗한 자기 옷을 입기로 하자.<br>2. 종이꽃, 테이프, 딱총 곡물 등을 쓰는 폐습을 버리자.<br>3. 청첩은 극히 적은 범위에 내고 금박 등 사치한 인쇄를 말자.<br>4. 결혼 승용차를 특별히 장식하지 말며 시내를 일주하는 허례를 버리자. | 1. 혼례식은 경건, 간소하게 하자: 손님은 결혼을 축하할 따름 장난과 음식에 도취하지 말자.<br>2. 상제례는 경건 간결하게 성심껏 하자: 도박 잡기나 음식에 도취하지 말자. |
| 제4항 낮술을 마시지 말자. | 제4항 환경위생에 노력하자. |
| 1. 하오 5시 이후가 아니면 음식점에서 술을 팔지 못한다.<br>2. 직무에 충실하기 위하여 절대로 낮술을 마시지 말자.<br>3. 1년간의 술 소비량 114만 석, 2천만 남녀노소 매인당 5승 7홉씩 마시는 셈.<br>4. 생산원가 120억 환에 가까우니 그 1/20만 절주해도 6억 환이 된다. | 1. 건강은 재산이다.<br>2. 우물을 깨끗이 하자.<br>3. 집은 생활의 낙원이다.: 집은 건조하고 통풍이 잘되고 편리하게 개조하자 등.<br>4. 미신은 패망의 근원이 된다. |
| 제5항 양담배를 피우지 말자. | 제5항 애향심을 기르자. |
| 1. 거역하자. 양담배 값 1년에 32억 환.<br>2. 해마다 연기로 사라지는 국산 담배 값 100억 환.<br>3. 미성년자는 '니코틴'의 해독을 인식하고 끽연을 절대 배격하자.<br>4. 민생고의 타개책으로 1/20을 절약해도 가정생활에 큰 도움이 될 것이다. | 1. 애향심도 없는 이는 애국심도 없다.<br>2. 농촌은 진실의 성지이고 도시는 허영의 이슬이다.<br>3. 말로만의 애국 말고 내 몸 바쳐 실행하자. |

자료: 보건사회부 부녀국, 1956, 『새살림』 제4호, 48쪽.

위 표에서 보듯이, 도시의 경우 내핍생활을 강조하는 5개 항목을
채택하고, 농촌은 합리화 생활실천을 위한 5개 항목을 제시했다.
도시는 사치와 퇴폐생활이 지나치기 때문에 내핍생활이 강조되었
고, 농촌은 미신이 만연하여 생활의 합리화가 더 많이 요청되었기
때문에 합리화 생활을 실천 항목으로 제시하였다. 도시와 농촌이
똑같이 '시간을 존중하자'라는 항목을 두었어도 내용은 각각 달랐
다. 도시는 특히 낮술과 양담배가 사회적으로 문제가 되었던 것을
알 수 있으며, 농촌은 도시에 비해 상대적으로 경제적으로 피폐했
기 때문에 경제자립과 애향심이 강조되었다.

신생활운동의 전개와 함께 정부는 '의례규범'을 제정하여 간소한
의례의 모범을 제시했다. 즉, 1956년 부녀국에서는 가정 현실에 맞
는 의식(儀式)의 기준을 세워 전 국민에게 보급하기 위해 '의례규범'
을 제정하였다. '의례규범'은 1956년 6월 26일부터 약 8개월간 보사
부 부녀국이 전시생활개선위원회 위원과 각 계 권위자들의 신중한
심의와 일반 공청회를 거쳐 완성된 것으로 국무회의의 의결을 거쳐
전시생활개선위원회의 명의로 발표하였다.[189] '의례규범'에는 혼례,
상례, 제례의 3편으로 나뉘어, 각각에 대해 간소한 절차가 제시되었
다.[190]

1956년 이후에도 정부(부녀국)는 간소하고 합리적인 생활을 정착
시키고자 다양한 방법을 사용하여 홍보 및 계몽사업을 계속하였다.

---

189) 보건사회부, 1975, 280쪽.
190) 앞글, 282 – 288쪽.

1956년 부녀국은 각 도에서 1개 부락씩 생활개선 모범 부락을 선
정하고 각종 사안을 집중 중점, 지도하는 제도를 마련하였다.[191]
1958년에는 국민생활합리화 강조 주간을 설정하여, 이 기간에 제1
회 생활개선 전국 남녀중고등학교 학생 웅변대회를 개최하였고 이
후에도 매년 웅변대회가 열렸다.[192] 일선 부서가 사업을 전개하는
데 지침이 되도록 『새살림』지를 전국에 배포하였다. 이와 더불어
다양한 생활개선 계몽자료를 발간, 보급하였다.[193] 이외에도 강연
회 개최, 라디오 방송극 실시, 이동 선전 방송, 선전탑 건립, 현수
막 설치, 표어나 홍보물 배포 등의 방법을 사용하였다. 1959년 7월
부터 생활개선위원회 음식분과위원회가 중심이 되어 수차에 걸친
회의를 통해 잠정적으로나마 한국 국민의 영양기준의 올바른 식생
활개선의 방향을 제시하고자 성인에 대한 '한국잠정영양기준'을 제
정, 발표하였다.[194]

　이와 같이 생활개선 사업은 건국 초 여성들의 가정 내 역할을
강화하고자 기존의 가정생활에 과학과 합리라는 개념을 도입하여
국민의 일상생활을 개혁하는 사업이었다. 6·25전쟁 기간에는 전시

---

191) 앞글, 1975, 279쪽.
192) 『조선일보』, 1958년 10월 16일.
193) 홍보책자에는 『농촌생활개선자료』, 『왜 양력을 써야 할까』, 『단일과세의 근본문
　　제』, 『의례규범』, 『생활개선 강연자료』 등이 있었다.: 보건사회부, 1975, 265 -
　　266쪽. 이외에도 부녀국이 1953년에 발행한 것으로 국회도서관에 목록만 남아
　　있는 자료의 제목을 보면, 『국민의복 개선요령』, 『부인한글독본』, 『새집을 지으
　　려고』, 『양도깨비소동』, 『채소튀김 만드는 법』, 『채소요리법』 등이 있다.: 여성
　　부, 2003, 『한국여성정책 관련 사료 체계화 방안에 관한 연구』의 부록 참조.
194) 보건사회부 부녀국, 1960, 『새살림』 제14호, 11쪽.

생활개선법을 제정하여 전시에 상응한 생활개선 사업을 펼쳤으며, 휴전 후에는 일상체제로 전환하면서 범국민적 운동으로서 신생활운동을 추진하였다. 신생활운동을 통해 생활개선 사업의 이론적 체계가 확립되었다. 이 운동의 효율적 추진을 위해『의례규범』등 다양한 홍보책자가 발행되었고, 여성단체나 사회단체를 활용한 사업추진이 활발했다. 이와 같이 정부는 전쟁체제의 빠른 회복을 위해 일반여성을 대상으로 생활개선 사업을 활발하게 전개하였다. 그러나 생활개선 사업 못지않게 시급한 정책적 과제가 있었는데, 바로 전쟁 피해 여성에 대한 보호정책이었다.

## 2. 전쟁피해여성 보호정책의 실시

### 1) 전쟁미망인 구호 사업의 전개

1950년 발발한 6·25전쟁의 가장 큰 피해자는 여성이었다. 그 가운데서도 남편을 잃은 전쟁미망인, 혹은 전재미망인(戰災未亡人)은 시급히 해결해야 할 사회문제로 대두되었다. 전쟁미망인의 수는 1952년도 293,852명으로 나타나고 있는데,[195] 이는 전쟁 상황으로 행정력이 미치지 못한 상황이었으므로 부정확한 수치로 추정된다.

---

195)『조선일보』, 1953년 8월 26일.

보건사회부통계에 의하면, 약 50만 명에 달하였다.[196]

미망인이 사회문제가 될 수밖에 없는 것은 이들 대부분이 무교육 상태로 극빈의 상태에 처해 있었기 때문이다. 미망인의 80% 이상이 초등교육도 받지 못한 상태였고, 약 75%가 빈곤 상태에 있었다(<표 Ⅳ-4> 참조). 그리고 별다른 기술이나 지식이나 사회경험이 없었기 때문에 생계수단도 없었다. 1957년 보건사회부의 집계에 따르면, 전체 미망인 505,596명의 49.9%에 달하는 252,356명이 일정한 직업이 없거나 직업은 있으나 그 수입만으로 부양가족의 생계를 유지할 수 없어 구호를 필요로 했다.[197] 많은 부양가족 수는 미망인의 생활을 더 어렵게 하는 요인이었다. 1955년, 2인 이상의 자녀를 부양하고 있는 미망인이 전체의 72.7%에 달하고 평균 3명 이상의 자녀를 부양하고 있는 것으로 나타났다(<표 Ⅳ-5> 참조).

〈표 Ⅳ-4〉 미망인의 생활실태

단위: 명(%)

| 구분 | 학력별 | | | | | | 생활 정도별 | | | |
|---|---|---|---|---|---|---|---|---|---|---|
| | 불 학 | 국문해득 | 초등졸 | 중 졸 | 대 졸 | 계 | 상 | 중 | 하 | 계 |
| 1955년 | 234,144<br>(47.5) | 174,736<br>(35.5) | 74,683<br>(15.2) | 8,689<br>(1.7) | 339<br>(0.1) | 492,591<br>(100.0) | 21,992<br>(4.5) | 99,938<br>(20.3) | 370,661<br>(75.2) | 492,591<br>(100.0) |
| 1956년 | 230,860<br>(45.4) | 187,058<br>(36.7) | 80,730<br>(15.8) | 10,396<br>(2.0) | 665<br>(0.1) | 509,709<br>(100.0) | 19,004<br>(3.7) | 100,477<br>(19.7) | 390,228<br>(76.6) | 509,709<br>(100.0) |

자료: 보건사회부, 1963, 『보건사회통계연보』, 454-459쪽.

---

196) 1955년도 미망인 수는 492,591명이고 1956년도에는 509,709명이다.: 보건사회부, 『보건사회통계연보』, 1963, 454-455쪽.
197) 합동연감사, 1958, 『합동연감 1959』, 474쪽.

**〈표 Ⅳ-5〉 연도별 미망인의 부양가족 수**

단위: 명

| 년 도 | 부양자녀수별 미망인 수 | | | | | | | 노부모 부양자 |
|---|---|---|---|---|---|---|---|---|
| | 1인 | 2인 | 3인 | 4인 | 5인 | 6인 | 무자녀 | |
| 1955년 | 65,024 | 90,240 | 97,966 | 75,735 | 55,772 | 38,682 | 31,284 | 37,924 |
| 1956년 | 58,721 | 89,836 | 97,861 | 80,940 | 59,784 | 44,874 | 34,971 | 42,722 |

자료: 보건사회부, 1963, 『보건사회통계연보』, 458-459쪽.

다른 조사 자료에 의하면 서울의 특정 지역(홍은동, 문래동, 가회동)에 살고 있는 미망인의 88.8%가 경제활동에 종사하고 있는 것으로 나타났는데, 이들의 직업은 길거리에서 떡 장사, 야채 장사, 옷 장사, 화장품 장사를 하거나 삯일(일용잡일), 공장노동자, 가내재봉, 식료품점 등에서 일하는 것이었다. 이들은 그나마 행상, 공장노동자 등으로 생계를 유지할 수 있었으나, 농촌 지역의 미망인의 삶은 더 비참하였다. 대부분 시댁이나 친정에 의탁하여 자녀들과 근근이 생계를 유지하거나 쫓겨나거나 간통의 누명을 쓰는 등 매우 불안정하였다.[198] 정확한 통계는 알 수 없으나 매춘여성의 태반이 전쟁미망인이라는 신문보도가 있을 정도로[199] 전쟁미망인 가운데에는 생활고를 견디지 못하고 매춘을 하는 여성들도 많았다.

이러한 상황에서 전쟁미망인에 대한 구호시책은 가장 긴급한 국가적 현안 가운데 하나였다. 전쟁미망인을 위한 대표적인 정책이

---

198) 이 조사는 1957년 보건사회부 부녀국이 주한유엔군경제조정관실(OEC) 지역사회개발국과 공동으로 면담방식으로 조사한 결과이다. 이임하, 2002, 22쪽에서 재인용.
199) 『조선일보』, 1954년 3월 28일.

모자원(母子院) 설립과 수산장(授産場) 운영이었다. 모자원은 미망인들과 부양가족의 주거공간이었으며, 수산장은 미망인의 경제적 자립을 위한 생산 공장이었다.

보건사회부에서는 조선구호령 제12조에 의하여 1951년부터 사설 모자원의 설치를 적극 권장하였다.[200] 그 결과 1956년 현재 모자원 수는 총 62개소였는데, 이 중 국립 1개소(서울모자원)와 공립 7개소 등 8개소를 제외한 나머지 54개소가 모두 사립모자원이었다. 경상남도가 24개소로 가장 많았고, 다음이 서울로 22개소였다. 경상남도가 가장 많은 이유는 전쟁 중 임시 수도가 부산에 설치되면서 수많은 난민들이 몰려 왔기 때문이다(<표 Ⅳ-6> 참조).

〈표 Ⅳ-6〉 모자원 현황(1956년)

| 지 역 | 번호 | 시설명 | 설립구분 | 설립년도 | 지 역 | 번호 | 시설명 | 설립구분 | 설립년도 |
|---|---|---|---|---|---|---|---|---|---|
| 서울특별시 | 1 | 국립서울모자원 | 국립 | 1954 | 경상남도 | 1 | 도립모자원 | 공립 | 1955 |
| | 2 | 에덴모자원 | 사립 | 1952 | | 2 | 성현모자원 | 사립 | 1956 |
| | 3 | 서울성만원 | 사립 | 1953 | | 3 | 한나모자원 | 사립 | 1953 |
| | 4 | 중앙부인회 | 사립 | 1953 | | 4 | 다비다모자원 | 사립 | 1951 |
| | 5 | 수산나회 | 사립 | 1953 | | 5 | 성실모자원 | 사립 | 1955 |
| | 6 | 장충모자원 | 사립 | 1953 | | 6 | 마리아모자원 | 사립 | 1954 |
| | 7 | 창신모자원 | 사립 | 1953 | | 7 | 중앙모자원 | 사립 | 1953 |
| | 8 | 동광모자원 | 사립 | 1951 | | 8 | 두리성모자원 | 사립 | 1952 |

---

200) 보건사회부, 1987, 83쪽.

| 지 역 | 번호 | 시설명 | 설립구분 | 설립년도 | 지 역 | 번호 | 시설명 | 설립구분 | 설립년도 |
|---|---|---|---|---|---|---|---|---|---|
| 서울<br>특별시 | 9 | 해방모자원 | 사립 | 1952 | 경상<br>남도 | 9 | 할렐루아<br>모자원 | 사립 | 1956 |
| | 10 | 평화모자원 | 사립 | 1953 | | 10 | 부엘모자원 | 사립 | 1955 |
| | 11 | 성심모자원 | 사립 | 1952 | | 11 | 평화모자원 | 사립 | 1952 |
| | 12 | 상록모자원 | 사립 | 1953 | | 12 | 부엘모자원 | 사립 | 1953 |
| | 13 | 성향원 | 사립 | 1954 | | 13 | 대한군경수복<br>모자원 | 사립 | 1953 |
| | 14 | 다비다모자원 | 사립 | 1954 | | 14 | 에덴모자원 | 사립 | 1954 |
| | 15 | 시온모자원 | 사립 | 1953 | | 15 | 희망모자원 | 사립 | 1952 |
| | 16 | 순혜원 | 사립 | 1948 | | 16 | 염광모자원 | 사립 | 1956 |
| | 17 | 서울성노원 | 사립 | 1955 | | 17 | 성모모자원 | 사립 | 1955 |
| | 18 | 북한애국투사<br>미망인회 | 사립 | 1954 | | 18 | 인화모자원 | 사립 | 1952 |
| | 19 | 테레사모자원 | 사립 | 1954 | | 19 | 한국전재<br>모자원 | 사립 | 1952 |
| | 20 | 희망모자원 | 사립 | 1953 | | 20 | 미실모자원 | 사립 | 1952 |
| | 21 | 신생원 | 사립 | 1953 | | 21 | 마산갱생원 | 사립 | 1953 |
| | 22 | 중앙모자원 | 사립 | 1953 | | 22 | 소생모자원 | 사립 | 1954 |
| 경기도 | 1 | 다비다모자원 | 사립 | 1953 | | 23 | 방주모자원 | 사립 | 1956 |
| | 2 | 마루다모자원 | 사립 | 1954 | | 24 | 성노원 | 사립 | 1952 |
| 충청<br>북도 | 1 | 도립모자원 | 공립 | 1955 | 강원도 | 1 | 원주모자원 | 공립 | 1953 |
| 경상<br>북도 | 1 | 도립모자원 | 공립 | 1956 | 제주도 | 1 | 제주모자원 | 공립 | 1952 |
| | 2 | 삼성원 | 사립 | 1952 | | | | | |
| | 3 | 안동신행원 | 사립 | 1953 | | | | | |
| | 4 | 경주모자원 | 사립 | 1951 | | | | | |
| | 5 | 경안모자원 | 사립 | 1954 | | | | | |
| | 6 | 남헌모자원 | 사립 | 1956 | | | | | |

자료: 보건사회부, 1957, 『보건사회통계연보 1955-57』, 452-456쪽.

환도 후 1953년 이후에는 서울에 몰려든 인구 때문에 서울시에 모자원 건립이 집중되었다. 부녀국은 이들 전쟁미망인 문제의 심각성을 인식하고 이들을 위한 사업계획을 세웠으나, 9백만 환에 달하는 예산이 정부 재정 부족으로 충당할 수 없어 유엔의 원조금을 기대하였다. 원조금의 지원을 받아 전국에 8개소의 모자원을 설치하고 1개소당 최대 50세대의 전쟁미망인을 수용하고, 서울과 부산에 국립갱생원을 두고 윤락한 미망인을 보호 교화하고, 몇 개 지구에 집단적인 '과부촌'을 만들어 이들을 구호하고 탁아소, 결혼상담소, 직업기술보도 등을 맡도록 한다는 계획을 세웠다.[201]이러한 계획은 일부 실현되어 정부는 1954년도에 청파동의 효창아파트를 개조하여 국립서울모자원을 설립하였다. 양재, 한복, 재단, 미용, 이발부를 두어 직업보도도 실시할 수 있게 되었다.[202] 국립모자원에는 1956년 현재 전쟁미망인 58세대 193명을 수용하였는데, 수용기간은 6개월에서 1년이었다. 1957년에 국립모자원은 서울자매원과 시설을 통합하여 운영하였다. 1956년에 전국적으로는 2,094 모자세대에 총 7천여 명의 가족들이 62개의 모자원에 수용되었다(<표 Ⅳ - 7> 참조). 이는 전체 50만 명에 달하는 미망인에 비하면 터무니없이 적은 수용능력이었다.

---

201) 『조선일보』, 1953년 8월 26일.
202) 『조선일보』, 1954년 1월 29일.

〈표 Ⅳ-7〉 연도별 부녀보호시설 및 수용자 현황

단위: 개소, 명

| 년 도 | 부녀보호시설 | 수용자총수 | | | |
|---|---|---|---|---|---|
| | | 계 | 모 | 자 녀 | 노부모 |
| 1955년 | 62 | 6,831 | 2,006 | 4,612 | 213 |
| 1956년 | 62 | 7,252 | 2,094 | 4,952 | 206 |

자료: 보건사회부, 1963, 『보건사회통연보』, 446-447쪽.

모자원 수용 대상자는 배우자가 사망, 행방불명되었거나 생활능력을 상실할 정도의 불구, 불치의 질병에 걸린 경우나 배우자로부터 유기당한 경우, 배우자 이외의 부양 의무자가 없거나 부양 의무자로부터 생활부조를 받을 수 없게 된 경우, 만 12세 미만의 자녀가 있는 경우 입소할 수 있었다.[203] 특히 전쟁미망인은 우선적으로 입소할 수 있었다.

모자원의 기능은 모자세대를 위해 거주지를 제공하는 목적과 경제적 자립을 돕는 두 가지 기능을 갖고 있었다. 모자원의 재정은 주로 외국기관의 원조로 이루어졌고, 구호물자와 작업용 재봉기와 편물기 등이 지원되었다. 예를 들어 정부는 1953년 재일 대한부인회 병고현본부에서 편물기 10대와 고화(古靴, 헌 구두)를 받아 각 모자원에 분배하였고, 1954년에는 캐나다에 있는 유니테리아 서비스 커미티로부터 재봉기 30대와 단추구멍기 16대를 받아 전국 모자원에 분배하였으며, 1955년 운크라[204] 계획으로 재봉기 260대,

---

203) 『동아일보』, 1954년 1월 16일.

편물기 78대를 도입하여 전국 주요 도시(26개 시·군)에 수산장을 설치하여 미망인 800명이 취업하도록 하였다.[205]

모자원에서는 이러한 원조물자를 활용하여 양재, 미용, 이발, 수예, 편물, 원예부 등을 조직하여 기술을 습득시켜 미망인들에게 자립 기반을 마련해 주었다. 그러나 모자원에서 기술을 습득하여 취직하거나 자립한 인원은 1955-59년에 약 100명에 불과하여[206] 현실적으로는 취업이 쉽지 않았음을 알 수 있다.

정부의 모자원 설립을 통한 모자세대 지원 정책에는 몇 가지 문제가 있었다. 우선 모자시설이 절대 부족하여 일부 모자세대만 이용이 가능하였다. 이미 입주해 있는 모자세대가 새롭게 입주하려는 사람들과 교체가 되지 않았다. 부녀국에는 매일 평균 3-4명씩, 많을 때에는 10여 명씩 전쟁미망인들이 살 길을 찾아와 모자원에 들어가게 해 주거나 직업을 알선해 줄 것을 요청했으나 이들을 수용할 수가 없었다. 왜냐하면 본래 모자세대의 체류기한이 6개월-1년이었으나 이를 무시하는 경우가 많았기 때문이다.[207]

또 다른 문제점은 예산지원이 미미하여 시설이 열악했다는 점을 들 수 있다. 국립모자원 당국자는 "돈은 돈대로 밀려 가고 …… 정부에서 마련해 주었다는 집(모자원)은 찬바람이 일고 냉기가 도는

---

204) 국제연합한국재건단(United Nation Korean Reconstruction Agency: UNKRA)을 말한다.
205) 보건사회부, 1958, 『보건사회행정개관』(건국 10주년), 301-302쪽.
206) 여원편집부, 1959, 「통계중심 미망인들의 형편과 동향」, 『여원』 1959년 6월호, 162쪽.
207) 『동아일보』, 1956년 6월 17일.

형식적 방(다다미방)에 지나지 않는"208) 실정이었다. 당시 보사부는 1년 예산이 200만 환도 안 되는 관계로 개선할 여유가 없으며, 이들에게 다소라도 자활의 길을 열어 주기 위해서 자녀들을 위한 탁아소 설치가 필요하고 직업보도시설도 필요하나 재정적 여건이 허락하지 않았다.209) 실제로 1955년 서울모자원의 예산은 총 10,590,900환이었는데, 주·부식비 6,480,300환, 직원 급여 1,494,400환을 제외한 실제 운영비는 2,626,200환에 불과하였다.210) 사설 모자원의 경우에는 일부 모자원을 제외하고는 환경이 더욱 열악하여 관리자가 미망인들을 성폭행하거나 구호품을 횡령하는 일도 있었다.211)

1953년부터 정부는 운크라 예산에 의해 생산자 조합 형태의 수산장을 설치하기 시작했다. 이 계획에 의하면 부녀국 주관으로 전국에 69개소의 미망인 수산장의 설치를 계획하였고, 초기 3개월간의 운영비와 시설은 운크라의 원조에 의지하였다.212) 1개 수산장에 25명씩 수용하여 6개월에서 1년 동안 기술을 가르쳤다.213)

수산장의 운영과 관련해서 보사부는 보사부장관의 주관하에 '전재미망인직업보도위원회'를 조직하여 미망인들의 직업보도 및 직업알선의 업무에 대한 회의를 개최하였으며, 각 시도별로 '수산장운

---

208) 『동아일보』, 1954년 12월 17일.

209) 『동아일보』, 1954년 3월 29일.

210) 보건사회부, 1955, 『단기 4288년도 보건사회부 소관 세출예산 각목명세서』, 234
－238쪽.

211) 『동아일보』, 1955년 7월 12일, 『동아일보』, 1955년 7월 18일.

212) 사회부, 1954, 『(단기 4287년) 사회행정개요』, 44쪽.

213) 『조선일보』, 1954년 6월 5일.

영위원회'를 조직하여 효율적인 운영방안을 도모하였다. 서울시의 경우, 시장이 주관하는 '전재미망인수산장운영위원회'를 조직하여 서울시내 수산장 9개소를 지도, 감독하도록 하였다.[214] 1956년에 이르면 수산장은 전국적으로 88개소가 설치되었고, 1,626명이 혜택을 받았다. 1958년에는 재봉기 495대, 편물기 510대가 수산장에 새로 비치되었다.[215] 또한 부녀국은 1957년 3월에 국고보조로 미망인 수공예협회를 발족시켜 미망인의 자활대책을 수립하기도 했다.[216]

이런 조치에도 불구하고 전쟁미망인들의 수산장은 대부분 설치한 지 얼마 안 되어서 조업 중단 상태에 빠졌다. 이는 비단 미망인 수산장뿐만 아니라 원호사업 차원에서 설치된 다른 수산장도 마찬가지 상황이었다. 수산장 운영 초기인 1954년 11월 '미망인 수산장' 7개소를 포함하여 전체 31개 수산장의 38.7%인 12개소가 이미 조업 중단 상태였다(<표 Ⅳ - 8> 참조).[217]

---


214) 서울특별시사 편찬위원회, 1965, 『서울특별시사: 해방 후 시정 편』, 449 - 450쪽.
215) 보건사회부, 1987, 『부녀행정40년사』, 85쪽.
216) 앞글, 89쪽.
217) 사회부, 앞글, 24쪽, 46쪽.

**〈표 Ⅳ-8〉 대한군경 원호 수산장 현황**

1954년 11월 말 현재

| 도 별 | 수산 장수 | 운 영 | 휴 업 | 종업원별 | | | | | | 비 고 |
|---|---|---|---|---|---|---|---|---|---|---|
| | | | | 상이 군인 | 군인 유족 | 상이 경찰 | 요원 호자 | 경찰 유족 | 특수 기술자 | |
| 서울 | 1 | 1 | — | — | 2 | 1 | — | — | 3 | — |
| 경북 | 5 | 5 | — | 3 | 1 | — | — | 2 | 8 | — |
| 충남 | 3 | — | 3 | — | — | — | — | — | — | — |
| 전남 | 12 | 9 | 3 | 52 | 99 | 24 | — | 32 | 50 | — |
| 경남 | 5 | 1 | 4 | 2 | 2 | — | — | — | 6 | — |
| 충북 | 5 | 3 | 2 | 1 | 36 | — | — | 3 | 4 | — |
| 계 | 31 | 19 | 12 | 140 | 140 | 25 | — | 37 | 71 | — |

자료: 사회부, 1954, 『사회행정개요』, 24쪽.

그 이유는 여러 가지가 있었다. 첫째로 운영상의 문제이다. 생산품의 판로를 찾지 못했거나 정부기관, 군부대 등에 물품공급 후 대금을 받지 못하였기 때문이었다. 수산장을 설치만 했지 정부당국과 설치 주관단체였던 대한군경원호회가 관리를 소홀히 했고, 구체적인 지원책이 마련되지 않았다.

전쟁미망인들의 수산장은 1955년 4월 말 현재로 공군에 3,400매의 이불 (1,270,000환)과 육군급양대에 각종 식료품(800,000환) 등을 납품하였으나 이 중 약 4십여만 환이 최근에 지불되었을 뿐 나머지 160여만 환이 아직까지 군으로부터 지출되지 않아 운영자금조차 소진되고 완전 조업 중지 상태에 놓였다.[218]

---

218) 『동아일보』, 1955년 5월 25일. 이임하, 2002.

수산장의 판로문제와 관련하여 부녀국은 1956년 9월 11일 회의를 개최하여 방안을 모색하였다. 국방부, 외무부, 상공부, 재무부의 관계국장, 대한군경원호회, 대한부인회, 부녀보호연합회에서 관계자들이 참석하여 수산장 운영문제, 기술교도문제, 수공예품 생산 장려와 수출문제를 논의하였다. 이 회의에서 유엔대사인 임병직과 운크라 단장인 콜터 장군의 주선에 의해 유엔본부 내에 한국수공예품 진열장을 설치하여 미망인들이 생산한 물건을 팔도록 하자는 의견에 합의하였다.[219] 부녀국의 국고보조로 1957년 3월 28일에 발족한 미망인수공예협회가 미망인들이 제작한 한국 특유의 수공예품 100여점을 뉴욕의 유엔회관에 수출하였다.[220]

둘째는 생산해 낸 제품이 조악(粗惡)하여 잘 팔리지 않았다. 수산장이 보유하고 있는 시설에 비해 피교육생의 교육수준이 낮아 기술수준의 향상에 문제가 있었고, 따라서 이들이 생산해 낸 제품도 조악할 수밖에 없었다. 예를 들어 서울부녀자직업보도소의 경우, 직조부를 두어 훈련을 하려 해도 선생이 없어서 운영되지 못했고, 재봉부와 재단부도 적은 수의 학생만이 교육을 받았고, 제품을 팔기도 했으나 제품이 너무 조악하여 팔리지 않았고, 편물부의 경우도 기초 지식이 필요한 데 비해 피교육생이 기초 지식이 없어 기술수준을 올리기 어려웠다.[221]

부녀국이 미망인의 생활을 돕기 위해 추진한 대표적인 사업이

---

219) 『조선일보』, 1956년 9월 12일.
220) 보건사회부, 1987, 89쪽.
221) 이임하, 앞글, 38쪽.

고의(古衣, 헌옷) 재생(再生) 사업이었다. 아동구호연맹으로부터 167상자의 고의를 기증받아 부녀보호사업연합회가 주체가 되어 우선 서울시내에 있는 각 모자원의 어머니에게 일감을 주어 한국인에게 적합한 의복으로 다시 만들어 시장에서 팔았다. 여기서 얻은 수입으로 성북구 번동에 미망인 정착마을을 조성하여 40가구를 입주시켰다. 이 사업을 원활히 운영하기 위하여 자문위원회와 이사회를 구성하였다. 자문위원회에는 아동구호연맹, 주한유엔군경제조정관실 원조기관 등의 대표와 부녀국장이 참여했고, 이사회에는 부녀국장을 포함하여 서울시 부녀과장, 부녀보호사업서울시연합회 대표 5명이 참여했다. 이들은 고의 재생공장으로 4개소를 운영하였는데 제1공장은 다비다모자원, 제2공장은 서울성만원, 제3공장은 평화모자원, 제4공장은 서울모자원이었다. 또한 부녀복지바자회를 개최하여 각 공장에서 제작된 의류를 일반에게 공개하여 모자원어머니들의 기술을 홍보하고 염가로 판매하여 가난한 서민생활에 도움을 주기도 하였다. 1958년 화신백화점에서 6월 18일부터 4일간 바자회를 개최하였는데, 출품총수 7,913점, 판매총수 7,913점이었고, 입장인원수는 5,200명이었다.[222]

이와 같이 부녀국은 전쟁미망인의 생계를 돕고, 자립을 지원하고자 모자원과 수산장을 운영하고, 고의 재생사업과 같은 직접적으로 도움이 되는 사업들을 벌였으나, 원조에만 의존해야 했던 정부 재정상황과 행정체계의 미비 등 제반 여건으로 인해 정책을 성공적

---

222) 보건사회부, 1987, 88쪽.

으로 수행하기 어려웠다.

전쟁미망인 사업이 성공하기 힘든 또 다른 이유가 당시 만연한 공무원 비리였다. 국립모자원에 수용되어 있던 전쟁미망인들의 경우, 대한군경원호회가 원호를 목적으로 관재처로부터 이양받은 남대문 점포를 미망인들에게 주지 않고 시장의 연고자에게 돈을 받고 팔아넘겼다고 서울시장실에 몰려가 거칠게 항의하는 일이 있었다.223) 또한 도시보다 더 봉건적이고 경제적으로 열악한 농촌의 미망인들은 날품팔이도 제대로 할 수 없는 처지에서 살아갈 방도를 찾지 못하는 형편인데, 정부는 예산 타령만 한다는 비난도 있었다. 원조물자나마 제때 적절하게 배당되지 못하는 문제도 있었다. 수많은 원호기관이 있으나, 실제 필요로 하는 사람에게 혜택이 돌아오지 않았을 뿐만 아니라 납치당한 인사의 부인에 대한 배려는 전혀 없다는 문제가 지적되기도 하였다.224) 원조를 둘러싼 비리도 문제였다. 국회는 외국의 원조가 몇몇 업자들의 배만 불리고 정치자금을 뽑아내는 데 그치고 있다고 비난했으며, 군경유가족에게 내주는 약간의 구호금마저 중간에서 떼어먹는 악질 관리들도 있었다.225)

## 2) 윤락여성 및 기아 대책

해방 후 여성의 성적 불평등성에 대한 저항은 공창폐지운동에서

---

223) 『조선일보』, 1954년 2월 10일.
224) 『조선일보』, 1956년 1월 5일.
225) 『조선일보』, 1957년 5월 10일.

시작되었다. 미군정기 좌우익 여성단체 간의 협동으로 공창폐지법이 제정되어 일제시대 이래 존속해 왔던 공창이 불법화되었다. 그럼에도 불구하고 후속 조치의 미비로 공창의 사창화가 초래되었다. 적극적인 사창대책을 마련하지 못하는 사이에 6 · 25전쟁이 발발하였다. 전쟁으로 인한 외국군의 진주, 전쟁미망인의 발생, 빈곤 등으로 윤락여성226)이 더 증가하였다.

매춘여성의 수가 얼마나 되는지 통계마다 편차가 커서 정확하게 알 수는 없다. 보건사회부 통계에 의거해 볼 때 매춘여성은 1955년에 최고로 늘어났다가 강력한 단속으로 그 후에는 줄어드는 양상을 보였다. 이 수치는 경찰의 매춘여성 단속 결과를 주요 근거로 하고 있다. 따라서 1955년에 매춘여성의 수가 큰 폭으로 늘어난 것은 1954년과 1955년 사이에 대대적인 매춘여성 단속을 했기 때문이다.227)

<표 Ⅳ-9>에서와 같이 정부의 통계에서 매춘여성을 다양하게 분류한 것은 이들이 상대하는 남성이나 일하는 장소에 따라 구분

---

226) 최근 윤락여성이라는 용어는 여성에 대한 차별적 용어라 해서 사용하지 않고, 대신 매춘여성, 성매매여성 등의 용어를 사용하나, 역사적으로 이 시기에 정부는 정책에서 윤락여성이라는 용어를 사용했고 신문기사에서는 매춘부라는 용어를 많이 사용했다. 따라서 이 논문에서는 이 두 가지 용어를 혼용했다.

227) 매춘여성에 대한 단속은 여러 번 신문에 보도되고 있다. 1952년에는 유엔군을 상대로 하는 '양갈보 철수령'에 대한 기사(『조선일보』, 1952년 7월 16일)가 보이며, 1954년에는 치안국에서 각 경찰국을 동원하여 2월 1일부터 10일까지 사창에 대해 대대적인 단속을 하였다(『조선일보』, 1954년 1월 24일). 55년에는 사창굴 일제 단속 방침이 시달되었으며, 12월에는 공청회를 가져 시민의 의견을 수렴하였다(『조선일보』, 1955년 12월 10일). 경남경찰당국이 부산시내 사창 집단부락을 습격하여 포주 5명과 창부 61명을 검거하였다(『조선일보』, 1955년 10월 9일). 같은 해 12월에는 서울 중부경찰서가 양동과 종로의 매춘굴을 정리하고 도심이나 주택가 사창 일소를 강조하였다(『조선일보』, 1955년 12월 4일, 12월 11일).

하였기 때문이다. 하녀는 선술집, 식당, 여관 등의 심부름꾼이나 식
모를 말하는 것이며, 위안부는 주로 국내외 군인을 상대하는 여성
을 말한다. 비공식자료들은 매춘여성이 이러한 공식통계보다 훨씬
많은 것으로 추정하였다.228)

<표 Ⅳ-9> 매춘여성 실태

단위: 명(%)

| 구 분 | 기 생 | 작 부 | 여 급 | 댄 서 | 하 녀 | 위안부 | 미군동거 | 계 |
|---|---|---|---|---|---|---|---|---|
| 1953년 | 1,042<br>(7.2) | 2,594<br>(17.9) | 1,307<br>(9.0) | 790<br>(5.5) | 1,634<br>(11.3) | 5,060<br>(34.9) | 2,051<br>(14.2) | 14,478<br>(100.0) |
| 1954년 | 381<br>(2.5) | 1,580<br>(10.3) | 1,009<br>(6.5) | 1,323<br>(8.6) | 856<br>(5.6) | 7,700<br>(50.0) | 2,564<br>(16.6) | 15,413<br>(100.0) |
| 1955년 | 463<br>(1.2) | 9,328<br>(24.1) | 5,736<br>(14.8) | 1,241<br>(3.2) | 2,381<br>(6.1) | 16,880<br>(43.5) | 2,734<br>(7.1) | 38,763<br>(100.0) |
| 1956년 | 582<br>(3.3) | 2,876<br>(16.3) | 2,462<br>(14.0) | 1,377<br>(7.8) | 2,432<br>(13.8) | 4,967<br>(28.2) | 2,948<br>(16.7) | 17,644<br>(100.0) |
| 1957년 | 705<br>(4.6) | 3,370<br>(22.0) | 2,284<br>(14.9) | 1,112<br>(7.2) | 1,869<br>(12.2) | 2,985<br>(19.5) | 3,016<br>(19.7) | 15,341<br>(100.0) |

자료: 보건사회부, 1958, 『건국 10주년 보건사회행정개관』, 304-309쪽.

보건사회부의 이 통계에 의하면, 매해 위안부의 비중이 가장 큰
것으로 나타났다. 역시 6·25전쟁으로 인한 국내외를 막론하고 군

---

228) 한국일보는 외국인상대 매춘여성이 61,833명(55.9%), 사창이 31,593명(28.6%), 접대
부가 14,020명(12.7%), 댄서가 3,196명(2.9%)로 총 110,642명으로 추정하였다.:『한
국일보』, 1956년 4월 29일.

인사회의 비대가 매춘여성의 증가의 중요한 요인이었음을 알 수 있다. 그리고 해가 갈수록 작부의 비중이 늘어난 것은 무허가 음식점이나 선술집, 통술집, 빈대떡집 등 '하꼬방 요정' 또는 '4급요정'이 늘어났기 때문이라고 추측할 수 있다.[229]

매춘여성이 되는 동기는 역시 '가난' 때문이었다. 전쟁 중인 1951년 서울여자경찰서에서 강제 수용한 매춘여성들을 조사한 결과 약 70%가 전쟁으로 남편과 생이별했거나 사별한 여성들이었다. 학력은 약 60%가량이 무학이었다.[230] 보건사회부가 추정하고 있는 전국의 윤락여성 38,000명 가운데 대부분이 농촌출신이었다. 농촌경제의 피폐가 여성들을 매춘의 길로 빠지게 했던 것이다. 1955년도에 경찰이 매춘여성들을 대대적으로 단속을 했어도 새해가 되니 다시 번창하여 옛 모습을 찾았다.[231] 경찰은 또다시 단속을 하겠다고 나서나, 결국은 단속보다는 근본적인 대책이 필요하였다. 이들 대부분이 가난과 궁핍 때문에 매춘여성이 되었다면 먹고살 길을 열어 주어야 했다.

정부가 이들 여성들의 경제적 자립을 위해서 취한 정책이 자매원을 설립 운영하는 것이었다. 윤락여성들을 교도하고 윤락을 미연에 방지하기 위해서 부녀국은 서울과 부산에 자매원을 직접 운영하였다. 자매원에는 '윤락한 자 중 개전의 정이 있는 자'와 '윤락할 우려가 있는 자'를 동시에 수용하였다.

---

229) 『동아일보』, 1953년 7월 24일, 이임하, 2002, 74쪽에서 재인용.
230) 『조선일보』, 1951년 9월 24일.
231) 『조선일보』, 1956년 4월 13일.

증가일로에 있는 윤락여성의 교도책이 시급함에 따라 정부는 시설
이 불충분한 국립서울모자원과 서울자매원을 통합 운영하고 전국 윤
락대책위원회를 조직하는 등 그 대책을 강구하였다. 자매원 수는 1953
년, 1954년에 9개소, 1955년도 5개소, 1956년도 5개소, 1957년도 6개소
를 고비로 1958년도에는 4개소로 점차 줄었고 수용인원수도 1953년의
520명에서 1958년에 230명으로 반수 이상 감소되었다(<표 Ⅳ-10> 참
조).232)

〈표 Ⅳ-10〉 연도별 자매원 설치 및 수용인원

| 연도별 | 시설 수(개소) | 수용인원(명) |
| --- | --- | --- |
| 1953 | 9 | 520 |
| 1954 | 9 | 520 |
| 1955 | 5 | 484 |
| 1956 | 5 | 368 |

자료: 보건사회부, 1958, 『보건사회행정개관』(건국 10주년), 303쪽.

자매원은 수용시설인 동시에 직업보도기관이었다. 1954년에 부산
시내 아미동에 매춘여성을 위한 갱생원을 설치하고 200명을 수용
했는데, 여기에서는 미용 · 양재 · 편물 이발 · 타자 등에 대한 직업
보도도 실시했다.233) 국립자매원도 1954년 10월 10일 서울에서 개
원한 이래 직업보도를 실시했다. 1955년에 경기도로 이전한 뒤에도

---

232) 대한연감사, 1958, 『대한연감』, 291쪽.
233) 『조선일보』, 1954년 7월 7일.

61명의 미혼여성과 14명의 미망인이 재봉, 미용, 이발, 수예, 편물 기술을 습득하였다.234)

이와 같이 자매원이라는 시설에 윤락여성을 격리 수용하여 직업교육을 시켜 재생의 길을 찾도록 도와준다는 일이 사실상 쉽지 않았다. 우선 시설 자체가 터무니없이 규모가 작았으며, 직업교육이 쓸모가 있었는지에 대해서도 의문이며, 이들 자체가 무식자들이 많아 교육의 효과도 의문시되는 현실이었다.

이런 저런 어려움에서 경찰에서는 최대한 시설에 수용되는 방안을 강구하되 사창이 더 이상 늘지 않는 선에서 소극적인 단속을 하겠다는 방침을 내놓았다. 사창들을 잡아서 구류를 받게 하면 오히려 사창에게만 불리한 일이라는 것이다. 서울의 경우 YMCA부녀관이나 구세군부녀관, 기독교부녀관을 최대한 활용하고 앞으로 대규모 소녀관을 건립하여 수용 위주의 정책을 펴겠다는 것이었다.235) 그러나 이러한 방침은 결국 실현되지 못했다. 왜냐하면 자매원은 계속 줄기만 했고 매춘은 잠시 감소하였을 뿐 지속적으로 증가했기 때문이다. 이렇게 내국인 상대의 윤락여성들은 단속을 통해 일반인과 격리시켜 일정한 장소에 수용하고, 직업교육의 기회를 제공하는 정책을 폈다.

그러나 외국인을 상대로 하는 윤락여성의 경우 정부는 내국인을 상대로 하는 윤락여성정책과는 다른 방식으로 추진되었다. 일정한

---

234) 자매원은 1962년 5월 31일 경기도에 인수되고 이해 6월 18일 경기도조례 제140호에 의거 경기도립부녀보호소로 발족케 되었다.: 보건사회부, 1987, 86쪽.
235) 『조선일보』, 1956년 9월 9일.

매춘 장소가 제공되고 매춘의 지속을 위한 성병 검진이 시행되었다. 즉, 당국의 묵인하에 기지촌이 형성되었고, 댄스홀이 허가되었으며, 윤락여성을 대상으로 하는 성병 검진 등이 거의 공식적으로 시행되었다. 성병 검진은 외국인 대상 윤락여성정책의 핵심이었다. 6·25전쟁 전후의 시기에 국민 가운데 성병이 만연하였고,[236] 전쟁 이전 매춘여성의 성병 감염 실태를 보면 보균율이 48−75%라는 매우 높은 수치였다.[237] 그 원인은 매춘여성들에 대한 검진체계를 제대로 갖추지 못했기 때문이다. 전쟁 이전 성병을 치료할 수 있는 기관은 광주, 부산, 대구와 지역보건소 정도로 서울, 부산, 대구, 인천의 여자경찰서에 붙잡힌 매춘여성들을 위해 4개의 시약소가 있었을 뿐이다.

성병은 비단 정부뿐만 아니라 미군 당국에서도 관심사였다. 6·25전쟁 중에도 미군은 성병 검진과 치료를 담당한 한국경찰에게 페니실린을 제공하였고, 전쟁이 끝난 후 한국민간구호계획은 페니실린을 무료로 제공하고, 국제협력처(ICA)는 1956년과 1957년에 성병 치료를 위해 각각 28,000달러와 25,300달러를 지원하였다.

매춘여성들의 성병은 매춘여성들 자신보다는 미군이나 이들이 상대하는 남성 또는 가정의 가장에게 전염시킨다는 것이 더 문제가 되었다. 정부는 성병 관리 사업을 심의 검토하는 기관으로 성병대책위원회를 조직하고 예산을 편성하였다. 위원에는 주한유엔군경제조정관실 보건국장, 미8군 의무감, 치안국장, 부녀국장, 의정국장, 방역

---

236) 6·25전쟁 전후시기에 생후 1년 이내인 아동 5,219명을 대상으로 조사한 결과 약 3.4%의 아동이 선천성 매독 감염자로 나타날 정도였다.: 이임하, 2002, 159쪽.
237) 앞글.

국장, 국립중앙성병원장, 육군본부 의무감, 사회사업연합회장, 법제실 제1국장, 이학송(국회의원), 정준(국회의원) 등이 포함되었다.[238)

1952년도 성병예방사업 예산액은 일반 회계 세출내역 중 보건사회부에 할당된 19억 원 가운데 0.95%에 해당하는 1억 2천5백만 원이 계상될 정도로 전쟁 중 성병 관리 사업이 중요하게 취급되었다. 정부는 성병 예방의 강화책의 하나로 1951년 이후 모든 매춘여성은 건강진단을 받도록 하고 건강증명서를 소지하도록 하였다. 또한 의사가 매춘여성을 검진하다가 성병의 징후가 나타나면 즉시 증명서를 회수하였다가 치료가 완료된 후에 돌려주도록 하였으며, 또한 경찰에서 매춘여성을 단속할 경우 증명서가 없으면 즉시 성병원으로 보내 검진하고 치료하도록 하였다.

성병치료기관은 서울에 국립성병원 외에 5개소가 있었고, 경찰서 주위에 일반병원과 연계된 성병치료소가 있었다. 이외에 진료소를 전국에 111개소나 설치하고 이후 시설을 보강하여 89개소로 정비하였다. 이와 같이 성병을 관리한 결과, 매춘여성의 성병보균율이 줄어들게 되었다. 1951년 매춘여성 64,934명 중 39.9%인 25,883명이 보균자로 나타났으며, 그 뒤 지속적으로 감소추세를 보였다.[239) 1954년에 오면 14.0% 수준이 되었다. 즉, 경기도 경찰국이 접대부, 댄서 등에 대한 성병 검진을 한 결과 검진받은 총인원 4,249명 가운데 595명(14.0%)이 보균자인데 이들 중 임질균 보균자는 416명, 매독이 129명이고 기타 성병자가 50명이었다. 이는 지난번 검진에

---

238) 보건사회부, 1958, 『성병연보 1957』, 8쪽.
239) 이임하, 2002, 161－162쪽.

비해 많이 감소한 숫자라는 것이다.[240]

매춘여성에 대한 성병 검진 정책은 전쟁이 끝난 후에도 계속되었다. 주로 미군을 상대로 하는 매춘여성과 단속에 적발된 매춘여성을 중심으로 이루어졌다. 보건사회부 산하 성병진료소가 전국에 89개소인데(1957년도), 전체의 절반에 가까운 진료소가 미군부대가 집중되어 있는 서울, 부산, 대구, 파주, 양주, 평택 등 6개 지역에 위치해 있었다. 1950년대 후반에 오면 매춘여성들의 성병보균율이 10-20%대로 이전에 비해 상당히 낮은 수준으로 떨어져 정부의 정책이 어느 정도 성과가 있었음을 보여 준다.[241]

6·25전쟁으로 인한 최대의 구호 대상이 여성이라면 다음은 아동이었다. 해방 직후부터 월남인이 늘어나면서 요보호 아동도 증가했다. 6·25전쟁 후에는 전쟁미망인의 증가에 비례해서 기아, 미아, 고아가 급증하였고, 기지촌 주변의 혼혈아 또한 증가했다. 기아는 주로 생활고로 인해 발생했고, 때로는 혼인 외의 관계에서 생긴 아이의 경우도 있었다. 특히 영아 유기도 심각한 문제였다. 1953년 기아 발생 건수는 6,240건이었고, 1954년에는 5,175건에 달하였다.[242]

부산시의 경우 1955년 1월부터 3월까지 석 달 동안 유기아(遺棄兒)가 76명, 고아 51명, 무의탁자 16명, 불구자 6명, 기타 5명 합계하여 154명이었다. 이들 아동에 대해 정부는 성애원, 소아보육원, 동래 정양원, 양로원, 아동보호소 등 아동보호시설에 수용하였다.

---

240) 『조선일보』, 1954년 7월 18일.
241) 이임하, 2002, 163쪽.
242) 한국경찰사 편찬위원회, 1973, 『한국경찰사 Ⅱ』, 970쪽.

그런데 유기아들의 성별을 보면, 여자아이가 61명으로 대부분을 차지하여 당국자는 "생활고보다는 지각없는 일부 여성들의 추락된 정조관념과 의식적인 유기를 지적하고, 이 나라 여성들의 모성애에 대한 맹성을 촉구하였다."[243] 그러나 생활고에 직면할 경우 아들보다는 딸을 먼저 버린다는 것으로 이 시기 기아문제가 모성애나 성도덕의 문제라기보다는 생활고와 남아 선호의 가부장제 유습(遺習)의 문제였다.

이러한 현상은 경찰에서 집계한 기아발생건수를 정리한 다음의 표에서 더 명확하게 드러난다. 기아 수에 있어서 매년 남자아이보다 여자아이의 수가 배를 넘었다. 생활고로 아이를 버리는데, 남존여비 관념에서 딸을 아들보다 많이 버렸기 때문이다. 기아에 대한 경찰의 처리 방법은 아동시설에 넘기는 경우가 대부분이었다. 이 시기 아동복지 정책이 시설중심으로 이루어졌음을 알 수 있다(<표 Ⅳ-11> 참조).

〈표 Ⅳ-11〉 기아 발생 및 처리 상황

단위: 명

| 구 분 | 기아 수 | | | 처리 상황 | | | | | | | |
| --- | --- | --- | --- | --- | --- | --- | --- | --- | --- | --- | --- |
| | | | | 위탁보호 | | 아동시설 | | 보호자인도 | | 기 타 | |
| | 계 | 남 | 여 | 남 | 여 | 남 | 여 | 남 | 여 | 남 | 여 |
| 1955 | 715 | 242 | 473 | 10 | 8 | 167 | 368 | 10 | 12 | 55 | 85 |
| 1956 | 1,425 | 410 | 1,015 | 1 | 18 | 398 | 973 | 8 | 20 | 3 | 4 |

자료: 보건사회부, 1965, 『보건사회백서 1964』, 169쪽.

---

243) 『조선일보』, 1955년 4월 8일.

시설중심이었으나, 정부의 재정부족으로 인해 민간 차원 즉 외국 민간단체의 원조에 의지했다. 주로 종교단체를 중심으로 외국 원조단체들은 이 시기 복지사업에 없어서는 안 될 재원과 서비스의 제공원이었다. 1953-55년에 외국 민간원조기관의 도입금액이 3299만 5천 달러로 39개 단체로부터 원조를 받았다.244)

1945년 전국 42개의 고아원에 수용된 아동의 수가 1,819명이었던 반면 1956년에는 467개소에 49,229명으로 늘어났다(<표 Ⅳ-12> 참조). 그리고 고아원 수용아동도 정원을 초과한 상태였다.

〈표 Ⅳ-12〉 고아 · 영아 · 양로원 및 탁아소 현황

| 1956년 말 | 운영형태(개소) | | | 수용인원(명) | | |
|---|---|---|---|---|---|---|
| | 계 | 관 영 | 민 영 | 계 | 남 | 여 |
| 총계 | 547 | 30 | 517 | 55,049 | 34,782 | 20,267 |
| 고아원 | 467 | 23 | 444 | 49,229 | 32,755 | 16,474 |
| 영아원 | 29 | 5 | 23 | 2,618 | 620 | 1,998 |
| 양로원 | 41 | 2 | 39 | 2,190 | 951 | 2,239 |
| 탁아소 | 10 | — | 10 | 1,012 | 456 | 556 |

자료: 내무부, 1957, 국립경찰통계연보, 121쪽.

인천 고아원의 예를 보면, 5개 고아원이 모두 정원을 초과하였다. 정부가 정원에 대한 보조 인력도 지원이 없는 형편인데, 물가고로 인한 재정난에 허덕이고 있는 현상에 수용아동의 수가 격증했던 것이다.245)

---

244) 보건사회부, 『보건사회백서』, 각 년도 통계 참조.

〈표 Ⅳ-13〉 인천시 고아원의 정원 초과 현황(1950년)

| 고아원명 | 수용가능원 | 현재 인원수 |
|---|---|---|
| 해성(海星) | 150 | 194 |
| 삼성(三省) | 20 | 28 |
| 성육(聖育) | 45 | 57 |
| 계명(啓明) | 50 | 67 |
| 동진(同進) | 30 | 33 |

자료: 『대중일보』, 1950년 6월 18일.

한편 기지촌의 증가와 함께 파생되었던 혼혈아는 1954년 현재 전국적으로 382명[246]으로 집계되었다. 1954년에 인천에 혼혈아 교육원이 설치되었고,[247] 1956년 2월 27일에는 선명회보육원이 개원되었다.[248] 그리고 1955년부터 혼혈아들이 정식으로 미국에 입양되기 시작했다.[249]

해방 후 경제 재건을 비롯해서 여러 부문의 질서가 아직 궤도에 완전히 오르지 못하였기 때문에 실업자 증가와 민생고는 계속되었으며, 이에 따른 현상으로 기아와 고아의 수가 격증하였다. 이 시기 요보호 아동에 대한 국가의 복지 정책은 사건이 발생한 다음 구제의 성격으로 이루어지는 것이었다. 아동복지의 책임은 기본적으로 가족에게 있는 것이었고, 정부는 외국 민간단체의 원조나 국내에서 이루어지고 있는 민간 차원의 시설 사업이나 혼혈아 입양

---

245) 대중일보, 1950년 6월 18일.
246) 보건사회부, 1954, 『사회행정개요』 49쪽.
247) 『조선일보』, 1954년 7월 30일.
248) 『조선일보』, 1956년 2월 28일.
249) 『조선일보』, 1956년 5월 4일.

등을 장려하고 관리할 뿐 더 이상의 적극적인 정책을 실시하지 못했다. 즉, 요보호 아동 중심의 잔여적 복지이며, 아동구호형 복지가 이루어지던 시기였다.

## 3) 여성단체를 통한 구호정책의 실시

전쟁으로 인해 여성들은 노동이나 경제활동에 참여하지 않을 수 없기도 하나, 한편으로 후방에서 전쟁에 참여하고 있는 전경의 위문활동이나 구호활동에도 동원되었다. 이승만 대통령은 "부인동포들이 절대 협력해서 우리 군인들이 적군을 물리치는 데 무엇이든지 도움이 될 일을 많이 하는 동시에 …… 조국이 위기에 닥쳐 있는 이때에 재정 가진 애국자들이 크게 궐기하기를 바라마지 않는다."[250]라고 하며, 부인들의 군인에 대한 물품봉사를 촉구하고, 전 국민의 구호운동에의 적극 동참을 호소하였다.[251]

전후 복구는 미국의 원조에 전적으로 의존하였다. 미국은 국제연합한국재건단(UNKRA)을 통해 1951년에서 1959년의 기간에 총 1억 2천184만 달러를 지원하였고, 국제협력처(ICA)를 통해서 1953년에서 1961년 기간에 19억 6백여만 달러를 지원하였다. 그러나 이러한 원조 금액의 사용에는 한국과 미국의 시각의 차이가 있었

---

250) 이승만 대통령의 담화문, "애국재정가의 궐기를 요망 특히 부인들이 협력하라."(1952. 1. 7): 공보처, 1953, 209 – 210쪽.
251) 이승만 대통령의 담화문, "먹을 것 없는 동포가 없도록 전 국민이 적극 보호하라."(1952. 10. 21): 앞글, 259쪽.

다. 이승만은 이 금액을 국방과 산업시설의 복구 및 산업 간접 자
본의 건설에 우선순위를 두었고, 다음으로 소비재에 투입하고자 하
였다. 반면에 미국은 폐허의 재건보다는 기아와 질병 예방을 위한
구제용에 사용하고자 하였다.[252]

　이런 측면에서 여성과 아동의 구호에 미국의 원조금이 대거 투입
될 수 있는 요인이 있었다. 정부는 건국 초기의 계몽운동에 여성단
체를 동원하여 활용했던 것과 마찬가지로 단체를 활용하여 구호사업
을 펼치고자 하였다. 이러한 정부정책과 맞물려 여성단체의 수가 크
게 늘었다.[253] 1950년부터 1956년까지 설립된 여성단체는 다음의 세
가지 유형으로 분류된다.[254] 첫 번째 유형은 '사회문화단체'로 대한
여자청년단(1950년)과 국방부녀회(1953년)가 있다. 두 번째 유형은
'전문단체'로서 전쟁 중 부산에서 창설된 여성문제연구원(1952년)이
있다. 세 번째 유형은 전재민 구호를 위한 '직업보도단체'로 이 시기
에 가장 많이 창설되었다. 중앙부녀회(1953년), 부녀보호사업위원회
(1955년), 대한전재부녀회(1955년), 전쟁미망인수산회(1956년) 등 4개
단체를 들 수 있다.[255] 이들 단체 중 여성문제연구원을 제외하고 나

---

252) 국제역사학회의 한국위원회, 1982,『한미수교100년사』, 정화인쇄문화사, 504 -
　　508쪽.
253) 부록 1. 해방 후부터 제1공화국기까지의 여성단체 일람, 2. 제1공화국기 여성단
　　체 참여 인물 참조.
254) 이 단체 분류는 정충량 · 이효재(1969)의 분류를 따랐으나, 김염자는 사회문화단
　　체를 정치사회문화단체로, 직업보도단체를 사회봉사 및 복지단체로, 전문단체를
　　여성 지위 향상 추진연구단체로 분류하였다.
255) 1957년 이후에 설립된 단체 가운데 전재민 구호 및 자립을 위한 단체로서 미망인
　　수공예품협회(1957년), 부녀보호사업전국위원회(1957년), 전국윤락여성구호대책위
　　원회(1958년)를 들 수 있으며, 그 밖에 협의체 기구로서, 전국여성단체협의회(1959

머지 단체들은 전재민 구호 정책과 밀접한 관련이 있는 단체였다.

이 절에서는 6·25전쟁이 시작되고 정전(停戰) 후 복구기에 전재민 구호 사업에 적극 뛰어들었던 단체들을 중심으로 이들 단체들이 정부와 어떻게 협조하여 전재민 구호정책을 실행에 옮겼는가를 살펴보고자 한다.

정부는 전쟁이라는 국가 위기 상황에서 여성을 동원, 활용하기 위해 친정부인사를 움직여 급박하게 여성단체를 조직하였다. 모윤숙이 1950년 9월 28일 피난지 대구와 부산에서 조직한 대한여자청년단이 대표적인 예이다. 대한여자청년단은 국군 장병 위문과 무료 다방을 열어 국군들을 위로하고 전쟁 뒷바라지를 하였다. 총본부 단장에는 모윤숙이, 부단장에는 김철안이 선출되었으며, 각 부서별 간부로는 총무부장에 김용석, 선전국장에 박기순, 선전부장에 오상복, 국제외교부장에 이희호, 부국장에 조애실, 조직국장에 김채형, 교도국장에 김정례, 군사원호국장에 김윤심, 부장 김응난을 임명되었다. 이들의 주요 사업은 국군 위문이었다.[256]

다음은 정부의 전재민 보호 사업을 돕기 위해 친정부인사가 스스로 조직한 단체이다. 국방부녀회가 바로 이런 유형의 단체였다. 임영신은 통일이 되지 않고 휴전협정이 조인된 데 충격을 받고 동지들을 불러 모아 조직한 대한여자국민당의 방계 단체였다.

국방부녀회의 설립 목적은 "정치적인 색채는 일체 띠지 않고, 순

---

년)가 조직되었다. 해방 후부터 제1공화국 기간에 설립된 여성단체에 대해서는 부록의 표 1을 참조할 것.

256) 한국부인회총본부, 1986, 205 – 206쪽.

수한 애국운동단체로서 군인유가족과 상이군경을 원호하고 위문"하는 것이다. 1953년 8월 임영신·김철안·김노전·최은희·최노애·최성화·양배강·임영숙·한길·김금덕·박금순·김현숙 외 80여 명이 발기하여 창립총회를 가졌다.[257] 1953년 8월 말경 대전 도청에서 각 도 대표 60명이 참석하여 3일간 발기 총회를 열고, 10월 10일 서울에서 각 지방 대표 150명이 출석하여 대한국방부녀회를 결성하였다. 강령, 회칙, 회가, 재정문제, 사업계획 등을 토의하고 회장 임영신, 부회장 김노전, 김앨라, 중앙집행위원 30명을 선정하고 폐회하였다.

국방부녀회 강령은 "우리는 3·1 정신을 받들어 충성으로써 나라를 지키자, 우리는 일민정신을 발휘하여 철석같이 공산도배를 물리치자, 우리는 국방정신을 앙양하여 남북통일의 성업을 완수하자."로 반공이데올로기와 친이승만 노선을 분명히 하였다. 사업계획은 크게 다섯 가지였다. 첫째, 상이군경 원호사업으로 국내 주요 도시에 오락과 숙박을 겸비한 휴게소를 설치하고 기술을 가르치고, 유가족의 생업을 지도하는 것이다. 두 번째는 국방력 강화 사업이었다. 여군과 여경의 확충을 도모하고, 전시 체제 정신무장을 확립하고, 일선장병 위문을 하는 것이다. 세 번째, 생활개선 사업이다. 이채(二茶)주의와 전시태세 의복을 착용하는 것이다. 네 번째는 후생사업으로 군경 유가족을 위한 직장을 설치하고 신상사업을 하는

---

257) 임영신박사 – 회갑기념사업추진회, 1959, 『임영신박사 빛나는 생애』, 민중서관, 257쪽.

것이다. 다섯 번째는 문화선전 사업으로 부녀의 문화계몽과 양서를 출판하고자 하였다.[258]

국방부녀회는 1953년 10월 상이군인 24쌍 합동결혼식에 꽃다발 24개를 증정하였으며, 육해공군 합동 위령제에 화환을 증정하였고, 유엔 여군 총사령관인 육군대령 캐리 여사 내한 시 충남대전 지부에서 환영꽃다발을 증정하였으며, 1953년 12월부터 『여성계』지를 매월 3일 3백 부가량을 일선지구 사병에게 수년간 보냈다. 1953년 12월 11일부터 12월 18일까지 7일간 일선으로부터 오는 휴가 장병을 위해서 휴게소를 여성단체총협의회 빌딩 4층에 설치하고 회원 30명으로 이루어진 봉사대가 매일 교대하여 연인원 713명의 장병에게 다과, 레코드, 장기, 핑퐁, 트럼프 등을 구비하여 사용하도록 하였다.[259] 1953년 성탄절에는 시루떡을 해서 수도 육군병원, 오류동 외과병원, 혜화동 내과병원, 청량리 해병대병원, 금호동 정양원을 위문하였다. 1954년 1월 미망인후원고문회의 가입단체가 되어 미망인들에게 각종 가공품을 제작하도록 하여 육군 PX 2층에 진열하고 판매하게 하였다. 1954년부터 매년 현충일과 추석에 국군묘지에 참배하였고 일선 장병 위문과 기타 군사 원호 상이장병 가족과 전몰유가족의 생활 향상에 노력하였다.[260]

이 외에 전쟁미망인들이 자구책으로 여성단체를 결성하였다. 이런 형태의 단체는 외국의 구호물자가 답지함에 따라 각종 형태의

---

258) 앞글, 259쪽.
259) 손충무, 1972, 『한강은 흐른다』, 592 – 593쪽.
260) 앞글, 259 – 261쪽.

구호사업이 성행하면서 결성되었다. 이 단체들은 흔히 직업보도를 단체 주요사업으로 실시했다.

전쟁미망인을 위한 최초의 직업보도단체는 1953년 3월에 부산에서 결성된 중앙부녀회였다. 중앙부녀회는 개성의 호수돈여학교 출신들이 중심이 되어 조직한 단체이다. 브릭스 주한 미 대사부인의 지원 아래 전쟁미망인이 된 차윤신, 이정화, 최영식 등이 모여 단체를 결성하였다. 1953년부터 운크라가 본격적으로 부흥사업에 착수하던 때라 운크라로부터 회관을 기증받았다. 중앙부녀회는 조직을 갖춘 단체라기보다는 전쟁미망인 40인으로 구성된 생활공동체였다. 이들은 재봉틀 2대를 가지고 미군으로부터 구호물자를 받아 옷을 만들어 시장에 팔았다. 그 돈으로 쌀을 사고 먹을 것을 공동으로 준비하며 살았다. 또 이들에게 옷 만드는 기술을 가르쳐 소득 향상을 꾀하였다.

1953년 11월 정부가 환도함에 따라 중앙부인회는 서울에 임시회관을 마련하였다. 이때 중앙부인회는 주한 미8군 PX 매장, 반도호텔 내 '아리랑'이라는 매장을 대여받아 의류를 공동구입하여 판매하는 한편, 회원들이 만든 수예품, 편물을 전시 판매하는 수익사업을 계획하여 실행에 옮겼다. 1954년도에는 기독교 세계봉사회의 도움으로 중구 필동으로 회관을 이전하였다. 이후부터 더 활발하게 기술교육을 실시하였다. 1955년 6월에는 제1회 기능교육생 작품 발표회와 판매회를 열었다.261)

---

261) 여성중앙회, 2002, 『여성중앙회 50년사』, 사단법인 여성중앙회, 22－28쪽. 1956

중앙부녀회와 달리 전쟁미망인을 돕기 위해 전쟁미망인으로 이루어진 단체도 창설되었다. 대한전재부녀회가 1955년 8월 8일에 창립되었다. 대표자는 송효선으로 중앙부인회 회장이었다. 간부진은 석계향(石桂香, 국방부 부녀회) 등이 참가하였으며, 전체 회원 수는 80명 정도였다. 임원진은 다음과 같다.

<blockquote>

총재 보류, 부총재 김신실(대한적십자사 사무총장), 고문 조경규, 박영출, 이사 보류, 회장 송효선, 부회장 석계향, 장옥분, 총무부장 장옥분(겸임), 총무차장 이영순, 조직부장 송영숙, 조직부차장 보류, 문화부장 석계향(겸임), 차장 보류, 원호부장 조명숙, 원호 차장 보류, 중앙위원 송효선, 석계향, 장옥분, 송영숙, 조명숙

</blockquote>

전재부녀회 규약에 보면 부녀회의 목적은 "6 · 25동란으로 인하여 전재를 입은 부녀들의 사회적 보장과 권익을 옹호하며 자립정신에 입각한 원호사업"을 실시하는 것이었다. 회원은 직 · 간접으로 전재를 입은 만 20세 이상의 부녀자로서 회원 2인 이상의 추천을 받은 자였다. 회원 수를 30만 명으로 추산하였다.

전재부녀회의 목적은 1) 회원 상호 간의 친선도모, 2) 상부상조, 3) 구호활동, 4) 멸공헌신이다. 조직은 행정 구역에 따라 각 도(서울특별시를 포함)에 지부를 두고 시 · 군 · 읍 · 면(서울시는 구 · 동)에 각각 지부를 둔다. 중앙부서는 총무부(인사, 서무, 회계, 용도 기획예산), 조직부(조직, 편성, 공작, 지도, 지방연락, 심사), 문화부

---

년 2월 창립회장인 송효선이 순직하였고, 이정화가 제2대 회장으로 취임하였다.

(선전, 문화계몽, 출판, 교도 등), 원호부(원호사업에 관한 일체 섭외, 관리 사업 등)를 두도록 하였다.

전재부녀선언262)에서 그들은 "공산침략도배들의 무자비한 전쟁도발로 국가 전체가 참화를 입었는데 …… 전재부녀들이 따뜻한 동포애와 구호의 손길을 기대하고 있지만 …… 퇴폐적 사회풍조는 사회 전반을 분식하는 슬픈 현상을 보이고 있다. …… 한국의 모든 전재여성들은 자조(自助)할 때가 온 것이다. …… 궐기하라! 모든 전재여성들이여! 우리는 우리의 사회적 보장을 스스로의 손으로 획득해야 할 것이며, 우리들의 정정당당한 권익을 우리 손으로 옹호 신장해야 할 것이다."라고 선언하였다.

강령에도 이들의 주장은 잘 나타난다.

1. 우리는 전재여성의 사회적 보장을 위하여 노력함으로써 부녀자의 권익을 옹호 신장하는 데 이바지한다.
2. 우리는 전재여성의 경제적 자립을 위하여 노력함으로써 자주적 정신을 함양하는 데 이바지한다.
3. 우리는 전재여성의 총력을 결집하여 국가 최고 목표 달성에 이바지한다.

사업을 보면, 보건사회부와 수산장 설치 문제를 추진하고, 전국 전재부녀상담소 설치, 지방조직 계획, 탁아소 설치를 계획하고 있었고, 구호사업으로서 이미 서울특별시장을 통하여 각 구청 단위로 '영양과 식품도해'를 판매하는 일을 추진하였다. 자체 원호사업으로

---

262) 문화공보부 공보실 공보과, 법인 및 사회단체(대한전재부녀회) 1956 – 1959 문서철.

수산장, 양로원, 탁아소, 세탁소 등을 설치하여 생산과 구매를 회원이 담당하도록 계획을 세웠다. 또한 수산장에서 양계, 양돈, 양어, 후생용 제탄 등의 부속 사업도 추진하고, 생산 공장과 판매소 설치는 연차계획에 의하여 점차 확장키로 하였다. 전재를 입은 노년부녀를 위한 노후 정양과 전재부녀의 탁아를 위하여 양로원과 탁아소의 설치 계획을 수립하였고, 초기에는 대지와 자재 확보에 노력하기로 하였다.

일반 여성단체들도 전재민 구호사업에 나섰다. 미군정기에 결성된 전국여성단체총연합(회장: 황애덕)의 경우를 보면, 자체 건물263)에서 전쟁미망인과 그 유가족들을 위한 구호기관으로 희망원을 만들고, 한미기술학원을 설립하였다. 이 학원에서는 양재, 한재, 수예, 기계자수, 인형, 미용, 타이프 등의 기술과목을 가르쳤다. 고아들과 상이군인들에게 입힐 가운을 맡아서 만들고, 미국 유지들이 보내주는 신품양장지로 양재를 가르치고, 미국 각처에서 산더미같이 보내오는 구호품을 고쳐 파는 일 등을 하였다. 이 곳은 약 4백 명의 생활근거지가 되었다. 한편, 한미기술학원은 한미재단으로부터 재봉

---

263) 이 건물은 회현동 부녀국이 입주해 있던 건물로 부녀국장 고황경의 알선으로 무료로 빌려 사용하였다. 사무실과 더불어 야간에는 대성여자중학교를 개설하여 문선호가 교장으로 6·25동란까지 157명의 학생을 대상으로 가르쳤다. 1949년 3월 여총은 을지로 입구의 적산 타일제 4층 건물 1, 2층을 임대 사용하였다. 1층 1호실은 여총 서점, 2호실은 여총 수예점, 3호실은 영양의 집, 4호실은 여총 사무실, 5호실은 숙직실, 6호실은 물치실(物置室)로 사용하였다. 2층은 대한부인회 임시 회관으로 사용하였다. 6·25전쟁 이후 일간신문사가 차지하였다. 되찾기 운동을 벌여 1954년 1월 대통령의 특령으로 여총회관으로 복구하여 빌딩 전체를 임대하였다.: 최은희, 1980, 358 - 359쪽.

틀 10대와 현금 60,000달러, 바느질 재료로 사용할 옷감을 기증받
았다. 그 후 서울특별시장으로부터 인가도 받아 자리가 비좁을 만
큼 지원자가 넘쳐 학생 수가 600명에 달하였다. 학원을 남녀공학으
로 바꾸고, 보육과, 비서과, 전자과, 시계과, 라디오과, 이발과 등으
로 과목을 확대하였다. 과목이 확대되자 빌딩 옥상과 뜰에 가교실
을 만들어 오전반, 오후반, 야간반의 3부제로 운영하였다.

1955년 12월 19일, 미군으로부터 건축 자재를 원조 받아 경기도
양주군에 기숙사가 딸린 교사 160평을 지었다. 여기서도 주야간으
로 학생들을 가르쳤고, 1956년 4월 11일에 경기도지사로부터 한미
종합고등기술학교로 인가도 받았다.264)

여성단체총연합 외에도 대한YWCA, 대한부인회도 일선장병 위문
에서 전쟁미망인을 위한 수산장 운영이나 직업보도 사업에 참여했다.

이와 같이 6 · 25전쟁 기간과 환도 후 복구기에 정부는 여성단체
를 활용하여 전재민 구호사업을 적극적으로 전개하였다. 이는 정부
수립 후 계몽사업이나 생활개선 사업에 단체들을 적극 활용한 것
과 같은 방식이었다. 1950－56년 시기에 정부의 전재민 구호정책
에 참여한 단체들로는 여러 가지 유형의 단체들이 있었으나, 공통
점은 국가사업에 적극 참여하였다는 점이다. 외국의 원조물자를 기
반으로 전쟁미망인을 돕기 위한 사업이나 전쟁을 수행하는 군인에
대한 위문 사업이 대종을 이루었다.

----

264) 앞글, 359－360쪽.

# V 여성 지위 향상을 위한 법적 기반의 마련:

## 1956 - 60년

정부 수립 후 정부의 여성정책은 여성을 계몽이나 보호의 대상으로 보는 계몽이나 복지중심의 정책이 시행되었으나, 환도 후부터는 여성의 사회적 지위를 평등하게 자리매김하기 위한 정책이 논의되기 시작했다. 이러한 논의는 대한민국의 법률을 새로 제정하는 과정에서 나타났는데, 특히 가정과 사회에서의 여성의 지위를 결정짓는 민법 중 친족상속편 제정(신민법)에 반영되었다.

정부가 남녀평등조항이 포함된 민법안을 국회에 제출한 것은 1954년이었다. 이 민법안을 놓고, 국회(법제사법위원회의 민법안심의소위원회265))가 축조(逐條)의 기준이 될 심의요강(친족상속편요강심의록)을 완성한 것은 1956년 9월 5일이었다. 이때부터 민법 중 친족상속편을 둘러싸고 사회적 논의가 본격적으로 이루어졌다. 즉, 친족상속편(가족법266))을 둘러싼 정부, 국회, 학계, 여성계, 일반인

---

265) 위원장은 장경근이었으며, 위원에는 김성호 신태권 의원이었고, 전문위원은 이태준, 유민상이었다.:『조선일보』, 1957년 11월 6일.

간의 공방이 치열하게 전개되었다. 이때 여성의 입장을 대변하여 가족법 제정운동에 앞장선 것은 1956년에 설립된 가정법률상담소였다. 민법안은 1957년 10월 국회 본회의에 상정되어 심의를 거쳐 1957년 12월 27일에 국회를 통과했다. 일부 평등 조항이 포함된 신민법이 제정된 후에도 일부 여성 차별적 조항에 대한 여성계의 비판과 진정이 계속되었다.

이 장에서는 1956년 이후 1960년까지의 기간에 새로운 여성정책으로서 남녀평등을 보장하는 법률(민법)의 제정과정과 그 의의와 한계에 대해서 살펴보고자 한다.


# 1. 여성 지위 향상 정책 추진의 필요성

## 1) 정부의 민법안 제출 배경

대한민국 정부 수립 후, 정부는 구시대적 남녀차별 요소를 제거

---

266) 이태영은 1948－1970년 가족법 개정운동을 1단계 운동으로 규정하고 있다. 가족법이라는 용어는 그가 1957－58년에 미국 국무성의 초청으로 법률연수 시, 미국에서 '패밀리코트', '패밀리로우'(가족법)라는 용어를 쓰고 있는 것을 알게 되어 귀국 후 정광현(서울대 교수)과 의논하여 민법의 친족상속편을 가족법이라 부르면서 이에 대한 개정운동을 가족법개정운동이라고 범칭하게 되었다.: 이태영, 1992, 『가족법 개정운동 37년사』, 한국가정법률상담소출판부, 135쪽. 한편 1958년에 통과된 신민법의 가족법을 '제정가족법'이라고 부르기도 한다.: 김엘림, 1991, 『개정가족법과 가족법개정운동에 관한 연구』, 한국여성개발원 참조.

하고 평등 사회를 건설해야 하는 과제를 안고 있었다. 헌법이 규정한 바 평등사회 실현을 위한 하위 법률을 제정해야 했다.

1948년 7월 17일에 제정된 헌법은 대한민국이 남녀평등의 민주 국가임을 분명히 하고 있다. '헌법' 전문(前文)에서는 "민주 독립 국가를 재건함에 있어서 정의, 인도와 동포애로써 민족의 단결을 견고히 하며 모든 악습을 타파하고 민주주의 제 제도를 수립하여 정치·경제·사회·문화의 모든 영역에 있어 각인의 기회를 균등히 하고 능력을 최고도로 발휘케 하며 ……"라고 명시하고 있다. 헌법 제1조는 "대한민국은 민주공화국"임을 선포하였고, 헌법 제5조(국민의 기본적 의무)와 제8조(국민의 평등·특수계급제도의 금지, 영전의 수여), 그리고 제20조(남녀평등권, 혼인의 순결과 가족의 건강보호)에서 남녀평등에 관한 조항을 구체화하였다. 헌법 제8조는 "모든 국민은 법률 앞에 평등하며 성별에 의하여 모든 차별을 받지 아니한다."고 규정하고 있으며, 제20조에서는 "혼인은 남녀동권을 기본으로 하며 ……"라고 기록하고 있고, 제100조에서는 "모든 법령은 현행 헌법에 저촉되지 않는 한 효력을 가진다."라고 되어 있다. 이런 헌법 정신에 따라 정부는 각종 법률을 정비하고, 새롭게 제정할 필요가 있었다.

그러면 제1공화국 초기 여성의 법적 지위는 어떠했는가? 8·15 광복 후 군정이 시작되자 미군정 당국은 법령의 공백상태를 방지하기 위해 일제시대 법령의 효력을 인정하였다. 이 시기 여성의 법적 지위와 관련된 대법원의 판례를 보면, 남녀 평등한 여성의 지위를 인정한 판결을 내리기도 했고, 일제의 이식(移植)된 제도를 부인하는 판례도 있었으나, 일제시대의 여성 차별적 제도를 그대로 답습한 판례도 있었다.267) 따라서 이 시기 여성의 법적 지위는 크게 보아 세 차례의 개정 조선민사령268)이 지배하던 일제시대와 큰 차이가 없었다. 재산과 관련된 사항에 대해서는 일제시대에 도입된 일본 민법을 의용(依用)하였으며, 친족상속편은 조선조 이래의 관습법을 그대로 적용하였고, 일부 내용은 일본 민법을 의용하였다. 일제식민지 시대에도 조선민사령에서 '민법 중 능력, 친족 및 상속에 관한 규정은 조선인에게 적용하지 않고 조선인의 관습에 의한다.'라고 규정하여 민사관계 중 신분관계는 한국의 관습을 따랐다.

조선시대부터 이어오는 여성을 차별하는 대표적인 관습법으로는 남녀에게 달리 적용되는 이중적인 성 윤리에 기반하여 축첩을 공인하는 것과 여성에게 요구되고 강조되는 정절과 수절의 전통을 들 수 있다. 또한 종법제에 근거해서 남계혈통을 지키기 위한 족외혼 제도와 제사나 가계상속에서 여성을 배제하는 것 등도 관습법의 일환이었다. 또 일제식민지시대에 도입된 일본식 제도나 대표적인 성 차별적인 제도로는 처의 무능력자제도, 신고에 의한 협의이혼제, 호주상속제도, 일본식 서양자제도(婿養子制度), 모(母)의 친권행사 제한 등이 있었다. 처의 무능력자제도는 조선시대부터 있어

---

267) 각각의 예를 들어 보면, 처가 남편의 허가 없이 소송행위를 할 수 있다는 판례(1947. 9. 2), 서양자제도는 사회질서에 위반되므로 무효라는 판례(1947. 3. 26), 모의 친권행사에 친족회의 동의가 필요하다는 판례(1954. 7. 1) 등이 있었다.: 앞글, 22쪽.
268) 조선민사령은 1921년, 1923년, 1939년 세 차례에 걸쳐 개정되었다.

왔던 삼종지도(三從之道)의 관습을 법적으로 확립한 것이었다. 한편 일본법에서는 중요한 법률행위와 가정의 평화를 해칠 행위269)에 대해서 남편의 허가를 얻도록 하고, 남편의 존재가 불분명하거나 정신상태가 이상하거나 피구금(被拘禁)의 상태에 있을 경우에도 처는 단독으로 행위할 수 없고 시부모의 허가를 받도록 하였다.

협의이혼제도의 채택은 1923년 조선민사령이 개정되면서 명문화된 것이었다. 이혼에 있어 유책주의(有責主義)의 입장을 취하면서 부부 당사자 이외에도 친족과의 관계에서 생긴 사유도 이혼원인으로 인정하였고, 협의이혼 시 이를 시장, 구청장 또는 읍면장에게 신고함으로써 그 효력을 인정하였다. 이 제도는 조선시대보다 약간 자유주의적 요소가 가미된 것이었다. 조선시대에는 의절이혼(義絶離婚)이라 하여 일정한 사유(七去之惡에 의한 七出)가 있으면, 부부의 의사와 관계없이 강제로 이혼하게 하고 이에 불응하면 형벌에 처해졌다.

호주상속제도는 일제시대에 확립된 대표적인 일본식 제도의 이식이었다. 조선의 호주는 일가(一家)의 일족(一族)에 불과하여 법률적으로나 실제에 있어 강력한 권한이 부여된 것이 아니었으나, 일제는 조선민사령의 개정과 조선호적령의 시행을 통해 조선의 가(家)를 일본 민법의 가(家)와 동일한 성질의 것으로 간주하였다. 그 결과 호주권한이 강대하게 되었다. 호주상속에서 여자는 남자호주

---

269) 원본을 영수하거나 이용하는 일, 차재(借財) 또는 보증을 하는 일, 부동산 또는 중요한 동산에 관한 득실을 목적으로 하는 행위를 하는 일, 소송행위 또는 영업을 하는 일 등이다.: 김엘림, 1991, 19쪽.

가 없을 때에만 호주가 되며, 그 지위도 다른 남자가 호주상속을 하는 경우에는 물러나야 하는 임시적, 잠정적인 지위였다. 재산상속에서는 여자, 특히 출가녀는 원칙적으로 재산상속권이 없었다.

서양자제도는 조선민사령 개정(1939년)에 의해 도입된 것이었다. 당시 일제식민지사회에서 이성불양(異姓不養)의 원칙과 동성동본의 원칙이 지켜지고 있던 사회에서 있을 수 없는 일이었다. 이는 이성불양의 원칙을 수정하여 여자녀(女子女)를 통한 가계의 계승을 가능하게 한 것으로 다소 진보적인 요소를 가졌다고 볼 수 있다.

모의 친권행사는 일본 민법의 친권 규정이 의용됨으로써 오히려 조선시대보다 모의 권한 행사가 더 제한되었다. 조선의 관습에 의하면, 부(夫)가 없는 경우에 모가 친권을 행사하되, 그 범위는 부와 같아서 친족회의 동의는 필요하지 않았다. 다만, 과부인 모가 불미스런 행위를 하여 호주인 자식의 재산을 위태롭게 할 경우에는 문회(門會)에서 제한을 가할 수 있으나, 이 경우에도 친권 자체가 상실되지는 않았다. 그러나 조선민사령 개정에 의해 일본의 민법규정이 의용되면서 모가 친권을 행사하려면 친족회의 동의를 얻어야 하였으며, 만일 동의를 얻지 않은 행위에 대해서는 이를 취소할 수 있다고 하여 모의 능력을 제한하였다.

위에서 언급한 사항들은 대한민국이 나가야 할 바와 맞지 않을 뿐더러 남녀평등의 헌법정신과도 부합하지 않았다. 특히 친족 상속과 관련된 관습법은 이미 구시대의 유물로서 헌법에 위배되지 않도록 친족상속편을 제정하는 것이 시급하였다.

정부는 민주국가에 걸맞은 법률을 제정하기 위해 1948년 9월, 대통령령 제4호에 의해 법전편찬위원회을 발족시켰다. 위원장에는 대법원장인 김병로가 임명되었고, 각계 인사 72인이 참여하였다. 즉, 만인평등과 각자의 존엄성을 인정하는 제정헌법에 위배되는 관습법 등을 시정하여 헌법 정신에 부합하는 법을 제정하기 위한 것이었다.[270] 1949년 3월 9일 법전편찬위원회 내 민법분과위원회의 민법전중 친족상속편기초위원인 장경근[271](보조위원 장승두)은 친족상속편(가족법)의 입법 방침에는 세 가지가 있을 수 있다고 보았다. 첫째는 현실 또는 관습존중론이고, 둘째는 점진적 개혁론으로서 법의 실효성을 중요시하여 법의 민주적 성문화(民主的 成文化)를 꾀하면서도 전래의 소위 미풍양속은 가능한 살려 점차적으로 개혁할 수 있다는 점진적 개혁론이고, 세 번째는 국가의 기본법인 헌법을 법질서의 구심점으로 삼아 이에 위반되지 않도록 민주주의 원칙에 맞추어 제정되어야 한다는 혁신론의 입장이다.[272] 이러한 관습존중론, 점진적 개혁론, 혁신론의 세 가지 입장은 이후 민법의 토론과정에서 등장하는 인물과 단체들에게도 그대로 적용되었다.

그런데, 장경근은 친족상속편의 법 제정이 "민주주의 이념을 주도하는 입장이 아니라 따라가고 적응하는 한도 내에서 관습과 진보 그 중간에 서지 않을 수 없다."는 점진적 개혁론의 입장을 견지

---

270) 이태영, 1992, 22쪽.
271) 장경근은 6·25전쟁 중에 국방부 차관을 지냈고, 1954년에는 3대 국회의원으로 선출되었다. 장승두는 6·25전쟁 시 납북되었다.: 정광현, 1967, 『한국가족법연구』, 서울대학교출판부, 334쪽.
272) 김엘림, 1991, 23쪽.

하였다.273) 점진적 개혁론의 입장에서 그는 법전편찬위원회가 발족되기 전인 1948년 9월, 『법정』지에 친족상속법요강사안(親族相續法要綱私案, 이하 사안)을 작성하여 발표했다. 그리고 이 사안을 기본으로 법전편찬위원회가 친족상속편요강(親族相續偏要綱)의 심의를 시작한 것이 1949년 6월 11일이었다. 그 후 법전편찬위원회는 수차에 걸친 심의를 가진 끝에 42개 항목의 친족편 요강과 7개 항목의 상속편 요강으로 구성된 민법 친족상속편원요강(親族相續偏原要綱, 이하 원요강)을 공식적으로 성립시켰다.

사안과 원요강의 차이점을 아래의 표에서 보면, 장경근의 사안이 원요강보다 더 혁신적이었음을 알 수 있다. 사안에서 서자(庶子)를 부(夫)의 호적에 입적시키는 데 처의 동의가 필요하도록 한 점, 혼인에서 법률혼주의와 예식혼주의를 병용토록 한 점, 양자제도에서 가본위양자(家本位養子)뿐만이 아니라 친본위양자(親本位養子)와 자본위양자(子本位養子)를 도입한 점들이 그러하다(<표 Ⅴ-1> 참조). 이와 같이 장경근이 개인적으로 점진적 개혁론의 입장에 서 있었으나, 법전편찬위원회, 즉 정부 측은 관습존중론 즉 보수적 입장에서 민법 제정에 임하고 있었다. 이는 법전편찬위원회 참여인물 다수가 일제시대 판사 등을 역임했던 보수적 성향의 인물이었기 때문이다.

---

273) 정광현, 1967, 「부록편 친족상속법 입법자료의 제1부 장경근씨의 친족상속법 급 친족상속법 기초요강사안」, 1-11쪽 참조.

〈표 V-1〉 사안과 원요강의 비교

| 구 분 | 사안(1948년) | 원요강(1949년) |
|---|---|---|
| 처족인족(妻族 姻族) | 처의 부모 | 처의부모, 조부모, 형제자매, 배우자 |
| 서자의 부에 입적 | 처의 동의가 필수 | 처의 동의 불요 |
| 호주의거소지정권 (居所指定權) | 불응하는 가족에 대해 이적(移籍) 또는 부양(扶養) 거부 | 이적 불인정 |
| 가산(家産)제도 창설 | 가재단(家財團), 가택(家宅) 등 인정 | 불인정 |
| 가족의 이적 | 설정 | 불인정 |
| 혼인연령 | 남자 17세, 여자 15세 이상 | 남자 20세, 여자 17세 이상 |
| 혼인 | 예식혼주의와 법률혼주의(신고주의) 병용주의 | 법률혼주의 |
| 이혼 | 재판소 판단에 따라 이혼 요청, 기각 가능 (상대적 이혼기각주의) | 남용우려 채택되지 않음 |
| 자녀인지(子女認知) | 양육한 경우 인지한 것으로(법정인지) | 신고주의 |
| 양자(養子) | 가본위(家本位) 양자 외에 친본위(親本位) 양자와 자본위양자(子本位養子) 인정 | 가본위 양자만 인정 |
| 재판상 파양(罷養) | 상대적 파양 기각주의 | 채택되지 않음 |
| 부양권리자 의무자의 범위 | 형제자매 포함 | 형제간으로 수정 |
| 재산상속 | 동일 가적(家籍)에 있지 않은 자도 포함 | 동일 가적에 있는 자로 국한 |

자료: 이태영, 1992, 『가족법 개정운동 37년사』, 한국가정법률상담소출판부, 26-28쪽에서 재구성.

이렇게 원요강이 확정되자 이를 기초로 법안을 작성하는 것이 과제로 등장했다. 이 작업 역시 장경근과 장승두 두 사람에게 위촉되었다. 당시 법전편찬위원회의 법률 제정 작업은 형법과 형사소송법만 대략 기안되었을 뿐, 민법과 다른 법률은 본격적인 작업에 들어가지 못하고 있었다. 그러던 차에 6 · 25전쟁이 발발하였다.

그 후 피난지 부산에서 법전 편찬 작업이 재개되었다. 김병로 위원장은 1951년 10월 정기국회까지는 민사소송법, 형사소송법, 민법을 제출하고, 나머지 법안은 1952년 3월까지 제출하겠다는 계획을 발표하였다.[274] 1951년 당시 형사소송법과 형법은 국회에 회부 중이었고, 민법은 총칙, 물권법, 채권법 등은 작성되었는데, 친족상속편은 아직 마련되지 않았었다.

법조계의 많은 인사들이 피랍되었거나 사망한 상황이었으므로 결국 친족상속편을 의뢰할 만한 마땅한 전문가가 없었다. 그리하여 김병로 위원장 자신이 직접 법안을 기초하게 되었다. 결국 1949년 원요강이 성립된 후, 3년 만인 1952년 7월 4일 축조기초(逐條起草)가 완료되었다. 김병로는 민법안 작성의 방침으로 두 가지를 제시하였다. 첫째 민법은 권리남용의 금지와 개인 간의 신의 성실의 원칙을 지켜야 한다는 것, 둘째 기본논리보다는 사회나 국가가 해당 민족의 윤리와 역사적 전통을 중시해서 제정해야 한다는 입장이었다.[275] 이러한 그의 입장은 민법이 보수적 입장에서 기초되리라는

---

274) 이태영, 1992, 30쪽.
275) 앞글, 26쪽.

222

것을 짐작할 수 있게 하는 것이다.

작성된 법안은 1954년 10월 26일 국무회의의 의결을 거쳐 정부
제출법안으로 국회에 제출되었다. 이 정부초안(政府草案)은 본문
1,118개조 및 부칙 32개조 도합 총 1,150개조로 구성되어 있었
다.276) 당시 신태익 법제처장은 담화를 통해 민법안이 "현행 민법
안을 기초로 하여 우리나라 고유의 순풍미속과 가족제도를 살리고
있으며, 신세대의 요청에 의하여 민주적인 새 규정을 창설하는 등
획기적인 입법이다."라고 자평(自評)하고, 국회의 조속한 통과를 기
대한다고 밝혔다.277) 이로써 이 법안이 관습존중론의 입장에서 입
안되었음을 알 수 있다.

정부초안이 대체로 관습존중론의 입장에서 작성된 것이었지만,
법전편찬위원회의 원요강과 비교해 볼 때 평등 조항이 추가되었다
는 점에서 혁신적인 요소도 있었다. 즉, 정부초안은 일제시대부터
존속되어 온 처의 무능력조항을 폐지하였다. 처의 행위능력여부 조
항을 규정하지 않음으로써 처(妻)와 부(夫)를 동일하게 완전한 행
위능력자로 인정하였다. 반면에 원요강에서는 부(夫)의 동의를 요
하지 않도록 하였으나 신체의 기속(羈屬)을 받을 계약 또는 영업을
함에는 부(夫)의 동의를 요하였다. 둘째, 남녀의 분가 조건과 호주
의 동의 여부에 대해 남녀 구별 없이 호주의 동의가 없어도 분가
를 가능하게 하였다. 반면에 원요강은 성년의 남자는 독립의 생계

---

276) 정광현 1967, 326쪽.
277) 이태영, 1992, 47쪽.

를 유지할 가족이 있는 경우 호주의 동의 없이 분가가 가능하고, 여자는 독립생계를 유지할 수 있는 재산이 있다 하더라도 분가가 불가능하였다. 셋째, 혼인적령을 남자 18세 여자 16세로 정하여 원요강의 남자 20세, 여자 17세보다 낮추었다는 점이다.

그러나 정부초안에는 여성 차별적인 요소도 있었다. 이 중 가장 중요한 것은 호주제도 유지, 이혼한 여자배우자에 대한 재산분여 청구권의 불인정, 친권행사에 있어 부우선주의(夫優先主義)의 채택 등이었다.

더 자세히 보면, 친족편에서는 다음과 같은 8가지 사항을 지적할 수 있다. 1) 부(夫)의 전처소생 자녀나 혼인 외 출생자와는 계모 및 적모 관계가 친자와 동일하게 인정되는 반면 그 반대의 경우는 성립되지 않는 점, 2) 친족 범위에 있어 부(夫) 측을 처 측보다 광범위하게 규정한 점, 3) 처가 부의 혈족 아닌 직계 비속을 입적시키려 할 때는 부가(夫家)의 호주와 부의 동의를 필요로 하지만, 부가 혼인 외 출생자를 입적시킬 때는 처의 동의가 필요없다는 점, 4) 여호주는 호주 상속할 양자를 입적한 때에는 호주권을 내놓아야 하고, 여호주가 혼인하면 폐가를 해야 하는 점, 5) 부계 혈통만을 중심으로 한 동성동본불혼조항을 둔 점, 6) 부부 동거 장소를 부의 주소나 거소로 지정한 점, 7) 부부 각자 명의로 취득한 재산은 각자의 특유재산으로 인정하나 소속이 불분명한 재산은 부의 특유재산으로 추정하는 점, 8) 자녀에 대한 친권행사자는 부를 우선으로 하고 모를 이차적으로 한 점 등이다.

그리고 상속편에서 지적할 수 있는 남녀불평등 조항은 다음과 같다. 1) 딸의 호주 상속 순위가 최하위인 점, 2) 출가한 딸은 재산상속에서 제외된다는 점, 3) 처의 재산은 부가 직계비속과 공동 상속하지만 처는 부의 재산을 직계비속 및 부의 직계존속과 공동 상속하도록 한 점, 4) 함께 일군 처의 상속분이 호주상속자보다 적고 기타 직계비속 및 부의 직계존속과 균등한 것 등이다.

이 정부초안은 이승만 대통령의 승인을 거쳐 1954년 10월 26일 정부제출법안으로 제출되었다. 이 법안은 10월 28일, 민의원 법제사법위원회에 회부되었으며, 법제사법위원회에서는 민법안심의소위원회를 구성하여 정부안의 예비심사에 착수하였다. 그러나 김병로의 정부초안은 기초 이유서나 제안설명서 등이 갖추어지지 않아 법사위에서 심의하는 데 어려움이 있었으며, 결국 친족상속편에 관한 축조적 수정안을 마련하지 못했다. 대신에 국회 법사위는 친족편 34항목, 상속편 7항목의 요강만을 결정하여 이유서를 첨부하여 1956년 9월 5일 친족편상속편요강심의록을 발표였다. 이 심의록은 앞에서 설명한 장경근의 사안과 비슷한 면이 많이 있었다. 이후 친족상속편에 대한 사회의 여러 집단 사이에 각각의 입장을 둘러싸고 논란이 첨예화되었다.

## 2) 여성 차별적 법률 제정에 대한 여성단체의 문제제기

대한민국 정부 수립 후 여성단체들은 여성의 차별적 현실을 인식하고, 여성의 권익에 대한 법률적 보장에 지속적으로 관심을 보였다.[278] 여성단체들은 제2대 국회의원이었던 박순천, 임영신과 힘을 합하여 1953년에 근로기준법과 형법에 남녀평등 관련 조항을 포함하는 데 성공한 바가 있었다.

부산피난 정부시절인 1953년 5월 18일, 근로기준법(법률 286호)이 통과되었다. 이 근로기준법에는 모성보호 조항(월 1일 유급의 생리휴가와 60일의 산전산후 유급휴가)이 포함되어 있었으며,[279] 균등처우규정도 마련되었다. 균등처우 조항에서는 "사용자는 근로자에 대하여 남녀의 차별적 대우를 하지 못하며, 국적, 신앙 또는 사회 신분을 이유로 근로조건에 대한 차별적 대우를 하지 못한다."고 규정함으로써 노동 및 고용에 있어 남녀평등을 명시했다. 근로기준법은 겨우 1표 차로 통과되었다.[280]

형법의 경우는 간통쌍벌죄의 포함 여부가 논란이 되었다.[281] 기존의 형법에서는 단벌주의라 하여 "배우자의 간통 시 본부(本夫)의 고소가 있을 때 남편 있는 아내만을 처벌한다."라고 규정되어 있었다. 이는 "혼인은 남녀동권을 기본으로 한다."는 헌법 제20조의 정

---

278) 해방 직후에도 여성단체들은 남녀평등을 보장하는 법 제정을 미군정 당국에 요구한 바 있다. 전국여성단체총연맹과 민주여성동맹, 그리고 여자국민당 등은 경제·정치·문화부문, 선거권, 노동사회적 보험 및 교육부문, 자유결혼 및 이혼, 상속권 등에서 남녀평등권을 요구했고, 부부별산제와 간통죄에 대한 쌍벌죄를 요구했다. 이효재는 이런 요구들이 대한민국 헌법에 남녀평등조항으로 수렴되었다고 평가하였다.: 이효재, 1996, 『한국의 여성운동 – 어제와 오늘』, 정우사, 240 – 241쪽.
279) 『조선일보』, 1953년 4월 9일.
280) 한국부인회 총본부, 1986, 80쪽.
281) 정부 수립 후부터 6·25전쟁까지의 축첩반대운동에 대해서는 3장 2절을 참조함.

신에 반하는 여성 차별적 규정이었다. 이에 박순천 의원을 비롯해 여성계는 쌍벌주의를 주장했다. 즉 "남녀를 막론하고 배우자를 가진 자가 간통하였을 때에는 2년 이하의 징역에 처한다. 그와 상간(相姦)한 자도 같다. 단, 배우자의 고소가 있어야 논한다."는 규정을 포함할 것을 주장하였다.282) 즉, 남녀가 똑같이 배우자의 간통에 대해 벌을 받아야 한다는 것이다.

한편, 쌍벌죄에 대한 논의과정에서 오히려 법전편찬위원회와 일부 의원들은 여성 편에 서서 쌍벌죄 조항의 삭제를 주장하거나 남자만을 처벌해야 한다는 주장을 하기도 하였다. 변진갑 의원은 쌍벌죄 조항의 삭제를 주장했는데, 그 이유는 "(쌍벌주의가) 약한 여성을 돕고 정조를 지키는 미래의 미풍양속을 위해서는 그 취지가 좋으나, 현실에 비추어 남편을 같은 조건으로 처벌하게 되면 (여성들이) 이혼하게 되어 오히려 가정의 파탄을 가져오게 되므로 (쌍벌주의의 문제는) 사회도덕의 향상에 맡기고 법률로 규정할 필요가 없다."는 것이다. 요컨대 실천이 되지 않고 법규가 공문화(空文化)될 것이라고 주장하였다. 또한 김봉조 의원은 "아내 있는 남편이 간통했을 때에는 남편만을 2년 이하의 징역에 처한다."는 수정안을 제시하기도 하였다. 제안 이유는 간통하는 남자가 많은 데 비해 여자는 그리 많지 않기 때문이라는 것이다.283)

이렇게 여성에게 호의적인 의견도 있었으나, 대부분의 의원들은

---

282) 『조선일보』, 1953년 7월 5일.
283) 앞글.

쌍벌죄 규정에 찬성하지 않았다. 그리하여 박순천 의원과 여성계에
서는 남성들의 반발을 무마하기 위해 새로 제정될 형법이 시행되기
전에 처 이외의 여자와 계속해 온 부부관계에 대해서는 간통죄를 적
용하지 않는다는 단서조항을 붙였다.[284] 여성계는 남녀평등의 헌법
정신을 살리면서 축첩의 관행을 시정하는 데는 쌍벌주의안이 더 타
당하다고 보아 남성의원들 가운데 찬성하는 의원을 확보하는 데 힘
을 기울였다.

　1953년 7월 5일, 국회 표결 결과 다른 수정안들은 부결되고 쌍
벌주의 원안만이 3표 차로 통과되었고, 1953년 9월 18일, 쌍벌죄
조항이 포함된 신형법이 공포되었다. 이로써 해방 후부터 여성단체
의 주요 이슈였던 축첩반대운동이 법적 결실을 맺게 되었다.[285]
축첩을 간통죄로 고발하여 법적으로 형을 줄 수 있게 됨에 따라
사회적으로 일반화되어 있던 축첩의 인습을 제거하게 되었다는 사
회 개혁적 의미가 있었다.

　이와 같이 두 개의 법률안이 국회에서 논의되었던 1952－53년의
부산 피난지의 여성단체들(대한부인회, 대한YWCA, 여성문제연구
원 등)은 트럭에 현수막을 달고 가두시위를 벌이면서 이들 법 제정
문제의 중요성을 일반에 알렸다.

　1953년 근로기준법과 형법이 마무리되어 가는 중에 여성단체의
관심은 민법의 친족상속편으로 옮겨가고 있었다. 전쟁으로 중단되

---

284)『조선일보』, 1953년 5월 30일.
285) 해방 직후인 1948년 11월 19일 '강원도 도정에 관한 여론조사'에서도 당국에 요
　　망한 것 중 다섯 번째가 축첩폐지였다.:『강원일보』, 1948년 11월 19일.

228

었던 법전편찬 작업이 재개되면서 민법 제정이 전통과 관습에 기
초하여 이루어질 것이라는 입법방침이 여성계에 알려졌던 것이다.
이에 이태영을 중심으로 여성계는 방안을 모색하였다.286) 그 결과,
두 가지 방안이 마련되었다. 첫째는 민법 제정에 대해 여성단체의
이름으로 진정서와 건의문을 내서 민법의 여성차별 조항에 대한
반대운동을 펼치는 것이며, 둘째, 여성의 권리를 반영한 친족상속
법 개정안을 작성하는 것이었다. 여성계는 일반국민과 정책결정자
들을 대상으로 자신들의 입장을 주지시키는 여론 형성을 도모하면
서, 이에 그치지 않고 구체적인 법 개정안을 제시하여 법 제정에
실질적인 영향력을 행사하고자 하였다.

　이러한 방안을 결정한 지 한 달이 안 된 1953년 3월, 여성단체
들은 친족상속편의 차별 조항 철폐를 위한 최초의 건의문인 '민법
중 친족상속편 제정에 관한 건의서'를 내게 되었다. 내용은 호주권
관계, 혼인관계, 친권 문제, 양자 문제, 호주상속인 순위문제, 재산
상속 문제, 유류분(遺留分) 문제 등에 관한 것이었다. 이 최초의
건의문은 국회와 법전편찬위원회 위원장에게 발송되었다. 이때 참

---

286) 당시 이태영은 사법고시에 합격하여 서울지방법원 서울지방검찰청에서 사법관
　　시보로 1952년 3월부터 실습 중이었다. 어느 날 이태영은 실습 중인 법원에서
　　법전편찬위원회의 편찬위원인 신언한이 법원에 들러서 동료와 하는 얘기를 엿듣
　　게 되었다. 그가 하는 말인 즉, 친족상속법을 두고 토의하던 중 민법은 민주헌법
　　에 따라서 만들어야 한다는 얘기에 다른 위원들이 즉각 "치마 입고 여자노릇이
　　나 할 것이지 치마 입은 판관 하나 났나, 남자구실 못 하겠다."는 등의 핀잔을
　　주었다는 것이다. 이에 대해 이태영이 자세히 묻자 신언한은 "친족상속법이 헌
　　법에 명시된 남녀평등을 따르지 않고 남자 우대 여자 하대의 관습법을 그대로
　　적용하고 있다."고 말했다. 여성문제연구원 원장 황신덕과 정광현 서울대 교수를
　　찾아가 방안을 의논하였다 한다.: 이태영, 1992, 39-41쪽.

여한 여성단체는 여성문제연구원을 비롯해 대한YWCA, 대한부인회, 대한여자청년단, 대한여자국민당, 대한조산원협회, 여자선교단 등 7개 단체였다. 여성단체 대표들(황신덕, 장화순, 표경조, 이태영)은 김병로 대법원장을 직접 만나 건의문을 전달하려 했으나, "내가 살아 있는 동안 친족상속편 초안의 한자일획도 못 고친다."는 말만 듣고 면접이 거부되었다.287)

1954년 9월 30일 국무회의에서 민법 초안이 통과되어 10월 26일 정부제출법안으로 국회에 제출되자, 1954년 11월 초 황신덕, 김활란, 표경조 등 50여 명이 대한YWCA 회장이던 박마리아 집에 모여 대책을 논의하였다. 그 결과 첫째 진정서 보내기, 둘째 대중계몽 강연과 방송매체 활용 및 국회의원 장관에 대해 설득하기, 셋째 정부안에 대한 수정안을 의원발의로 국회 제출할 것 등의 방안을 결정하였다. 이때의 방안은 앞서 최초의 건의문을 낼 때보다 진일보한 것이었다. 설득과 홍보를 계속 시행하면서 여성계의 수정안을 의원 발의로 국회에 직접 제출할 것을 구상하였던 것이다.

이 계획에 따라 여성단체장들은 국회와 정부 관계요로에 '친족상속편에 대한 건의 및 진정서'를 제출하고 장관들을 방문하여 설득하였으나,288) 성공하지 못했다.289) 이런 좌절 속에서도 앞에서 설명한 간통雙벌죄의 법제화 운동의 성공이 친족상속편 제정 운동에

---

287) 앞글, 40 – 46쪽.
288) 이때 참가한 단체는 여성문제연구원, 대한YWCA연합회, 대한부인회, 대한여자국민당, 대한여학사협회, 대한여자정구연맹, 대한조산원회 등 7개 단체였다.: 앞글, 49쪽.
289) 한국가정법률상담소, 1990, 『가정상담』, 1월호, 8쪽.

큰 힘이 되었다. 이 시기 정부의 법률제정 작업과 발을 맞추어 여성계의 평등지향의 법률 제정운동이 여성운동 전략의 하나로 자리를 잡아 가고 있었던 것이다.

이는 6 · 25전쟁으로 인해 재정적 궁핍이나 정치적으로 어려운 상황임에도 불구하고, 여성단체들이 자발적으로 연대해서 운동을 전개한 덕분이었다. 당시 대표적인 관변여성단체인 대한부인회를 포함하여 대부분의 단체들이 전후 국가 재건을 위한 각종 국가동원사업에 참여하고 있었다. 즉, 단체들은 관과 연계하여 국산품 애용, 농촌계몽 등의 생활개선 사업을 전개하였다. 뿐만 아니라 휴전반대 데모와 같이 이승만 정권의 반공의식 강화와 자유민주주의 우월성에 대한 선전사업에도 대대적으로 동원되었으며, 이승만의 장기 집권을 위한 관제 '민의' 동원에도 적극 가담하였다.[290] 이와 동시에 여성단체들은 근로기준법 제정과 형법 제정에 힘을 합하였으며, 여성문제연구원과 가정법률상담소가 주도하는 소위 제1차 가족법개정운동에도 적극적으로 참여하였다. 이는 당시 여성계가 친이승만 인물에 의해 주도되었으며, 이들은 국가사업에 동원되어 참여하는 것과 여성들의 인권 보장을 위한 평등한 법률 제정 운동에 참여하는 것, 양자 모두를 여성운동으로 보았기 때문이다.

---

290) 이은희 · 김현옥, 2003, 「대한늬우스에 나타난 이승만 정권기의 국가동원 양식에 관한 연구」, 『한국문화연구』 제4호, 이화여대 부설 한국문화연구원, 210 - 212쪽.

## 2. 민법안에 대한 사회적 반응

### 1) 정부 민법안에 대한 국회의 수정안 제출

대한민국 정부 수립 직후부터 정부는 법전편찬위원회를 조직하여 각종 법전의 편찬 작업에 들어갔지만, 민법의 경우 입법이 본격적으로 추진된 것은 1956년에 와서였다. 즉, 국회 법제사법위원회 민법심의소위원회가 정부가 제출한 민법 초안에 대해 1956년 9월 5일 친족상속편에 대해 축조(逐條)의 기준이 될 친족상속편요강심의록 소위 '법사위요강'을 완성하여 발표하였고, 여론 수렴을 위해 공청회도 개최할 계획이었다.

그러나 공청회는 계속 연기되어 1957년 4월 6-7일에야 열리게 되었다. 공청회 결과를 수렴하여 민법안심의소위원회에서 정부안의 전체 심의를 완료한 것은 1957년 9월 2일이었다. 이후 이 소위 수정안은 1957년 9월 11일 법제사법위원회 본회의에 상정되어 무수정으로 통과되었고, 이것이 다음 날인 9월 12일에 법제사법위원회 수정안으로 국회 본회의에 회부되었다. 따라서 1956년 9월 5일, 법사위요강이 발표된 이후부터 1957년 9월 11일 법사위 수정안이 국회 본회의에 상정되기까지 약 1년간은 민법안에 대해 사회 각계의 의견을 수렴하는 기간이었다.

1956년, 국회가 작성한 '법사위요강'에는 각각의 사항마다 현행법과 관습법을 포함하여 판례, 학설, 입법례, 그리고 요강으로 채택하는 이유를 제시하고, 국내 입법 의견으로 여성단체연합의 의견도 명시하였다.[291] 법사위요강에는 혁신적인 내용이 포함되었다. 즉, 친족 범위의 축소, 남녀구별 없는 자유분가제, 동성동본불혼제 철폐, 처의 행위능력 인정, 이성양자제와 서양자제의 도입, 항렬 무관(無關)의 양자 인정, 호주상속과 재산상속의 분리, 여자에 대한 상속의 인정과 같은 것들이었다.[292] 친족편에서는 종래 금지되어 있던 양자제도를 법적으로 인정하도록 규정하여 남녀를 막론하고 성을 변경하지 않고서도 양자가 될 수 있게 하고 서양자제도도 도입하였다. 또한 상속편에 있어서는 여성계의 요청에 의하여 여자에게도 상속권을 부여하기로 하였고, 특히 출가한 여자에게도 남자가 상속받을 수 있는 상속액의 반을 받을 수 있게 한 것 등은 상당히 혁신적인 내용이었다. 더욱이 종래 허용되지 않았던 동성동본 결혼을 허용하되 고래(古來)의 풍습에 비추어 근친결혼만을 금지하도록 하고, 부모나 보호자의 동의를 필요로 하였던 성년자의 결혼은 당사자의 동의로써만 할 수 있게 규정하였던 것이다.[293]

민법안 심의소위원회 위원장인 장경근은 친족상속편의 입법 방침에 대해 다음과 같이 설명하였다.[294]

친족상속법은 그 민족의 전통적 윤리관에서 오는 고유의 풍속, 문화, 관습 등과 그 사회의 현실적 경제생활로부터 너무 유리되면 법의 시행력이 무력

---

291) 정광현, 1967, 87쪽.
292) 이태영, 1992, 52쪽.
293) 『조선일보』, 1956년, 9월 8일.
294) 정광현, 1967, 「부록편 친족상속법 입법 자료」, 258－259쪽.

화하여지는 것입니다. 그러나 법은 동시에 당위를 의미하는 것이므로 현실에
만 기초를 둘 것이 아니라 어느 정도 일보 사회에 앞서야 할 것입니다.
…… 봉쇄적 가내경제시대 봉건시대로부터 지금 자본주의 분업시대로의 이
행에 따라서 친족 공동생활체가 생산 주체인 대단체로부터 소비의 주체인
소단체 또 민주주의 발전과 동시에 개인의 예속으로부터 개인의 각성이 발
전한 현실에 뒤떨어진 사실을 부정할 수 없습니다. …… 보수적인 견해를
가진 측과 혁신적인 견해를 가진 측에서 모두 절충적인 이 심의 결과에 대
해서 불만을 표시하고 반대가 있을 줄 믿습니다.

이와 같이 소위원회 심의 결과는 '전통과 풍습을 존중'하면서도
일보(一步) 사회를 앞서야 한다는 점진적 개혁론의 입장에서 기초
된 것이었다. 그는 법의 실효성을 중요시하여 법의 민주적 성문화
(民主的 成文化)를 꾀하면서도 전래의 미풍양속은 가능한 살려 점
차적으로 개혁할 수 있다는 견해를 가졌다. 친족상속법은 "민주주의
이념을 주도하는 입장이 아니라 따라가고 적응하는 한도 내에서 관
습과 진보 그 중간에 서지 않을 수 없다."는 입장이었다.295)

법사위의 법안 심의가 법안 기초(起草)와 달리 "초안에서 특별히
수정해야 할 적극적인 이유가 있는 것에 한해서 수정을 하고, 가능
한 한 초안을 따르는 태도를 취해야 한다."296)는 법사위 입장도 반
영되어 요강 중에는 남녀평등에 위배되는 내용도 포함되었고, 따라
서 뒤에서 자세히 살펴보겠지만 여성계가 불만을 갖는 것은 당연
한 일이었다.

민법안 심의소위원회의 이러한 입장은 1957년 4월 7일에 있었던

---

295) 앞글.
296) 국회, 『국회속기록』 제29호, 1957년 11월 5일.

민법안 공청회에서 장경근 위원장이 전래의 가족제도의 유지를 역설한 데서 잘 나타났다. 그는 "남녀평등을 완전히 하자면 …… 가족제도는 파괴되고 말 것"이라고 우려를 나타내면서 "다소간 점진적 개혁"으로 나가는 것이 이상적이라는 논리를 폈다. 또한 동성동본 혼인 허용의 문제에 대해서는 "신라나 고려시대에는 동성 간의 결혼이 많이 있었다."며 우리의 과거 역사에서 그 자취를 찾을 수 있다며 정당함을 주장하였다. 그러면서도 법률에서 "(동성동본불혼을) 금지하지 않는다 해도 나쁘다고 하면 하지 않는 것이 좋기 때문에 개인적으로 동성 간 혼인은 하지 않는 것이 좋다."는 견해를 밝히기도 했다. 이외에 재산상속에 있어서는 출가한 딸에 대해 상속을 인정하기는 하였으나, 남편이 생계를 부담하므로 상속분의 차별을 두는 것은 당연하다고 보았다.[297] 이와 같이 일부 혁신적인 내용이 포함되었지만 전통적인 가족제도의 유지를 위해 완전한 남녀평등을 유보해야 한다고 주장한 점을 볼 때 법사위요강은 점진적 개혁론의 입장에서 기초된 것이었다.

국회 법제사법위원회 민법안심의소위원회는 공청회가 끝난 뒤에, 민법안 친족편에 대한 예비심사에 착수하여 대체로 원안을 그대로 통과시켰다. 다만, 동성동본 친족 간의 혼인 금지 여부에 대해서 논란이 있었다는 점은 주목할 필요가 있다. 조재천(민주당) 의원이 "이미 혼인했거나 동서(同棲) 중인 자에 대해서는 친족이 아닌 경우에 그 결혼을 법적으로 인정하자."는 절충안을 제시하기도 했으

---

297) 앞글, 74-75쪽.

나,[298] 최종적으로는 친족의 범위를 8촌으로 한정하고, 8촌 간의 결혼은 금지하고 8촌 이상의 원친(遠親) 간은 결혼해도 무방하다는 내용으로 법조문이 수정되었다.[299] 즉, 동성동본불혼제는 거부되었던 것이다. 이후 동성동본 혼인 허용의 문제는 친족상속편의 제정 과정에서 최대의 쟁점이 되었다.

법사위 소위원회의 심의 대상이었던 정부제출법안은 앞에서 설명한 바와 같이 1954년 9월 30일 국무회의를 통과하고, 이승만 대통령이 승인한 것이었다. 이 정부안은 일부 평등조항이 포함되어 있었으나, 전체적으로는 '관습존중론'에 입각한 보수적인 안이었다. 이 정부안은 1957년 5월 제24회 임시국회 회기 만료로 폐기되었다. 그러나 1957년 6월에 정부안으로 다시 국회에 제출되었고,[300] 1957년 11월 5일 제26차 국회 본회의에서 앞에서 설명한 법사위 수정안과 함께 상정되었다.

정부의 민법 초안이 보수적 특성을 지니게 된 것은 이승만 대통령의 보수적 성향, 나아가 그의 반여권적(反女權的) 성향의 결과로도 볼 수 있다. 이는 삼선개헌 헌법에 의해 실시되었던 1956년 대통령선거에서 내건 그의 공약과도 대치되는 것으로 말과 행동이 다른 이중성을 보인 것이었다. 1956년 제3대 대통령 선거에서 자유당 후보자 이승만은 선거공약으로 '반공통일, 민주창달, 자립경제'의 세 가지를 내세웠다. 이 중 '민주창달'에서 그는 "계급타파,

---

298) 『조선일보』, 1957년 4월 18일.
299) 『조선일보』, 1957년 9월 12일.
300) 이태영, 1992, 791쪽.

남녀평등의 실현을 기하여 공무원의 처우를 개선하고, 노동·원호 등 사회보장제도를 확립한다."는 공약을 내놓았다. 이때 같이 출마하였던 민주당의 신익희나 진보당의 조봉암 후보의 공약에는 남녀평등에 관한 언급이 전혀 없었다.[301]

1956년 대통령선거 이전에도 이승만 대통령은 자주 남녀평등을 주장했다. 건국 초 그의 정치이데올로기로 제시된 일민주의나 자유당의 정강, 그리고 제1공화국 기간 실시되었던 여러 차례의 선거 공약에서도 남녀평등을 내세우곤 했다. 일민주의에서는 남녀평등이 4대 정강의 하나로 제시되었다.[302] 이승만은 일민주의에서 지역, 남녀, 빈부를 막론하고 모두가 한 민족임을 강조하여, 유명한 "항여 분열을 가지고 일체에 더하려(하지) 말라, 알라! 헤(어)지면 죽고 뭉치면 산다. 나뉘는 데서 죽고 일(一)에 산다."[303]고 주장했다. 또한 "신생 대한민국이 민주주의 헌법을 채택하였으므로 인구의 반수인 여성과 함께 세계무대에 경쟁, 전진하여야 한다."고 주장하고,

---

301) 1960년 제4대 대통령 선거공약이나 부통령 선거공약에서도 남녀평등에 관해 공약으로 제시된 것이 없었다. 이후 5·16군사혁명 후 제6대 대통령 선거(1967년)에도 언급이 없었고, 1971년 제7대 대통령 선거에서야 신민당의 김대중 대통령 후보가 "여성의 능력개발과 지위 향상을 위해 대통령 직속하에 여성지위향상위원회의 설치"를 사회정책의 하나로 제시하였다.: 중앙선거관리위원회, 1988, 『정당의 선거공약』 참조.

302) 1. 경제상으로는 빈곤한 인민의 생활 정도를 높여 부요(富饒)하게 하야 누구나 동일한 복리를 누리게 할 것, 2. 정치상으로는 다대수 민중의 지위를 높여 누구나 상등 계급의 대우를 받게 되도록 할 것, 3. 지역의 도별을 타파해서 동서남북을 물론하고 대한국민은 다 한민족임을 표명할 것, 4. 남녀평등의 주의를 실천해서 우리의 화복 안위의 책임을 삼천만이 동일하게 분담케 할 것 등이었다.: 이승만, 1949, 『일민주의 개술』, 일민주의 보급회, 참조.

303) 앞글, 9-10쪽.

"자고로 남자들이 여자들을 심하게 구박하고 차별하였으나, 그간 여성들이 열렬하게 독립운동에도 참여하여 누구보다도 (여성은) 자격이 있다. 따라서 남녀동등이 일민주의의 가장 중요한 요점이며 정강"이라고 주장했다.304)

이를 보면 당 시대의 다른 지도자에 비해 이승만 대통령이 혁신적이고 친여권론적인 인물이라는 생각이 든다. 그러나 그를 여권론자로 볼 수 없는 점들이 있다. 이승만의 오랜 친구였던 올리버도 "그는 평등주의자는 아니었다. 공자와 같이 그는 평등을 덜 믿는 대신 상호의존의 관계를 믿었다."305)고 말한 바 있다. 다시 말해 이승만 대통령의 남녀평등에 대한 언급은 그의 여러 가지 정치행태를 볼 때 단지 수사(修辭)에 불과할 뿐이었다는 평가를 내리지 않을 수 없다. 그는 '유시정치(諭示政治)'라는 가부장적 통치방식을 통해 여성들을 대상으로 여러 가지 지시를 내리고 여성단체 활동에도 직접적으로 개입하곤 했다.306) 또한 정치적 이해관계에 따라 여권(女權)의 문제에 소극적인 입장을 보이거나 반여성적 입장으로 돌아서기도 하였다. 그는 축첩반대운동에 대해서도 전적으로 찬성하고 축첩방지법의 통과를 지시하기도 했으나, 지시만 있었을 뿐

---

304) 앞글, 20 - 21쪽.
305) 이한구, 1995, 『거대한 생애 이승만 90년』, 조선일보사출판국, 119쪽.
306) 예를 들어 6·25전쟁 중에 군인들에 대한 여성의 봉사활동을 촉구하면서 내린 담화문 '애국재정가의 궐기를 요망, 특히 부인들이 협력하라(1952. 1. 7).'를 예로 들 수 있다.: 공보실, 1953, 『대통령이승만박사 담화집』 참조. 이 밖에도 1954년에 대한부인회의 회장 선출에도 개입하여 번복시킨 바도 있었다.: 『조선일보』, 1954년 4월 12일.

국무회의에서 논의된 바도 없었다. 민법안의 동성동본불혼제 폐지 여부를 둘러싸고 논란이 분분하였을 때, 유도회(儒道會)의 항의 방문을 받고서 1957년 11월 18일, 동성불혼제의 유지를 지시하는 이례적인 담화문을 발표하면서 "…… 우리 국민은 결백한 민족으로서 삼강오륜의 도리를 지켜 동성혼을 금해 왔다. 동성 간에 혼인하면 인간은 퇴화하고 생물학적으로 나쁘고, 도덕적으로 좋지 못하므로 관습법대로 동성불혼제를 지켜 감이 좋다."고 밝혀 여성계의 의지를 꺾고, 국회 내 혁신적 입법의 동조자들을 무력하게 만들었다.307) 결국 이승만은 당 시대의 어느 정치인보다 남녀평등에 대해 많은 언급을 하였으나, 완고한 전통주의자였고 반여권론자였다.

## 2) 여성계의 혁신론적 입장

국회나 정부와 달리 여성계는 혁신론의 입장에서 친족상속편 제정운동을 펼쳤다. 국가의 기본법인 헌법을 법질서의 구심점으로 삼아 이에 위반되지 않도록 법을 제정해야 한다는 입장이었다. 다시 말해 민법이 민주주의 원칙에 맞추어 제정되어야 한다는 것이다.

여성계에서 민법제정운동을 주도적으로 이끌었던 단체는 여성문제연구원(회장 황신덕)과 그 부설기관이었던 가정법률상담소였다. 중심인물은 가정법률상담소의 소장이고 최초의 여자변호사였던 이태영이었다. 여성문제연구원은 이태영의 건의를 받아들여 1956년 8

---

307) 한복룡, 1989, 『한국혼인법론』, 가락서관, 15 – 16쪽.

월 26일 산하기구로 가정법률상담소를 발족시켰다. 여성법률상담소
는 "법 앞에서 너무나 차별받고 무지와 가난함의 소치로 가능한
법의 보호조차 받을 수 없는 형편"308)의 여성들을 위해 개설한 것
이었다. 이태영은 판사로 임용되지 못하면서 이미 1952년부터 바로
변호사 생활을 시작했고, 사무실을 열면서 밀려드는 여성들을 상대
로 무료 법률상담을 했다. 이를 통해 그는 일반여성들이 얼마나 법
에 무지하고, 법이 여성에게 얼마나 차별적인가를 잘 인식하게 되
었다. 따라서 이들을 위한 법률상담기관의 설립이 절실했던 것이
다.309)

그로부터 2년 후인 1958년까지의 가정법률상담소의 상담내용이 『
백문백답 여성법률상담실기』로 묶여 세상에 공개되었다. 대부분이 법
의 미비로 침해받는 여성인권에 대한 상담이 주요 내용이었다. 이 책
에서는 여성의 가정 내 삶을 규제하는 남녀평등의 가족법(민법 중 친
족상속편) 제정이 왜 시급하게 필요한지 그 근거가 제시되었다. 이
책에는 약 500여 건의 상담사례가 다루어졌는데, 내담자 중에는 국민
학교 출신자가 가장 많았으며(33.0%), 연령별로는 20대와 30대가 대
부분을 차지했다(83.4%). 사건내용에 있어서는 간통이 가장 많았고
(39.8%), 혼인신고도 40% 이상의 내담자가 하지 않은 상태였다(42.4%).
310) 역시 혼인과 가족의 문제가 여성들의 삶을 속박하는 가장 중요
한 문제였다. 이런 상담 결과는 여성계가 별도의 혁신적인 민법안을

---

308) 이태영 편, 1958, 『백문백답 여성법률상담실기』, 여성문제연구원, 3쪽.
309) 이태영, 1987, 『한국가정법률상담소 삼십년사』, 한국가정법률상담소, 24-25쪽.
310) 앞글, 177-178쪽.

내는 데 기초 자료가 되었다.

여성문제연구원을 중심으로 한 여성단체연합은 1957년 4월 6일과 7일, 2일에 걸쳐 국회 법사위가 개최한 민법안 공청회에 적극적으로 참여하였다. 친족상속편에 대해서는 둘째 날(7일)에 논의되었는데, 이날 여성계에서는 여성문제연구원을 비롯하여 여러 단체의 대표들이 연사로 나섰으며, 부녀국에서 국장이 나서서 여성계의 입장을 대변하였고, 학계에서도 여성계의 입장을 지지하였다.[311]

여성문제연구원의 장화순은 사후양자 폐지와 양녀 인정 필요론을 주장했다. "우리나라의 종래의 양자제도는 호주상속을 위한 양자제도였다."고 전제하고, "딸만 있는 경우, 먼 친척 간의 조카 아들이 동성동본이라는 이유로 그 가정의 호주상속을 하고 재산상속을 해서 친족 간의 분쟁과 경쟁이 일어나는 비극을 빚는 일이 허다하다."고 주장했다. 따라서 남녀불평등의 원인이 되는 사후양자 제도를 폐지하고 딸도 호주상속을 할 수 있게 문을 개방해야 하며 서양자제도를 인정해야 한다."고 주장했다. 즉, 이성양자, 복수양자, 양녀인정이 필요하다고 못을 박았다.

가정법률상담소 소장 이태영은 형식혼주의의 부당성, 동성동본불혼원칙의 부정, 친족상속법상의 여성 지위 향상을 주장했다. 형식혼주의는 일반민중에게 아직 생활화되지 않았다는 점을 주장하면서, 형식혼주의를 원칙으로 하되 혼인신고를 하지 않은 부부일지라도

---

311) 이태영, 1992, 77－83쪽. 정광현, 1967, 부록편 친족상속법입법자료 중 「제4부 친족상속법에 관한 공청회기록」, 162－248쪽 참조.

동거생활을 오래 했다거나 자녀가 있다거나 사회적으로 부부로 인정할 만한 조건을 구비하는 일정한 자의 남편 아내 또는 그 자녀의 경우, 부부나 자녀들의 신청에 의해서 법원의 판결로써 법률상의 혼인관계를 인정하고 선언하는 제도를 신설하라고 주장하였다. 또한 동성동본불혼 조항은 허구에 찬 미풍양속론에 불과하며, 만민이 평등한 친족상속법을 제정해야 한다고 주장했다.

사회부 부녀국장 김순화는 정부초안과는 달리 호주제도의 폐지, 여성의 호주상속 순위 향상, 친족 범위의 남녀차별 철폐를 주장하여 여성계의 입장을 대변했다. 그는 호주제도가 폐지되어야 하는 이유로 "남자활동에 기인한 호주제도이므로 민인평등의 대한민국 헌법 정신에 위반"되고 "호주권의 내용이 친권에 이양해도 될 정도로 비현실적이고 실제성이 없다."는 점을 들었다. 특히 그는 6·25 전쟁 후 가정의 경제권이 여자에게 많이 넘어간 상황에서 여자에게도 호주권을 주는 것이 당연하다는 주장을 하였다. 또한 친족 범위에서 모계혈족과 부계혈족을 차별하는 것은 부당하다는 의견도 개진했다. 현재의 친족 범위가 8촌 이내의 부계혈족과 8촌 이내의 모계혈족, 그리고 처의 부모와 배우자로 하고 있는데, 8촌까지 넓히지 않더라도 6촌까지라도 적어도 4촌 이내의 처의 형제, 처의부모들을 친족의 범위에 넣을 것을 주장했다.

대한가정학회 회장이며 숙명여대 교수인 표경조는 호주상속의 남녀평등, 서양자의 인정, 재산상속상의 남녀평등을 주장했다. 이밖에도 대한YWCA연합회의 최희섭은 부부별산주의, 재산분여제도에 대한 의견을 개진하였고, 대한여학사회의 홍용숙도 적모서자 간의 법정혈족관계의 폐지를 주장했다.

그리고 서울대의 정광현 교수는 "현재 친족상속법을 제정하는 목적은 평시에 법률을 개정하거나 수정하는 입장이 아니라 오로지 민주주의 독립국가로서 국민생활의 민주화를 도모하기 위하여 대한민국 헌법이 친족 상속법을 근본적으로 개편할 것을 명하고 있기 때문에 개정보다도 새로 제정되지 않으면 안 된다."고 역설하였다. 따라서 친족상속법 제정이 관습존중론으로 나가는 것은 헌법정신에 위배된다고 주장했다. 나아가 "헌법을 유지하는 입법을 하는 데서 일어나는 혼란은 일시적인 과도현상으로서 위정자는 그러한 것을 수습할 각오를 가져야 될 것이다."312)라고 주장하였다.

이날 공청회 주제 가운데 가장 큰 논쟁거리는 동성동본금혼 규정과 호주상속권이었다. 특히 동성동본금혼 규정은 여성계와 유도회가 극단적인 의견대립을 보인 사항이었다. 근친혼 이외의 동성동본자 간의 혼인에 대해서는 변호사(최백순), 판사(박주운 여주지법판사), 교수(제길우부산대교수) 등 일부 인사도 찬성을 표하였다.

---

312) 『조선일보』, 1957년 4월 6일.

## 3) 보수적 입장의 여론

1956년 9월 6일, 국회법사위원회는 대체적인 심의원칙 작성을 완료한 뒤, 언론에 이 사실을 공개하였다. 이후, 신문지상에 이를 우려하는 기사가 게재되었고, 일부에서는 노골적인 반대의사를 표명하였다. 이 법안에 대한 반대나 비판의 초점은 동성동본혼인을 허용한 점과 혼인연령을 낮춘 점, 성인의 혼인에 대한 부모 동의 불필요 규정 등 세 가지 문제에 집중되었다. 반대하는 이유는 "고유의 미풍양속을 해친다."는 것이었다. 반대로 처의 무능력규정을 철폐하고, 재산상속에 있어 남자와 여자를 평등하게 대우하는 것, '서자(庶子)'라는 구습을 없애 버리는 것 등313)에 대해서는 대체로 당연하고 바람직한 것으로 받아들였다.

이해 9월 14일자 신문은 사설에서 법사위 수정안이 "가족제도를 무시한 조항이 허다하여 가족제도를 문란하게 할 위험성이 다분하다."는 주장을 폈다. 그 예로 20세 이상의 남녀혼인에 부모의 동의권을 삭제하고 있는 점을 들었다. 부모의 동의라는 감독권이 행사됨으로써 일시적이고 경박한 남녀교제와 불순한 혼인관이 제거될 수 있다고 주장하였다. 그리고 이러한 윤리관이 "우리의 가족제도를 순미(醇美)롭게 한다."는 것이다. 이외에 "이성이본(異姓異本)의 양자제도와 출가한 여자에게 상속권을 인정한 것 등은 가족제도에 큰 혼란"을 야기하는 조항이라는 것이다. 즉, 전통적 인습의 측면

---

313) 『조선일보』, 1957년 9월 14일.

244

에서 볼 때, 양자제도는 '가(家)'의 성본(姓本)을 계속 유지하는 데 그 본의가 있는 것이고 그럼으로써 가족제도의 순결을 유지할 수 있다고 주장했다. 만일 이성이본의 양자가 인정된다면 가족의 동일성이 오랫동안 계속될 수 없다는 것이다. 그리고 출가인(出嫁人)에게 상속권을 인정하는 것도 남녀평등의 취지를 왜곡하는 것이라고 비판하였다.314) 이와 같이 성인의 결혼에 대한 부모동의권 삭제나 이성이본양자제도의 허용 등은 전통적인 가족제도를 무시한 것이라는 점을 이유로 반대했다.

그리고 일반 사회단체로서 유도회가 첫 번째 반응을 보였다. 유도회는 친족편에서 불취동성(不娶同姓)의 관습을 폐지하고 "친족 8촌 이상이면 혼인할 수 있다."는 조항과 "성년이 된 자는 혼인에 있어서 부모의 동의를 요하지 않는다."는 주장에 대해 반대했다. 우생학상으로 보나 씨족사회제도로 볼 때 도저히 수긍할 수 없다는 것이다. "의식은 유구한 것일수록 문화민족의 가치를 높일 수 있으며, 의(義)와 애(愛)를 본지(本旨)로 한 씨족사회제도를 파기한다면 사회기강은 혼란과 윤락에 직면할 것이고, 동양인의 도덕관념으로 볼 때 자기의 자녀가 성년이 되었다 하더라도 앞으로 자녀를 더 좋은 길로 인도할 입장에 있는 부모의 동의 없이 혼인한다는 것은 사회도의상 있을 수 없다."고 주장했다.315)

8촌까지를 친족으로 하고, 친족이 아니면 동성(同姓) 간에도 결혼을 허용한다는 조항에 대해 9촌이나 10촌도 친족의 범위에 들

---

314) 앞글.
315)『조선일보』, 1956년 11월 10일.

어갈 정도로 가깝다는 점을 들어 동성동본 허용은 가족제도와 사회질서의 혼란을 초래할 것이라고 비판하였다. 또한 결혼연령을 남자 18세와 여자 16세로 정한 것은 조혼의 악폐를 연상시킨다고 지적하였다.316)

유도회는 1957년 4월 7일 열린 민법안 공청회에서도 동성동본 혼인의 부당성에 대해 강력하게 주장하였다. 유도회 대표(최찬익)는 "도저히 있을 수 없는 일"이라고 반대하였으며, "고래(古來)로부터의 순풍미속을 해칠 필요가 없다."고 주장하였다.317)

한편 서울시내 각 대학의 민법학 담당 교수들은 '민사법연구회'라는 학회를 조직하여 학회의 이름으로 민법 초안과 법사위 수정안에 대한 '학자의 입장'에서 의견을 제시하였다. 그러나 친족상속편에 대해서는 합일된 의견을 내놓지 못했다. 다만, 호주제에 대해서 다소 보수적인 입장의 견해를 밝혔다. 이들은 호주제도가 가족제도의 근본문제로서 핵심을 이룬다고 보아 호주제도의 존폐 여부를 논의하였다. 논의는 두 가지로 나뉘었다. 비교적 보수적인 사상을 가진 교수들은 "현 사회에서 아무런 실권이 없다 하더라도 전통을 살리고 사회질서를 유지하기 위해서 호주제도는 유지해야 한다."고 주장하였다. 이와 달리 진보적 성향의 교수들은 "아무런 실권이 없는 호주제도를 깨끗이 폐지함으로써 사회민주화의 계기를 마련해야 한다."고 주장하였다. 토론 결과, 양측의 주장을 절충하여 "호주권은 일가를 통솔하는 사람이라는 정도의 협의(狹義)의 해석

---

316) 『조선일보』, 1957년 9월 14일.
317) 『조선일보』, 1957년 4월 6일.

아래 그 제도만은 인정하되 호주의 상속제는 폐지하자.”는 선에서 타협하였다.318)

교수들에 이어 1957년 3월 7일 대한변호사협회에서도 10개 항에 달하는 의견서를 발표하였다.319) 대체로 보수적인 입장의 의견이었다. 핵심은 역시 ‘동성동본 혼인의 금지’를 주장하는 것으로서 다음과 같은 이유를 들었다.

> 우리는 항상 관습의 지배를 받으므로 현재로 보아서는 악습일지라도 쉽게 고칠 수는 없으며 우리나라의 윤리와 도덕적 전통을 미풍으로 전 국민이 이에 의거하고 있는 실정인데 이 제도를 폐지함은 부당하며, 또 그럴 필요도 없다. 더구나 근래 양풍(洋風)으로 말미암아 우리 고유의 도덕관념이 깨뜨려져 가는 현상이 있는데, 이 제도를 폐지함은 국민사상 지도상 막대한 악영향이 있는 것이다.

서양의 풍습이 들어와 ‘우리의 도덕관념’이 사라져 가고 있는 상황에서 우리의 관습이고 전통인 동성동본불혼은 지켜져야 한다는 것이다. 이들은 또한 혼인에는 부모의 동의가 필요하다고 주장했다. 부모 중 어느 일방이 동의권을 행사할 수 없을 때에는 다른 일방의 동의만으로 할 수 있다는 것이다. 다만, 이혼에는 부모의 동의를 요하지 않는다고 주장하였다. 따라서 성인의 혼인 시 부모의 동의가 필요 없다는 법사위 수정안에 대해서는 반대의 입장을 밝혔다. 또한 양자제도에 있어서 양자는 가의 계속을 위한 양자만을 인정하고 양친과 양자의 자격, 유언, 양자 사망 후 양자 등은 현재

318) 『조선일보』, 1957년 2월 10일.
319) 『조선일보』, 1957년 3월 7일.

관습법을 따를 것을 주장하였다.

이와 같이 법사위 수정안에 대해 신문이나 유도회, 일부 법학자, 변호사들도 보수적 견해에 가담했다. 이들이 비판한 조항은 동성동본 혼인허용, 이성양자 허용, 성인의 결혼에 대한 부모의 동의 불필요 등이었으며, 그 이유는 '전통적인 가족제도를 붕괴시키기 때문'이라는 것이었다.


## 3. 신민법(친족상속편) 제정의 의의와 한계

### 1) 국회 심의

법사위 수정안이 발표된 후 사회적 논란이 계속되는 가운데, 국회는 1957년 11월 5일 제29차 본회의를 열어 전문 1,118조 부칙 32조로 된 민법안을 상정하여 심의(제1독회)를 개시하였다. 모든 국민의 사생활을 규율할 기본법이 될 이 민법안은 정부초안과 이를 기초로 국회법제사법위원회 소위원회에서 수정한 법사위 수정본의 두 가지 안이 동시에 상정되었다.

이날 본회의에서는 이재학 부의장의 '민법안 상정' 개회사에 이어 박세경 법사위원장의 경과보고, 민법안 심의소위원장 장경근 위원장의 심사보고가 있었다. 정부초안을 제출한 정부 측을 대표해서는 당시 법무차관 배영호가 제안 설명을 했다. 그는 신민법의 입법

방침이 "종래 관습법을 정비함과 동시에 신시대의 이념을 구현하는데 있다."고 전제하고, "신민법의 주된 골자인 가족제도에 있어 우리의 봉건적 유교주의가 현실과 너무나 동떨어진 반민주적 유물임을 지적하고 헌법 이념에 입각한 개인의 존엄성과 남녀평등을 원칙으로 가족제도 자체가 파괴되지 않는 한도 내에서 민주적 개혁을 시도했다."고 밝혔다.[320] 구체적으로 호주의 가족에 대한 지배력을 약화시켰고, 가정적(假定的), 일시적으로 여호주제도를 인정하였고, 성년자의 결혼의 자유를 인정하고, 동성불취의 원칙을 유지하고, 부부별산제도를 철저히 하고, 이성불양(異姓不養)의 원칙을 폐기하여 이성양자 및 서양자제도, 사후양자, 유언양자를 인정하고, 친족회제도의 합리화를 기도하고, 제사상속은 법률제도로부터 제외하여 관습에 일임하고, 호주상속은 다만 호주상속권만의 상속에 국한하고 재산상속과 분리하고, 상속분을 규정하고, 유언제도를 확립하였다.[321]

한편, 일부 의원들(소선규, 변진갑, 현석호, 김선태 등)이 민법안의 중요성에 비추어 심사 경위 등을 자세히 알기 위해 위원장이며 사법계의 최고 권위자인 김병로 대법원장의 의견을 듣기를 주장하여 이의 없이 채택되었다.[322]

11월 6일, 법전편찬위원회 위원장의 자격으로 출석한 김병로 대법원장은 연설에서 그가 작성하고 정부안으로 내놓은 법률안은 '완

---

320) 이태영, 1992, 87쪽.
321) 정광현, 1967, 「부록편 친족상속법 입법자료 중 제5부 친족상속편의 국회심의」, 270쪽.
322) 『조선일보』, 1957년 11월 6일.

전한 법전'이라고 주장하였다. 그는 "친족편에서는 (우리나라가) 남을 모방할 수 없는 요인이 너무나 많았기 때문에 우리 고유의 순풍미속을 반영시키려 애썼다."고 말하였다. 그리고 "흔한 구미풍조(歐美風潮)는 오히려 우리의 문화에 비해서 야만적인 요인을 가진 점이 많음을 경계하여야 할 것"이라고 강조하고, 특히 우리나라의 투철한 근친혼 배제 사상을 높이 평가 찬양하였다. 더 나아가 "남녀평등의 사조는 정치사회 면에 그쳐야 할 것이며, 우리 가정이 지켜 내려온 윤리관은 어느 외국에도 뒤지지 않는 좋은 미풍이며, 특히 근친혼을 배제하는 사상은 인류를 금수(禽獸)와 구별하는 척도인데 그 면에서 우리나라가 최고위이며 이를 살려 나가야 한다."고 강조했다.323) 결국 그는 정치·사회와 윤리를 구분하여 정치 사회의 측면에서는 남녀평등의 원칙을 지켜야 하지만, 윤리의 측면에서는 전통을 살려 나가야 한다는 이중적 잣대를 고수했다.

이어 11월 7일에 열린 국회 제31차 본회의에서 전차(前次) 회의에 계속하여 질의와 응답이 이어졌다. 국회는 민법안 심의를 서둘러 진행하고자 하였으나, 자주 성원(成員)이 되지 않아 심의가 빨리 진전되지 못했다. 그 이유는 민법이 의원 개인의 정치적 이해와 큰 관련이 없었기 때문에 의원들의 관심을 끌지 못했고, 의원들은 당시 개정 중이던 선거법안에 더 관심을 가졌기 때문이다.324) 국회 본회의는 지지부진한 민법안 심의를 촉진하기 위해 민법안 심의 촉진책을 결의하였다. 즉, 수정안이 나와 있는 조문만을 우선적으

---

323) 『조선일보』, 1957년 11월 7일.
324) 『조선일보』, 1957년 11월 24일, 11월 10일.

로 심의하고, 그 밖의 원안만이 있는 조문은 수정안의 축조심의가 끝난 다음에 일괄 표결하여 통과시키기로 결의하였다.325)

민법안에 대한 제안 설명과 질의토론으로 진행된 제1독회에 이어 축조심의를 하는 제2독회가 11월 29일부터 17일까지 진행되었다. 제3독회는 생략하고, 표결을 통해 전문을 통과시켰다. 마침내 1957년 12월 17일, 제26회 정기국회에서 신민법이 제정되었으며, 1958년 2월 법률 471호로 공포되었고, 1960년 1월 1일부터 시행에 들어갔다.

정부안에 대한 수정안에는 법사위 수정안 외에 총 6가지의 수정안326)이 있었다. 수정안 가운데 정일형 의원의 수정안이 가장 혁신적인 내용을 담고 있었다. 이 수정안은 한국여성단체연합과 여성문제연구원의 건의, 그리고 학계의 입법의견을 종합한 제안으로 헌법정신존중론에 입각하고 있었다.

다음에서 이들 안과 최종적으로 통과된 신민법안을 쟁점별로 비교해 보기로 한다. 민법제정을 논의하는 데 있어 여성의 지위와 관련하여 가장 중요하게 언급되어야 하는 것이 처의 무능력규정의 폐지이다. 정부초안은 일제시대부터 규정되어 왔던 이 규정을 폐지함으로써 부부간의 평등한 능력을 인정하였다. 법사위 수정안은 처

---

325) 『조선일보』, 1957년 11월 26일.
326) 현석호 의원 수정안은 37개 항목의 재산법 분야의 수정안이며, 정일형 의원 수정안은 친족상속법 관련 35개 항목에 달하는 제안이며, 권오종 의원의 수정안은 동성동본금혼에 관련된 수정안이며, 이영희 수정안은 친족회 규정 중에 '종중(宗中)'에 관한 규정을 신설하자는 제안으로 받아들여지지 않았으며, 변진갑 의원의 수정안은 친족상속편 중 성년자도 일정한 연령 미만이면 부모동의가 필요하다는 내용이었다. 또 송경섭 의원의 수정안은 인족(姻族)을 인척(姻戚)으로 하자는 수정안으로 채택되어 오늘날에 이른다.: 정광현, 1967, 327-329쪽.

의 행위능력을 인정하나 신체의 기속을 받을 계약 또는 영업을 함에는 남편의 동의를 요한다는 단서 조항이 있었으나, 신민법에서는 정부초안을 받아들여 무능력규정 규정 자체를 폐지하였다.

민법(친족상속편)안에 대한 국회 심의과정에서 논란이 많았던 부분은 역시 혼인과 관련된 조항들이었다. 혼인은 여성계에서 요구하는 평등입법과 국회의원과 일부 사회여론에서 논의되는 관습(법) 간의 괴리가 심하였다. 가장 큰 쟁점이 되었던 것은 동성동본 혼인 허용의 문제였다. 이외에도 <표 Ⅴ-2>에서 보는 바와 같이 여러 쟁점들이 있었다.

### 〈표 Ⅴ-2〉 혼인 관련 제 조항에 대한 각 안의 비교

| 구분 | 정부안(1954.10) | 법사위 수정안(1956.9) | 정일형안 (1957.11) | 신민법 (1958.12) |
|---|---|---|---|---|
| 동성동본금혼 | −동성동본의 혼인은 촌수 여하를 막론하고 혼인을 금지, 단서로 동성동본이라도 조상이 동일하지 않은 자는 혼인 가능. 남계혈족의 배우자, 부의 혈족 및 기타 4촌 이내의 인족이거나 인족이었던 자는 금혼. <br> * 권오종 수정안: '조상의 계통이 분명하지 않은 자'를 삭제, 금혼의 범위를 8촌 이내로 확대. | −금혼의 범위, 직계혈족과 직계인족, 8촌 이내의 방계 부계 혈족, 4촌 이내의 모계혈족, 8촌 이내의 부계인족. <br> * 변진갑 수정안: 4촌 이내의 인족을 6촌 이내의 인족으로 더 강화 | −동성동본금혼제 폐지 | −동성동본의 혼인은 촌수 여하를 막론하고 혼인을 금지. <br> −금혼의 범위 8촌 이내. <br> −조상의 계통이 분명하지 않은 경우를 삭제 → 본이 같으면 혼인 금지, 그 범위 확대. |

| 구분 | 정부안(1954.10) | 법사위<br>수정안(1956.9) | 정일형안<br>(1957.11) | 신민법<br>(1958.12) |
| --- | --- | --- | --- | --- |
| 혼인<br>신고<br>규정 | ―혼인은 호적법의 정하는 바에 의하여 신고함으로써 효력이 발생 | ―정부안과 동일: 및을 과로 자구(字句) 수정. | ―혼인성립선언제도 신설안<br>* 변진갑수정안: 혼인신고주의 외에 거식혼(擧式婚)주의 병용. | ―혼인은 호적법의 정하는 바에 의하여 신고함으로써 효력이 생김. |
| 부부<br>간의<br>특유재<br>산과귀<br>속불분<br>명재산 | ―부부 일방의 혼인전 고유재산과 혼인중 자기의 명의로 취득한 재산은 각 특유재산으로 함. 단, 귀속이 불분명한 재산은 부의 특유재산으로 함. | ―정부안에 대해 내용변경이 없는 자구 수정안 제출. | ―부부간의 소속불분명재산은 부부 공유재산으로 간주.<br>* 기타: 이혼배우자에 대한 재산분여 청구권 인정. | ―부부재산제 인정, 처의 자유의사 존중.<br>―이혼배우자의 재산분여 청구권 불인정. |
| 친권자<br>규정 | ―친권을 행사하는 부는 미성년자인 자녀의 법정대리인이 됨. 부가 사망하거나 기타 이유로 친권을 행사할 수 없을 때 모가 자녀의 법정대리인이 됨. | ―친권을 행사하는 부 또는 모는 미성년자인 자녀의 법정대리인이 됨. 부가 사망하거나 기타 이유로 친권을 행사할 수 없을 때 모가 자녀의 법정대리인이 됨. | ―부모의 혼인 중에는 친권은 부모가 공동으로 행사함. 그러나 부모의 일방이 사망하거나 기타 사유로 인하여 친권을 행사할 수 없을 때에는 다른 일방이 친권을 행사함.<br>―부모가 협의 이혼시 협의하여 일방이 친권자가 됨. 협의가 성립되지 않으면 법원이 이를 인정. | ― 법사위안 채택, 1차로는 부가 친권 소유, 2차로는 모가 소유. |

| 구분 | 정부안(1954.10) | 법사위 수정안(1956.9) | 정일형안 (1957.11) | 신민법 (1958.12) |
|---|---|---|---|---|
| 혼인에 대한 부모 동의 연령 규정 | −남자 18세, 여자 16세에 달한 때에는 법정대리인의 동의를 얻어 혼인 가능. 이것이 불가능한 경우 친족회의 동의 필요. | −법정대리인을 부모 또는 후견인이라 수정.<br>−혼인연령은 정부안과 동일, 성년자는 부모동의 불필요, 단 미성년자의 경우만 부모동의 필요.<br>* 변진갑 수정안: 성년은 자유로 결혼, 단 남 27세, 여 23세 미만의 경우 부모동의 필요. | −법정대리인을 부모 또는 후견인이라 수정.<br>−혼인연령 19세, 17세로 한살씩 올림. | −변진갑 안에 단서조항 추가, 성인이면 자유로 결혼, 단, 남자 27세, 여자 23세 미만인 때에는 부모의 동의를 얻어야 하며 부모 중 일방이 동의권을 행사할 수 없을 때에는 다른 일방의 동의를 얻어야 함. |
| 혼인 외의 자의 입적 | −가족이 혼인 외의 자를 출생한 때에는 호주의 동의를 얻어 그 가(家)에 입적할 수 있음. | −정부안에서 '호주의 동의를 얻어'를 삭제 → 동의 필요 없음 | −가족이 혼인 외의 자를 출생한 때에는 배우자의 동의를 얻어 그 가에 입적할 수 있음. | −법사위안 통과.<br>−가족이 혼인 외의 자를 출생한 때에는 그 가(家)에 입적할 수 있음. |

자료: 정광현, 1967, 『한국의 가족법연구』의 부록 편 친족상속법입법자료 중 「제5부 친족상속편의 국회심의 경과」, 249−582쪽 참조 작성.

동성동본 금혼 규정은 대표적인 남성 우위의 가부장적 제도의 유산으로 최근까지도 논란이 계속되었던 문제인데,327) 바로 이 시기에 시작되었다. 여성계는 동성동본불혼제의 폐지를 주장하였고,

이 주장은 정일형 안에 반영되었다. 정부안은 '동성동본 혼인은 금지하나 조상이 동일하지 않는 자의 경우는 혼인할 수 있다고 그 가능성을 열어 놓았다. 또 일정한 범위 내 근친의 경우 혼인을 금지하였다. 법사위 수정안은 원칙적으로 동성동본혼인을 인정하고 금혼의 범위를 친족으로 한정하였다. 즉, 법사위 수정안은 '동성불혼의 관습법을 폐하고 친족 또는 친족이었던 자 간의 혼인만을 금한다.'라고 되어 있었다.328) 국회심의에서 "동성동본의 결혼을 금지하지 않은 것은 고유의 윤리관에서 벗어나는 것이 아니냐."는 질문에 대해서 장경근(법제사법위원장 대리)은 다음과 같이 답하였다. 법의 정신은 "결코 동성동본 간의 혼인을 장려하는 것이 아니며, 다만 불의(不意) 중에 혼인관계(내연관계)를 맺고 있는 남녀를 그대로 인정해 두자는 데 있는 것이며, 성(姓)이라는 것이 부계(父系)임을 생각할 때, 우생학적으로도 반대할 근거는 없는 것"이라고 말하면서 "동성 간의 혼인을 금지하도록 하는 것은 도덕의 본령이지 법의 본령이 있는 것은 아닐 것이다."329)고 답변하였다. 그는 현실을 고려하여 동성동본불혼제를 폐지할 뿐 동성동본 혼인을 찬성하는 것은 아니라는 입장을 밝혔다.

동성동본불혼을 주장하는 의원들은 '민족전통을 무시해서는 안

---

327) 이 문제는 1997년 7월 헌법재판소가 동성동본금혼조항에 대해 헌법불일치 판정을 내림으로써 새로운 법 개정이 있을 때까지 이 법률조항의 적용이 중지되었다. 일단 오랜 가족법개정운동의 일대 전기가 되는 판결이었다.: 『한국일보』, 1997년 7월 17일.
328) 『조선일보』, 1957년 11월 9일.
329) 『조선일보』, 1957년 11월 8일.

된다.'는 것을 반대의 주요 이유로 들었다.[330] 제3대 국회의 유일한 여성의원인 김철안 의원마저도 동성동본 혼인을 절대 반대하고 나서 정부안을 지지하였다.[331] 그러나 그 뒤 동성동본 혼인에 반대했던 김철안 의원이 "법사위가 남녀평등에 관심을 가지고 이를 주장해 준 데 대해 감사하다는 말을 한 후 조심스럽고 완곡한 태도로 의견을 피력하고, 부부간의 불분명한 재산에 대해 부부 공동소유로 할 것과 이혼배우자의 재산분여청구권 신설"을 주장하였다. 재산분여 청구권의 주장은 정일형 의원이 발표한 여성계 의견과 합치되는 것이었으나, 김철안은 그 이유를 "이혼방지책에 두었다."고 발언하여 여성의 권익옹호나 지위 향상보다는 여성보호에 역점을 두고 있다는 견해를 나타냈다.[332] 이에 대해 이태영은 그가 당시 보수적인 남성의원들의 비위를 상하지 않게 하려는 의도였다고 해석했다.[333] 그러나 김철안이 여성계의 입장을 적극적으로 지지하지 않은 것은 사실이었다. 이승만 대통령과 친밀한 관계에 있던 자유당 의원인 김철안으로서는 당의 입장에서 자유로울 수 없었을 것이다.

심의 중이었던 11월 18일, 이승만 대통령이 담화를 발표하여 법사위 수정안이 "동성동본 간의 혼인을 할 수 있도록" 한 데 대하

---

330) 동성동본 혼인 허용에 대한 반대에는 여야가 없었다. 야당의 양일동, 성원경 의원이 반대하였다.:『조선일보』, 1957년 11월 10일.
331) 이태영, 1992, 95쪽.
332) 정광현, 1967, 부록편 친족상속법 입법자료 중「김철안의원(여자)의 동성동본혼금지 약혼해제 이혼방지책에 관한 토론」354－359쪽 참조.
333) 앞글, 101쪽. 정광현, 1967, 354－359쪽.

여 반대 의사를 표명하였다. 이 대통령은 담화에서 "특히 우리나라에서는 동성동본은 결혼을 못 하게 하고 이것을 지켜 온 것인데 같은 본(本)을 가진 사람들이 결혼하면 그 백성이 점점 퇴화되어서 사람이 잘고 조잔해져서 생물학상으로도 해로운 것이며 인류도의상으로도 좋지 못하다."고 지적하였다.[334] 이와 같이 이승만 대통령은 동성동본 혼인금지는 전통이며, 생물학적으로도 좋지 못한 일이라고 지적하면서 정부안의 지지를 명백히 하였다.

이승만 대통령 외에도 많은 의원과 여론의 반대가 있었으나, 이 대통령이 동성동본 금혼을 우리 고유의 미풍양속으로 찬성한다는 성명서를 발표한 것이 법 제정의 방향에 결정적인 영향을 주었다. 그리하여 신민법이 정부안이나 법사위 수정안보다 관습존중론의 입장이 더 강화되는 방향에서 제정되었던 것이다. 즉, 동성동본이면 촌수 여하를 막론하고 혼인이 금지되었으며, 8촌 이내 친족이면 혼인이 금지되었다.

혼인신고 규정을 둘러싸고 논의가 분분하였다. 정부안과 법사위 수정안 모두 '혼인은 호적법에 따라 신고함으로써 효력을 발생한다.'는 신고주의를 채택하였다. 이에 대해 변진갑은 거식주의를 병용하자는 수정안을 냈고, 정일형은 혼인성립선언제도의 신설안을 냈다. 이 두 의원은 법률혼이 일제시대 민사령에 의해 도입된 이래 당시 현행법으로 운용되고 있었지만, 가정법률상담소의 사례에서도 나타나듯이 사실혼의 관행으로 잘 지켜지지 않아 피해를 보는 여

---

334) 『조선일보』, 1957년 11월 19일.

성들이 많으므로 여성들의 피해를 방지하고 현실에 맞는 대안을 제시한 것이었다.

변진갑은 "원칙적으로 신고를 하면 당연히 성립이 되지만 신고를 정식으로 하지 않았다 할지라도 혼인을 입증할 수 있는 방법으로 식을 올리는 것을 보았다는 증인이 있다면 인정해 주는 거식주의(擧式主義)를 구제책으로 병용하여 채용하자."고 주장하였다. 정일형은 법률혼주의도 인정하면서 동시에 혼인신고를 하지 않은 정당한 부부에 대하여 혼인성립을 선언하면 법률상 혼인으로 인정하는 혼인선언제도의 신설을 주장하였다. 즉, "현행법상 사실혼의 남녀가 적어도 공개된 장소라고 인정하는 장소에서 관습상 인정되는 혼인식을 거행하였을 때에는 이로써 충분히 혼인은 성립"한다는 것이다. 그러나 장경근은 거식혼주의나 혼인선언제도를 도입하면, 중혼(重婚) 등이 일어날 가능성이 더 많아 일대 혼란이 예상된다며 형식혼주의(법률혼주의)의 채택을 강력하게 주장하였다. 결국 신민법에서는 법률혼주의가 채택되었다.[335]

소속 불분명한 재산의 귀속 문제도 쟁점이 되었다. 부부의 혼인성립 전에 가진 재산에 대해서 각각 소유권을 인정해 준 것에 대해서는 이견(異見)이 없었다. 다만, 부부가 함께 살면서 획득한 재산 중 그 소속이 불분명한 것을 누구의 재산으로 하느냐에 대해서 논란이 일어났다. 정부안에서는 "부부 각자 명의로 취득한 재산은 각자의 특유재산으로 인정하나 소속이 불분명한 재산은 부(夫)의

---

335) 정광현, 1967, 498 - 520쪽.

특유재산으로 추정"하였다. 법안 설명에서 장경근은 이는 "남편을 우대해서가 아니라 부부생활에 있어서 혼인생활 비용을 남편이 부담하기로 되어 있기 때문"이라고 설명하였다.[336] 이에 대해 정일형은 수정안에서 부부간의 소속 불분명재산은 부(夫)의 특유재산이 아니라 "부부간의 공유로 추정할 것"을 주장하였다. 결국, 신민법에서는 정부안을 받아들여 부부간의 소속불분명한 재산은 부의 특유재산으로 하였다.

그러나 신민법은 부부재산에 관하여 예전에는 무시되었던 처의 자유의사를 존중하는 계약재산제를 채택하였다. 계약이 체결되지 않은 경우나 불완전한 경우에는 법정 재산제를 적용하였고, 혼인 전의 고유재산과 혼인 중 자기 명의로 취득한 재산은 특유재산으로 하여 각자 관리, 사용, 수익하도록 규정하였다. 이는 정일형 안과 같이 부부 공동의 재산으로 인정하는 것에는 미치지 못하지만, 부부별산제를 인정하여 진전된 일면이었다. 한편 정일형은 이혼배우자에 대한 재산분여청구권을 인정한 조항의 신설을 주장하였으나, 결국 채택되지 못했다. 이 제안은 이혼 후의 배우자, 특히 처의 생활을 보장하고 처의 이혼 자유를 확보하게 하는 데 취지가 있었다.

친권행사의 순위도 문제가 되었다. 정부안은 부(夫)가 우선 친권행사를 하고 부가 행사하지 못할 때 모가 행사한다고 되어 있었다. 법사위안은 친권을 행사하는 부 또는 모라 하여 정부안의 부만 있는 것을 모도 포함하여 모의 친권행사를 인정하였다. 반면

---

336) 앞글, 524쪽.

에 정일형 안은 부모가 공동으로 친권을 행사하며, 협의가 안 될 때에는 법정이 이를 정한다고 하였다. 정일형 의원은 대부분의 수정안이 전부 부결되었으나 이 안에 대해서만은 꼭 통과되도록 의원들의 협조를 요청했으나 역시 부결되고 말았다.337) 법사위안, 즉 1차적으로는 부에게 친권이 있고, 2차적으로 모에게 친권이 있다는 안이 통과되었다.

혼인연령 규정과 혼인동의권, 그리고 혼인 외의 자의 입적에 관해서도 논란이 있었다. 정부안과 법사위안의 혼인연령이 남자 18세 여자 16세인 데 반해 정일형은 조혼을 연상시킨다고 하여 각각 1살씩 인상하였다. 또한 성인의 혼인에 대한 부모동의 필요 여부에 대해서, 정부안은 모든 결혼에 대해 법정대리인의 동의가 필요하다고 했고, 법사위안은 성인의 경우에는 부모동의가 불필요하고 미성년자의 경우만 필요한 것으로 수정하였다. 이에 대해 변진갑 의원 등은 혼인연령은 정부안을 그대로 채택했으나, 최소한 남자 27세, 여자 23세는 되어야 경제적으로 부모의 혜택에서 벗어날 수 있다고 보아 이 연령 미만인 경우에는 부모의 동의가 필요하다고 주장하였다. 결국, 변진갑 안이 통과되어 법사위안보다 더 보수적인 안이 의결되었다.

혼인 외의 자의 입적에 대해서도 정부안은 호주의 동의를 얻도록 하였고, 법사위안은 이 동의규정을 삭제하여 동의 없이도 입적할 수 있게 하였고, 결국 법사위안이 통과하였다. 그 이유를 배우

---

337) 앞글, 565쪽.

자의 인권 보장이나 축첩 방지보다는 사생자(私生子)나 첩의 인권을 고려한 남성 위주의 법조문이 되었다. 정일형이 제안한 대로 배우자의 동의를 얻어야 한다는 주장은 받아들여지지 않았다.

이상의 내용을 보면 국회 민법 심의과정을 볼 때 혼인과 관련해서는 관습법에 바탕으로 둔 보수적인 내용이 더 강화되었다고 볼 수 있다. 이를테면 정부안에서는 성년자는 부모의 동의 없이 혼인할 수 있다고 규정하였으나, 논의과정에서 남자 만 27세, 여자 만 23세 미만의 혼인의 경우에도 부모의 동의를 얻도록 하자는 제안이 통과되었다. 또한 동성동본불혼의 범위를 정부안은 '4촌 이내'였으나, 신민법에서는 '8촌 이내'로 확대되었다. 법사위 수정안과 정일형의 수정안에서 동성동본혼인을 주장했으나, 결국은 정부안보다 불혼의 범위가 강화되었다. 이외에도 많은 조항들이 논의되었다. 여성들의 지위를 진일보시킨 조항도 있고 다소 후퇴된 조항들도 있었다.

국회에서의 민법안 심의과정을 보면 충분한 의견수렴이 되지 못한 한계가 있었다. 여성계의 혁신적인 입장을 대변한 정일형 안은 매 조항마다 부결되어 여성계의 요구가 제대로 반영되지 못했다. 그리고 김병로 위원장을 비롯한 보수적 견해를 가진 국회의원들로 인해 장경근의 점진적 개혁론조차도 받아들여지지 않은 경우가 종종 발생하였다. 정치적 상황 또한 국회의원들로 하여금 민법 제정에 힘을 쏟을 수 없게 하였다. 당시 국회는 1958년 5월 제4대 선거를 앞두고, 개정 중이던 선거법에 더 많은 관심을 가졌다.338) 이

러한 상황에서 국회의원들로부터 법의 선도적 기능을 배려한 입법
활동을 기대할 수 없었다. 결론적으로 신민법의 친족상속편은 구관
습과 전통에 바탕을 두고 여기에 민주적 변화를 가미한 데 그칠
수밖에 없었다. 법이란 당시의 정치, 경제적 상황과 이해관계를 달
리하는 세력 간의 영향력의 크기 등을 반영하여 만들어지는 사회
적 타협의 소산이기 때문이다.

## 2) 신민법 제정의 의의와 한계

1958년 2월 22일, 신민법에 대한 공포식을 가졌다. 신민법은 대
체로 구관습에 대해 점진적인 개혁을 시도하는 형태로 제정되었다.
종법제에 따라 형성된 전통적인 가족제도의 골격인 가계계승에 있
어서의 남계혈통주의와 동성동본불혼의 두 원칙을 유지하면서 여기
에 여성의 지위 향상을 도모하는 평등적인 요소를 받아들였다. 예
를 들어 부부별산제, 입부혼(入夫婚)의 인정, 협의이혼제도 실시,
여자의 분가 인정, 이성입양(異姓入養)의 허용, 남자가 없는 경우
여자의 호주상속 허용, 처 및 여자의 유산상속에의 참여 등을 들
수 있다.

반면에 남녀평등정신에 위배되어 추후 개정이 요구되는 조항도
있었다. 동성동본불혼제를 비롯하여 처의 부가입적(夫家入籍)의 원

---

338) 한국유권자연맹, 1985, 『가족법개정의 제문제 논집』, 142쪽, 김엘림, 1991, 218
    쪽에서 재인용.

칙, 귀속불분명 재산에 대한 남성 소유 추정, 혼인생활 비용에 대한 남성의 부담, 이혼배우자의 재산분할청구권의 불인정, 적모서자 관계 등 법정모자관계 규정, 처의 동의 없는 혼인 외의 자(子) 입적, 친권자 순위에서 모와 부의 차별, 상속제도에 있어 남계우선원칙 등을 들 수 있다.

그럼에도 불구하고 "(신)민법 제정은 3대 국회의 유일한 공적(功績)"339)이었으며, 여성들의 지위 향상에 긍정적인 영향을 줄 수 있는 법적 기반이 마련되었다는 점에서 중요한 의미가 있다. 구체적으로 정부가 초안에서 제안한 바와 같이 일제시대에 도입된 처의 무능력자제도를 폐지한 것이 가장 핵심적인 내용이었다. 이는 점진적 개혁론에 기초했던 법사위 수정안보다도 더 진보적인 것이었다. 법사위 수정안에서는 처의 행위능력을 인정하나, 신체의 기속(羈束)을 받을 계약 또는 영업을 할 때는 남편의 동의를 요하도록 제한규정을 두었다. 그러나 정부초안에서는 규정자체를 제외시킴으로써 처의 행위능력을 완전하게 인정하였다.

민법 제정과 국회 심의과정에 여성정책담당 기구인 부녀국이 어떤 영향력을 미쳤는지에 대해서는 알 수 없다. 다만, 부녀국장 김순화가 공청회에서 여성계의 입장을 지지하여 호주제도의 폐지를 주장한 것을 보면, 정부기구의 일원으로서 정부안의 마련이나 국회 심의과정에 영향력을 미쳤다기보다 여성단체의 연대활동을 지원한 것으로 생각된다. 이 시기 여성단체들이 주장하는 바가 관철되지는

---

339) 『조선일보』, 1957년 12월 20일.

못했지만 그 역할과 성과를 축소 해석하는 것은 경계해야 한다.

1950년대 후반 여성운동에 대한 기존 연구에서 이 시기 여성운동에 대해 매우 부정적 평가를 내리고 있다. 제1차 가족법 개정운동에 대해서도 대체로 한정적인 범위에 있어서만 그 의의를 인정하고 있다. 첫 번째 입장은 여성운동의 영향력은 매우 지엽적이었다는 것이다. "1950년대 고착화된 분단사회의 가부장적인 보수성이 신민법에 포함된 가족법 개정에 그대로 반영되었다."며, "소수 의원이나 여성단체의 압력도 영향을 미치지 못했고, 지엽적인 부분에 반영되었을 뿐 가부장제도의 기본은 그대로 유지되었다."는 것이다.340) 두 번째 견해는 앞의 견해와도 일맥상통하는 것으로 여성단체 활동의 전반적인 보수화로 여성문제에 대한 의식개발과 요구를 수렴하는 조직 형성에는 이르지 못했다는 점을 강조한다. 일부 여성 지도자들과 여성단체들의 운동으로 역부족이었다는 것이다.341) 다시 말해, 가족법 개정운동이 여성 전체의 문제로 확산되지 못했다는 것이다. 세 번째 가족법 개정운동은 나름대로 의미는 있었으나, 50년대 후반에 올수록 여성운동은 침체할 수밖에 없다는 견해도 있다342).

그러나 가부장적 사회구조가 사회 변화에도 불구하고 여전히 우리사회의 골격을 형성하고 있다는 사실을 볼 때, 이 시기 여성운동

---

340) 이효재, 1996, 244 - 245쪽.
341) 김엘림, 1991, 219쪽.
342) 신영숙, 2000, 「해방 이후 1950년대의 여성단체와 여성운동」, 『여성연구논총』 제15집, 참조.

에 대해 민법제정에 영향력을 미치지 못했다고 그 역할을 낮추어 평가할 수는 없다고 본다. 1950년대 여성단체들의 민법 제정운동에 대해 시대적 한계를 감안하여 평가를 내려야 한다고 본다.

1956년 이승만이 3대 대통령에 당선된 후 이승만 정권은 말기로 접어들면서 여성단체를 비롯해 대한부인회를 비롯한 대중단체에 대한 관제 동원이 심화되었다. 이러한 상황에서 관에 의해 동원되는 방식이 아닌 자발적인 연대를 통한 여성단체 운동방식이 대두되었던 것이다. 여성의 전반적인 지위 향상을 위한 법률 제정을 활동 목표로 삼으면서 여성단체 간 연대 활동을 활발하게 전개했다.

이전에도 축첩방지법이나 쌍벌죄 제정운동과 같이 여성단체들이 법률 제정이나 개정을 주장하는 활동을 전개하지 않은 바가 아니다. 그러나 이승만의 집권 말기에 활발하게 전개된 소위 제1차 가족법 개정운동은 이전의 법률 제·개정운동과는 차이가 있었다. 단체들 간의 연대를 통해 단순히 구호나 캠페인에서 그치지 않고, 명백한 대안을 제시했다. 그리고 전 여성계의 협조와 의회 내 지지세력을 얻어내고, 대중의 호응도 일으키면서 압력단체로서의 역할을 하였던 것이다. 그리고 이러한 운동방식이 일정부분 성공하였고, 그 후 지속되었던 가족법 개정운동의 효시가 되었다.

이러한 방식의 여성단체 활동은 1952년에 조직된 여성문제연구원과 여성문제연구원이 1956년 부설기관으로 설치한 가정법률상담소가 주도하였다. 이 두 단체는 모두 여성 지위 향상 추진 연구단체로 분류되는데,343) 이 시기 정치사회활동을 전개한 다른 여성단체와는 확연히 구분되는 활동이었다. 이들 여성단체들은 청원서를 민의원 의장(이기붕)과 대통령(이승만)에게 제출하였다.344) 또한 1957년 4월 국회가 개최한 공청회에 참석하여 적극적으로 발언하였다. 공청회에서는 동성동본금혼 규정, 호주상속 및 재산상속에 있어서 남녀차별문제를 둘러싸고 유도회 등 보수적 입장의 단체와 개인들로부터 비난과 공격을 받았다. 공청회 후 1957년 11월 28일 여성의 입장을 반영한 수정안 '민법안 중 친족상속편 수정안 및 이유서'를 정일형 외 33인의 이름으로 국회에 제출하였다.

이런 과정에서 여성계의 입장이 소수의 주장에 머물지 않고 일반여성에게로 전파되었다. 이 점 또한 이 시기 여성운동의 중요한 성과로 기록된다. 1957년 12월 16일 신민법이 통과하기 하루 전 국회의 민법 제정 과정을 주시하던 일반여성들의 분노가 폭발하였다. 이날 국회의사당 앞에서 여성들의 첫 시위가 있었다. 경기여고 28회 동창생으로 구성된 친목 자선단체인 해바라기회가 "민법안 심의에 있어서 여권을 무시하는 남성 중심의 국회처사를 규탄한다."는 플래카드를 붙이고 "여권을 보장하라."고 외쳤다. 즉, 친족 상속편 중 남녀동등권에 어긋나는 조문을 통과시킨 것을 규탄하는 항의데모를 벌였다. 길을 가던 여성들이 합류하여 약 400명에 달했다. 이들의 주장은 "호주제도와 법률혼주의를 폐지하라, 서자의 입

---

343) 김엽자, 1968, 54쪽. 정충량은 이들 두 단체를 대한 과학여성회, 대한가정학회와 함께 전문단체로 분류하고 있다.: 정충량 · 이효재, 1969, 참조.
344) 참가단체는 대한부인회, 여성문제연구원, 대한여학사회, 대한YWCA, 대한여자청년단, 대한가정학회였다.

적에는 배우자의 동의를 얻도록 하라, 친권행사에 있어서 부우선주의(夫優先主義)를 배격하라." 등이었다. 이들은 "사랑하는 딸들에게 호주권이 없어도, 이혼 후에 재산이 분여되지 않아도, 딸들의 동의 없이 서자들이 척척 입적되어 딸들의 가정이 항상 불화해도, 딸들에게는 친권행사가 평등치 않아도 좋다고 지금의 아버지인 국회의원들이 정해 주는 것이다."라고 비난하면서 "아들들이 가질 수 있는 복리를 딸들이 가지면 안 되는 이유는 무엇인지 알고 싶다."고 반문하였다. "이제는 용기를 내어 선배들에게 충고도 하고 싶고 후배들에게 도움도 주고도 싶으며, 사랑하는 딸들의 장래에 광명을 주어야겠고, 우리들의 아들들은 또 다시 이와 같은 민법 제정에 노고할 필요를 느끼지 않게 해야겠다."고 고백하였다.345)

일반여성들의 항의 시위에 이어 여성문제연구원을 중심으로 한 여성단체연합은 1958년 2월에도 대통령(이승만)에게 청원서를 제출하였다. 청원서는 '민법 중 친족상속편 제정에 관한 건'으로 서자녀의 입적은 본처의 동의를 필수로 하고, 이혼배우자에 대한 재산분여 청구권을 인정해 달라는 것이었다. 이때 참가단체는 여성문제연구원, 대한YWCA, 대한여학사회, 대한부인회, 대한여자청년단, 대한가정학회 등이었다. 이들 여성단체는 신민법이 공포될 때까지 좌담회 10회, 강연회를 134회 이상이나 개최하였다.346)

대한민국 정부 수립 직후부터 정부는 '민법의 제정'이라는 국가

---

345) 해바라기회, 「남성중심의 새민법을 개정한다」, 『여원』, 1958년 2월.
346) 이태영, 1992, 794쪽.

적 과제를 추진했다. 1956년 국회의 법사위 수정안이 성립되면서, 1960년 신민법이 시행되기까지의 기간에 여성의 사회적 지위를 평등하게 보장하는 방안을 둘러싸고 사회적 논의가 활발하게 전개되었다. 이 기간에 전개되었던 민법 중 친족상속편에 대한 논의를 필자는 이전의 보호나 계몽의 대상으로 보는 여성정책에서 진일보하여 여성을 사회구성원의 일원으로 보고 평등하게 대우하기 위한 국가적 차원의 여성정책의 전개 과정으로 보았다. 친족상속편을 둘러싼 사회적 논의는 여성정책에 대한 기본적인 시각과 방법에 대한 의견수렴 과정이었다. 의견 수렴의 결과로 제정된 신민법은 여성정책의 추진 성과로 볼 수 있다.

신민법에는 앞에서 살펴본 바와 같이 여성 차별적 조항이 포함되기는 했으나, 신민법이 제정됨으로써 여성의 지위를 일제시대와 다를 바 없는 차별적인 상황에서 평등한 법적 지위로 끌어올리기 위한 기반이 마련된 것은 분명하다. 이런 점에서 이 시기 여성정책의 역사적 의의를 평가할 수 있다.

# Ⅵ 맺음말

이 연구는 실증자료를 활용하여 제1공화국의 여성정책이 어떻게 형성되고 어떻게 집행되었는가를 세 시기로 구분하여 역사적 관점에서 고찰한 것이다. 이를 통해 제1공화국 여성정책의 역사적 의의와 한계를 살펴보고자 하였다.

현대 한국의 기원이 되는 제1공화국은 신생국가로서 민주국가 건립이라는 국가적 과제를 안고 있었다. 이러한 국가적 과제는 국가기구를 통한 정책의 실행으로 달성된다. 여성정책은 정부조직법에서 사회부 산하의 부녀국에서 담당하는 것으로 규정되었다. 제1공화국의 부녀국은 미군정기 부녀국의 기능과 업무를 계승하였는데, 다른 정부조직과 마찬가지로 제1공화국 기간에 국내 정치사회적 상황과 6·25전쟁이라는 외부적 요인에 의해 여러 차례 개편되었다. 부녀국의 개편은 하부조직인 과 단위 조직에서 이루어졌다. 즉, 과 단위 조직이 통합되고, 이관되고, 개칭되고, 신설되는 등의 변화가 있었다. 그러나 부녀국의 분장 업무는 큰 변화가 없었다. 다시 말해 미군정기로부터 부녀국 업무로 분장이 되었던 여성지도(계몽 및 단체

지도 업무), 여성보호(여성 및 아동 보호 업무), 생활개선(의식주생활개선 및 관습개선 업무) 등 세 가지 업무의 틀을 크게 벗어나지 않았다.

전체적으로 볼 때, 제1공화국 부녀국의 업무는 사회적 여건의 변화에 따라 두 가지 방향에서 개편되었다. 하나는 통합의 방향이고, 다른 하나는 분화 및 전문화의 방향이다. 우선 부녀국 업무의 통합은 제1공화국 출범과 함께 설치되었던 지도과와 보호과가 1950년에 부녀과로 통합된 점에서 찾아볼 수 있다. 두 개의 과가 한 개의 과로 합쳐졌지만, 업무내용의 변화는 없었다.

부녀국 업무의 분화 및 전문화 현상은 생활개선 업무, 근로여성 업무, 아동 업무에서 나타났다. 생활개선 업무는 부녀국에서 계몽사업의 일환으로 추진되고 있던 업무였으나, 1949년 문교부의 생활개선과가 부녀국으로 이관되면서 기존의 업무가 확대·전문화되었다. 근로여성 업무는 1953년 근로기준법의 제정에 따른 정부기구 개편에서 노동국에 기준과가 신설됨에 따라 부녀과의 근로여성 업무가 기준과로 이관됨으로써 근로여성 업무가 전문화되는 계기가 되었다. 아동 업무의 경우, 부녀과에서 일부 업무를 수행하고 있었으나, 1957년 정부조직 개편에서 후생과가 폐지되고 아동과가 신설됨에 따라 후생과의 아동 관련 업무가 부녀국으로 이관됨으로써 아동 업무의 전문화가 이루어지게 되었다.

제1공화국에서 여성정책을 결정하고 집행을 담당했던 인력은 주로 여성단체에서 충원되었다. 이 시기 공직에 진출한 대부분의 여성들은 우익 여성단체에서 활동했던 인물로서, 고학력이었으며, 교사 등의 전문직에 종사했고, 개신교 신자들이었다는 특징이 있다. 이들은 대개 공직과 여성단체의 임원직을 겸직하면서 '새 국가 건설'에 여성의 참여를 확대시키기 위한 각종 정부 사업에 개입하였다. 여성정책과 여성운동은 밀접한 관계를 갖고 추진되어 여성정책이 여성운동의 방식으로 추진되기도 하고, 여성운동의 이슈가 정부 정책으로 추진되기도 하였다. 따라서 제1공화국의 여성단체는 정책 추진의 지원자며, 동시에 동반자였다.

제1공화국의 여성정책은 세 단계로 추진되었다. 제1단계는 1948－50년으로 계몽 위주의 여성정책이 추진되었던 시기였다. 이 시기 부녀계몽사업은 두 가지 측면에서 실시되었다. 하나는 여성의 사회적 역할을 촉구하고 확대하려는 계몽사업이었으며, 다른 하나는 여성의 전통적인 활동 영역인 가정생활을 근대적으로 합리화하자는 계몽운동이었다. 전자는 전반적인 여성의식계몽과 문자계몽운동, 그리고 선거계몽운동으로 구체화되었고, 후자는 생활개선 사업으로 추진되었다.

정부 수립 후 여성정책의 일차적 과제는 낙후된 여성들의 의식을 근대국가에 맞게 개혁하는 것이었다. 이런 점에서 정부는 여성의 낮은 문자해득률과 교육수준을 고려하여 문자계몽운동과 의식개혁운동을 추진하였다. 이와 함께 선거계몽운동도 활발하게 추진되었다. 선거계몽운동은 소위 '새 국가 건설'과 관련이 있었다. 과도입법의원은 남한 단독정부 수립을 염두에 둔 보통선거법을 제정하였고, 1948년 5·10 선거를 앞두고 투표율을 높이기 위한 대대적인 선거계몽운동이 전개되었다. 이를 위해 미군정 부녀국은 당시 여성운동가들의 글을 게재한 계몽선전지 『새살림』지를 배포하였으며, 강연회를 개최하였고, 여성단체와 함께 캠페인을 전개하였다. 5·10 선거에서 여성들은 역사상 최초로 투표권을 행사하게 되었을 뿐만 아니라 직접 출마하였다. 그러나 정부 당국은 여성들의 투표 참여만을 독려했을 뿐 여성들의 정계진출을 위한 지원책은 마련하지 않았다. 다만, 미군정기 과도입법의원에서 여성에 대한 '특별편법론'이 논의 차원에서 제안되었을 뿐이다. 1950년 5·30 선거에서도 여성들은 유권자로 동원되었을 뿐 국회 진출에 성공한 여성은 2명에 불과하였다. 제헌의회에 이어 제2회, 제3회, 제4회 국회에 이르기까지 여성들의 의회진출은 1-3명으로 답보상태를 면치 못했다. 그만큼 여성의 정계진출의 벽이 높다는 것을 말해 준다.

또 다른 부녀국의 주요 업무는 '관민합작의(관주도의) 여성단체 결성' 사업이었다. 전진한 초대 사회부장관의 1948년 정부 시정방침 보고에서도 '전국적으로 관민합작의 부녀운동단체를 결성하여 부녀에 대한 종합적 교화육성에 전력케 할 것'이라는 사업계획을 밝혀, 여성단체의 결성을 업무의 하나로 파악하고 있었음을 알 수 있다. 그리고 정부가 민간과 합작으로 단체를 결성하는 이유는 정부의 정책, 즉 부녀교화(계몽)에 있었다. 또 다른 이유는 부녀운동단체의 협력으로 정책추진에 필요한 기초조사를 실시하는 것이었다. 당시로서는 문맹퇴치가 중요한 정책이었으므로 '각 촌락의 문맹부녀에 대한 기본조사'를 부녀운동단체를 활용하여 실시하고자 하였다. 따라서 관이 주도적으로 여성단체를 결성한 직접적인 이유는 정책 수행의 수단으로 활용하기 위한 것이었다.

계몽 위주의 여성정책에서 다루어졌던 또 다른 중요한 업무가 과학적이고 합리적인 가정살림을 권장하는 생활개선 사업이었다. 부녀국은 여성의 전통적인 가정 내 역할을 강조하면서, 부부관계·자녀양육·미신타파·양력과세·의식주 생활개선 등 여러 가지 측면에서 근대적 가정살림을 계몽하였다. 이러한 계몽 위주의 여성정책은 6·25전쟁의 발발로 그 방향을 전환하지 않을 수 없었다. 전쟁으로 발생한 전재민 구호가 시급한 당면 과제로 대두되었기 때문이다.

1950 – 56년에 여성정책은 전재민을 위한 구호사업을 중심으로 추진되었다. 이 시기의 정부는 전쟁 전에 추진했던 생활개선 사업을 더 엄격하게 추진하였다. 전시생활개선법을 제정하여 국민의 일상생활을 규제하였으며, 여성들을 정책의 주요 목표 집단으로 삼아 다양한 지침과 요목을 홍보하고 실천을 강조하였다. 휴전 후에는 전후 복구와 궁핍한 경제생활을 극복하기 위해 도의확립, 건설부흥, 과학생활을 목표로 하는 신생활운동으로 전환하여 추진하였다. 신생활운동을 통해 미군정기 이래 생활개선 사업이 이론적 체계를 갖고 전개되게 되었다.

한편 전시생활개선 사업보다 더 시급한 과제는 전쟁으로 발생한 전쟁미망인, 윤락여성, 기아 문제였다. 이들을 위한 구호정책은 외

원에 의존하여 추진되었다. 전쟁미망인을 위한 대표적인 정책이 모
자원 설립과 수산장 운영이었다. 국가 재정이 궁핍하고 행정체계가
미비한 상황에서 이러한 정책이 성공적으로 추진될 수 없었다. 양
자 모두 미망인의 수에 비해 절대적으로 시설이 부족하였으며, 여
기에 공무원의 비리와 여성들의 낮은 지식수준 등 여러 가지 이유
가 작용하였다.

전쟁으로 인한 가족의 해체 등 사회적 혼란상은 윤락여성의 증
가를 가져왔다. 더욱이 외국군대의 주둔으로 인해 '양공주'라는 새
로운 형태의 윤락여성이 등장하게 되었고, 혼혈아 문제가 대두되었
다. 윤락여성이 되는 가장 근본적인 이유는 '가난' 때문이었다. 정
부의 윤락여성정책은 윤락여성의 상대가 누구냐에 따라 달랐다. 즉,
내국인 상대로 하는 윤락여성들에 대해서는 대대적인 단속과 함께
자매원에 격리 수용하는 정책을 폈으며, 외국인(군인)을 상대하는
윤락여성에 대한 정책은 기지촌이라는 장소를 지정하여 윤락을 허
용하고, 동시에 성병 검진을 철저하게 실시하여 윤락행위의 안전성
을 보장하였다. 미망인과 윤락여성 외에 기아 또한 심각한 당면 과
제였다. 기아대책 또한 미망인 정책과 마찬가지로 주로 외원에 의
지하여 시설(고아원) 수용 중심의 정책을 폈으나, 재정의 부족과
고아의 격증으로 성공적인 정책을 추진하기 어려웠다. 혼혈아에 대
해서는 1955년부터 미국 입양이 추진되었다.

정부는 이와 같은 전재민 대상의 구호사업을 추진하는 데 여성
단체를 활용하였다. 정부재정이 궁핍한 상황에서 대규모의 외원이

투입되었고, 행정체제마저 미비한 실정이어서 여성단체의 도움은 필수적이었다. 여성단체 또한 자발적인 전재민 구호사업과 아울러 직업보도 등 원조사업에도 적극적으로 참여했다. 이 시기에 급격하게 늘어난 전재민 구호 관련 단체들은 주로 외원을 받아 건물을 건립하였고, 직업보도사업을 벌이기도 하였으며, 미망인들로 이루어진 생활공동체를 운영하기도 하였다. 이러한 여성단체의 모든 사업은 부녀국과의 긴밀한 협의와 지원하에 이루어졌다.

전후복구사업이 어느 정도 체계를 갖추게 되는 1956년부터 여성의 지위 향상이라는 여성정책 본연의 목적을 지향하는 정책이 추진되기 시작했다. 그 결과로 1956 - 60년에 여성의 지위 향상을 위한 법적인 기반이 마련되었다. 이러한 여성정책의 추진에는 두 가지 요인이 있었다. 첫째, 1956년에 국회법사위가 정부가 1954년에 제출한 민법안에 대한 수정안을 내놓으면서 여성의 사회적 지위를 결정하는 민법 중 친족상속편에 대한 본격적인 사회적 논의가 시작되면서 여성의 지위에 대한 여론 형성이 이루어졌다. 두 번째는 여성의 지위 향상을 목표로 하는 전문적인 여성단체가 출현하였다. 1956년에 가정법률상담소가 여성문제연구원의 부설기관으로 발족하였던 것이다. 이로써 여성계가 여성의 평등권을 보장하는 법률을 제정하는 데 힘을 모을 수 있는 계기가 마련되었던 것이다. 이때 여성단체들은 여성의 요구를 담은 구체적인 법률적 대안을 제시함으로써 여성운동의 새로운 전략의 모형을 보여 주었다.

국회 심의결과, 1958년에 통과된 신민법은 여성의 무능력 규정을 폐지하는 등 여성의 평등한 지위를 보장하였으나, 호주제도의 존속이나 동성동본 금혼제와 같은 여성 차별적인 내용도 여전히 포함되어 있었다. 법이란 당시의 정치, 경제적 상황과 이해관계를 달리하는 세력 간의 영향력의 크기 등을 반영하여 만들어지는 사회적 타협의 소산이기 때문에 여성단체의 혁신적인 주장이 전부 수용되지는 못했다. 그럼에도 불구하고 여성의 지위를 한 단계 높이는 법률이 제정되었다는 점에서 의의가 있다. 즉, 이전의 여성정책이 여성을 계몽이나 의식 개혁의 대상으로 보거나 돌봐주어야 할 복지대상으로 보는 정책에서 일보 전진하여 실질적인 평등을 보장하는 제도적 조치로서 법률(민법)이 제정되었던 것이다.

이와 같이 제1공화국의 여성정책은 부녀국을 주무부서로 하여, 계몽 위주의 여성정책, 전재민 구호 위주의 여성정책을 거쳐 여성지위 향상을 위한 법적 기반을 마련하기까지 세 단계로 추진되었다.

이러한 연구 결과를 토대로 제1공화국 여성정책의 역사적 의의는 다음과 같이 생각해 볼 수 있다. 첫째, 여성정책담당 기구에서 찾을 수 있다. 미군정기에 여성을 위한 행정기구로서 처음으로 조직된 부녀국은 제1공화국에 승계되어 과 단위의 조직의 통합과 전문화의 과정을 거치면서, 이후의 여성정책 업무의 모형을 보여 주었다. 제1공화국에서 부녀 업무(여성계몽 · 단체지도 · 여성보호 업무), 생활개선 업무(의식주생활 및 관습개선 업무), 아동복지 업무라는 세 가지 업무의 틀이 형성되었던 것이다.

둘째, 제1공화국의 여성정책이 여성계몽, 여성보호 중심의 정책에서 여성 지위 향상을 위한 정책의 단계로 발전했다는 점이다. 계몽과 보호 위주의 여성정책에서 여성의 사회적 지위를 법적으로 보장하는 한 단계 발전된 정책이 추진되었다.

셋째, 여성정책의 추진 방식이 이후의 여성정책 추진의 전례가 되었다. 제1공화국의 여성정책이 '새 국가 건설'이라는 시대적 과제에 부응하여 국가 주도의 여성의 참여를 독려하고 동원하는 방식으로 추진되었다. 이는 60 - 70년대 국가발전전략에 여성을 통합하여 추진하는 여성정책 추진의 모형을 제공하였다.

넷째, 여성정책의 추진과정에서 여성운동의 추진전략 또한 진일보한 면모를 보였다. 1950년대를 통해서 여성 전체의 지위 향상을 위한 법률 제정운동에서 여성단체들이 관변단체 여부를 막론하고 자발적으로 연대하여 남녀평등과 여성의 권익을 보장하는 민법 등의 법률 제정운동을 추진하였던 것이다. 이 운동은 이후 계속되었던 가족법 개정운동의 효시를 이루었다.

다음 이 시대 여성정책의 한계를 든다면, 국가의 여성관의 양면성 또는 이중성을 들 수 있을 것이다. 이는 당시 이승만 대통령은 물론 여성운동가, 여성고위 공직자 등 다수의 인물에게서 나타나는 바, 이들은 여성의 사회적 역할 확대를 주장하면서 동시에 여성의 가정적 역할을 강조하여 현모양처를 중시했다. 특히 이승만 대통령은 다른 정치가와는 달리 자유당 정강이나 선거공약 등에서 남녀평등을 강조하는 선구적인 면모를 보이나 가부장적 통치방식과 함께 정치적 이해관계에 따라서는 전통적 차별적인 주장도 서슴지 않는 양면성을 보였다. 이는 이승만 대통령이 최고 통치자로서 남녀평등의 구현에 결정적인 영향력을 가질 수 있었다는 점에서 아쉬움이 있다.

그리고 제1공화국 여성정책의 부정적인 영향이라면 여성정책의 비효율성을 들 수 있다. 이 시대 여성정책이 상징성이 강조된 반면, 정책의 실천성이 뒤떨어졌고, 비효율적으로 추진되었다. 이는 현재 여성정책에서도 종종 발견할 수 있는 것으로 정치적, 상징적인 구호로 추진되는 여성정책은 예산 확보나 정책수단이 강구되지 않아 그만큼 내실이 없다는 점이다. 또한 제1공화국 여성정책의 관 주도성에서 오는 정치성이 이후의 여성정책에 부정적인 영향을 주었다. 비록 제1공화국 후반기에 성평등정책의 원형을 발견할 수 있지만, 제1공화국의 여성정책은 여성을 위한 정책이라기보다는 국가건설이나 사회발전, 심지어 정권연장과 같은 다른 목적을 달성하기 위한 수단으로 추진되는 경우가 많았다. 특히 집권자의 의지에 따라 여성들(여성단체)이 동원되고 정치적으로 이용되는 관행은 이후에도 계속되었다.

끝으로 본 연구의 한계는 다음과 같다. 우선 본 연구에서 정부문서의 활용이 부족하였다. 정부정책을 연구하기 위해서는 정부가 생산한 문서(예산, 회의록, 사업결과보고 등)와 간행물과 같은 1차 사료(史料)의 수집이 선행되어야 하나, 여러 가지 어려움으로 충분하지 못했다. 특히 제1공화국 여성정책이 일회성, 행사성 정책이 많이 추진되었다는 점에서 정부문서 자료의 발굴도 중요하지만, 정책

추진에 사용되었던 소책자나 도구 등 다양한 형태의 사료 발굴도 병행, 추진되어야 할 것이다.

그리고 본 연구에서 제1공화국 여성정책에 개입했던 다양한 여성인물에 대한 연구가 부족했다. 제1공화국의 여성정책은 시대적 특성상 제도보다는 정책을 담당한 인물에 의해 정책의 방향이나 내용이 좌우되었다. 따라서 여성정책의 실태를 파악하기 위해서는 당시 정책을 담당했거나 영향을 미쳤던 여성인물에 대한 연구가 실증적인 자료를 바탕으로 재조명될 필요가 있다.

또한 제1공화국의 여성정책과 당시의 정치사회적 상황과의 관계에 대한 규명이 부족했다. 제1공화국이 이승만 대통령의 일인 독재 정권의 성격을 가졌던 점에서 정치상황과 여성정책과의 관계 규명은 이 시기 여성정책의 실태를 파악하는 중요한 열쇠가 될 것이다. 이러한 모든 한계점은 추후 과제로 미룬다.

# 참고문헌

## 〈1차 자료〉

### 1. 신 문

『경향신문』, 『동아일보』, 『서울신문』, 『조선일보』, 『한국일보』,
『여성신문』, 『가정신문』, 『매일신보』, 『부녀일보』, 『부인신보』 등

### 2. 정기간행물

『국회보』(국회 민의원 사무처), 『대한부인회보 창간호』(대한부인회), 『도의교육』(문교부), 『법정』(법정사), 『사회복지』(한국사회복지연합회), 『새살림』(보건사회부 부녀국), 『여상』(신태양사), 『여원』(여원사), 『민성』(법조협회), 『부인』(부인사), 『새가정』(새가정사), 『새벽』(새벽사), 『신천지』(서울신문출판국), 『여성계』(여성계사)

### 3. 관보 및 국회 속기록

미 군정관보, 대한민국 관보. 입법의원 속기록(1947 - 1948), 국회 속기록(민의원, 참의원, 정기회, 임시회) 제4회(1949), 제14회(1952), 제15회(1953), 제16회(1953), 제19회(1954), 제20회(1955), 제22회(1956), 제26회(1957), 제29회(1958), 국회(내무, 예산결산, 특별위원회) 속기록

## 4. 국회사

『국회사』, 제헌 - 제3대 국회편, 국회사무처, 1971.
『국회사』, 제헌 - 제6대 자료편, 국회사무처, 1971.

## 5. 정부문서

기획처, 1951년도 차관회의록.
기획처, 1952년도 차관회의록.
문화공보부 공보실 공보과, 1953, 1953 - 1959, 법인 및 사회단체(여성
    문제연구원).
문화공보부 공보실 공보과, 1954, 법인 및 사회단체(전국여성단체총협
    의회).
국회계사건 특별조사위원회, 1955, 지방계실정보고서
문화공보부 공보실 공보과, 1956, 법인 및 사회단체(대한전재부녀회)
문화공보부 공보실 공보과, 1960, 법인 및 사회단체(대한여성자활회)
문화공보부 공보실 공보과, 1960, 법인 및 사회단체(한국여성단체협의
    위원회)
문화공보부 공보실 공보과, 1961, 법인 및 사회단체(국제직업여성연맹
    한국연맹)
문화공보부 공보실 공보과, 1961, 법인 및 사회단체(전국여성단체 총협
    의회)
문화공보부 공보실 공보과, 1961, 법인 및 사회단체(한국직업여성연합회)

## 6. 정부간행물


공보처, 『대통령이승만박사담화집』 제1집, 1953.

공보처, 『대통령이승만박사담화집』 제2집, 1956.

공보처, 『대통령이승만박사담화집』 제3집, 1959.

남조선과도정부편, 『조선통계연감』, 1943.

내무부 치안국, 『국립경찰통계년보』 제4호, 1957.

내무부 치안국, 『국립경찰통계년보』 제4호, 1957.

내무부 통계국, 『대한민국통계연감 4293』, 1960.

내무부 통계국, 『제3회 대한민국통계연감』, 1954.

내무부 통계국, 『제4회 대한민국통계연감』, 1957.

내무부 통계국, 『제5회 대한민국통계연감』, 1958.

내무부 통계국, 『제6회 대한민국통계연감』, 1959.

대한민국 공보처 통계국 『1952년 대한민국통계년감』, 1953.

문교부, 『새생활운동』, 청구출판사, 1957.

보건사회부 부녀과, 『부녀행정개관』, 1959.

보건사회부, 『보건사회 행정의 실적과 전망 - 보건사회행정백서』, 1971.

보건사회부, 『여성회관 창립 10주년 기념지』, 1973.

보건사회부, 『(단기 4292년도) 보건사회행정년보』, 1959.

보건사회부, 『보건사회년보』, 1959.

사회부 부녀국, 『주부계몽용 부인생활독본』 제1편, 1954.

서울시사찬위원회, 『서울특별시사 해방 후 시정편』, 1965.

서울특별시 시립부녀보호지도소, 『윤락여성에 관한 연구보고서』, 1966.

서울특별시, 『가출여성의 실태』, 1972.

서울특별시, 『모자가정 및 윤락여성의 실태조사보고서』, 1971.

조선은행조사부, 『조선경제연보』, 1949.

중앙선거관리위원회,『대한민국선거사』, 1968.
중앙선거관리위원회,『대한민국정당사』제1집, 1973.

## 7. 연  감

대한금융조합연합회 조사부,『한국농업년감』, 1955.
대한통신사,『대한연감 1951』, 1952.
대한통신사,『대한연감 1956』, 1955.
대한통신사,『대한연감 1958』, 1957.
서울신문사,『서울연감 1960』, 1959.
영남일보사,『경북연감 1951 1952년 합본』, 1952.
조선은행 조사부,『경제년감 1949』, 1949.
조선통신사,『조선연감 1947년판』, 1946.
조선통신사,『조선연감 1948년판』, 1947.
최화성,『조선여성 독본; 여성해방운동사』, 백우사, 1947.
한국연감편찬위원회,『한국연감 1956』, 1956.
한국연감편찬위원회,『한국연감 1957』, 1957.
한국연감편찬위원회,『한국연감 1958』, 1958.
한국연감편찬위원회,『한국연감 1960』, 1960.
한국연감편찬위원회,『한국연감 1961』, 1961.
한국은행조사부,『경제연감 1948년판』, 1949.
합동통신사,『합동연감 1959』, 1958.
합동통신사,『합동연감 1960』, 1959.

## 8. 단행본


김석영, 『여류명사30인선집 – 인물평판기』, 숭문사, 1953.

김숙자, 『서울시 부녀직업조사』, 지역사회개발국·국련 주한경제조정관실,
　　　1958.

김숙자, 『한국여성명사집』, 입체문화사, 1960.

김은우, 『인생문답 – 현대여성의 사랑·인생·사회관』, 수도문화사, 1962.

김은우, 『한국여성의 애정갈등의 원인연구』, 한국문화원, 1963.

김자경, 『국민우생 결혼제(우량국민과 자녀는 결혼으로부터)』, 은총문화
　　　협회, 1955.

김종서, 『문맹자조사』, 중앙교육연구소, 1961.

대한부인회총본부, 『여성 지도자강화집』, 대한부인회 총본부, 1959.

서석태, 『산아제한』, 천주교중앙협의회, 1959.

유네스코한국총합편찬위원회, 『유네스코한국총람』, 유네스코 한국위원회,
　　　1959.

이봉구·김화영 편, 『도의교육에 사는 길』, 도의교육사. 1960.

이태영, 『백문백답 여성법률상담실기』, 여성문제연구원, 1958.

이태영, 『한국이혼연구: 특히 여성의 지위를 중심으로』, 이화여대 출판부,
　　　1969.

임병형 고경숙, 『서울부녀자직업보도소 답사보고서』, 주한미국경제협조
　　　처·지역사회개발국, 1959.

정충량, 『마음의 꽃밭 – 정충량 평론집』, 서울고시학회, 1959.

주한미국경제협조처·지역사회개발국, 『3개 한국촌락 답사보고서』, 주
　　　한미국경제협조처·지역사회개발국, 1958.

한국부인회 총본부, 『한국여성운동약사 1945 – 1963』, 한밤의 소리사, 1986.

## 9. 논문 / 글

고영복·김광협, 「한국여성사회의 구조와 형태」, 『신동아』, 1967년 9월호.

김성환, 「해방전후의 서울시청」, 『향토서울』 제6호, 서울시사편찬위원회, 1959.

김용아, 「윤락여성에 대한 실태보고-시립부녀보호지도소원생을 중심으로」, 대한지방행정협회, 『지방행정』, 1965년 9월호.

김정호, 「부녀복지행정에 관한 고찰」, 서울대학교 행정대학원 석사학위논문, 1961.

김정희, 「한국여성의 사법상 지위의 변천」, 연세대학교 대학원 석사학위논문, 1963.

김주성, 「제주도민의 모자보건에 관한 연구」, 서울대학교, 서울대논문집, 제9집, 1959.

박동은, 「양공주와 혼혈아」, 『신동아』, 1966년 9월호.

변시민, 「인구정책론」, 『사상계』, 1953년 6월호.

엄요섭, 「한국사회10년사」, 『사상계』, 1955년 10월호.

이차숙, 「우리나라 여성의 법적 지위와 제주도의 축첩실태」, 『제주도』, 제33호, 제주도, 1968.

이태영, 「한국의 이혼제도」, 여성문제연구원, 1967.

정요섭, 「한국여성과 사회문제」, 숙명여자대학교 아세아여성문제연구소, 『아세아여성연구』, 제5집, 1966.

정요섭, 「한국여성의 사회적 진출상황 실태분석에 관한 고찰-1945년 이후를 중심으로-」, 『아세아여성연구』 제4집, 숙명여자대학교 아세아여성문제연구소, 1965.

정일형, 「해방 후 인사행정의 실태」, 『법정』, 1946년 9월.

〈2차 자료〉

## 1. 정부간행물

강원도, 『강원도여성사』, 1996.

경우장학회, 『국립경찰50년사』, 1995.

경찰사연구회편, 『경찰50년사』, 경찰청, 1995.

광주광역시, 『광주여성발전사』, 2000.

내무부 지방행정연구원, 『한국지방행정사 상 하』, 1987.

대구광역시, 『대구여성백서』, 2001.

대한민국재향경우회 여경회, 『한국여자경찰 50년』, 2000.

문교부, 1988, 『문교40년사』.

보건사회부, 『부녀행정 30년사(안)』, 1975.

보건사회부, 『부녀행정 40년사』, 1987.

부산광역시, 『부산여성백서』, 1999.

부산시사편찬위원회, 『부산시사』 1, 2, 3권, 1989 - 91.

서울시사편찬위원회, 『서울6백년사』 제5권, 1983.

서울시사편찬위원회, 『서울행정사』, 서울시, 1997.

서울특별시, 『서울여성백서』, 1998.

서울특별시, 『서울특별시 조직 변천사』, 1986.

여성부, 『한국여성정책 관련 사료 체계화 방안에 관한 연구』, 2003.

인천광역시, 『인천여성백서』, 2001.

정무장관(제2)실, 『한국여성단체 활동사』, 1996.

정무장관(제2)실, 『한국여성발전 50년』, 1995.

제주도, 『제주여성, 어떻게 살았을까: 사진자료집』, 제주도여성특별위원
　　회, 2001.

총무처, 『대한민국 정부조직 변천사』, 1980.

총무처, 『행정개역사』, 1982.

충청북도, 『지방행정조직제도사』, 충청북도, 1992.

포항시, 『포항여성사』, 2001.

한국지방행정사편찬위원회, 『한국지방행정사 1948 - 1986』, 내무부.

## 2. 단행본

기념집편집위원회, 『오직 한 뜻으로 살아오신 우리 이태영 선생님』, 인물연구소, 1982.

김경동 · 안청시, 『한국의 지방자치와 지역사회 발전』, 서울대출판부, 1983.

김근세, 『정부조직의 기능적 다원화를 위한 직제분석』, 한국행정연구원, 1990.

김석준, 『미군정시대의 국가와 행정 - 분단국가의 형성과 행정체제의 정비』, 이대출판부, 1996.

김원경 엮음, 2002, 『중앙대학교 설립자 승당 임영신의 빛나는 생애』, 승당임영신박사.

김운태 오석홍, 『한국행정사』, 한국방송대학교, 1996.

김중양, 『한국인사행정론』, 1999.

김홍식 · 정현주 · 장정순, 『경기여성발전사』, 경기도, 2002.

대전여기자클럽, 『대전 여성 50년 보도자료집 1950 - 1998,』 1999.

대한어머니회, 『대한어머니회 40년사』, 1998.

대한지방행정협회, 『한국지방행정사』, 1966.

동아일보사 편, 『현대사를 어떻게 볼 것인가』, 1990.

레페토 · 권태환 외 공저, 『한국의 경제개발과 인구정책』, 한국개발연구원, 1983.

로버트 T 올라버 조, 박일영 역,『대한민국 건국의 비화』, 계명사, 1990.

림영철,『바롬 고황경 그의 생애와 교육』, 삼형, 1988.

박동서,『한국관료제도의 역사적 전개』, 한국연구도서관, 1961.

박용옥,『한국여성근대화의 역사적 맥락』, 지식산업사, 2001.

박천오·박경효,『한국관료제의 이해』, 법문사, 1996.

변희남,『부녀복지행정 외길 40년: 일선행정 퇴임에 붙여』, 홍익재, 1989.

서울신문사,『주한미군30년사』, 1973.

서원석·이인성,『한국행정사료집』2책, 한국행정연구원, 1996.

서원석·최성두,『한국행정사문헌목록집』, 한국행정연구원, 1995.

손봉숙,『한국지방자치연구』, 삼영사, 1985.

손정목,『한국지방제도·자치사연구(하)』, 일지사, 1992.

손충무,『한강은 흐른다』, 동아출판사, 1972.

신상준,『미군정기의 남한행정체제』, 한국복지행정연구소, 1997.

안양시여성단체협의회,『안양여성단체사』, 도서출판 우인스, 2001.

여성단체협의회,『대구경북여성운동50년』, 1997.

여성문제연구회,『한국여성단체 활동에 관한 연구』, 1977.

여성중앙회,『여성중앙회 50년사』, 에프커뮤니케이션스, 2003.

역사문제연구소 편,『한국의 '근대'와 '근대성' 비판』, 역사비평사, 1996.

오욱환, 최정실,『미군 점령시대의 한국 교육』, 지식산업사, 1993.

우에노 치즈코 이선이 옮김,『내셔널리즘과 젠더』, 박종철 출판사, 1998.

유종해·유영옥,『한국행정사』, 대영문화사, 1987.

이기서,『교육의길 신앙의 길(김필례 전기)』, 태광문화사, 1988.

이범석외,『사실의 전부를 기술한다』, 원휘출판사, 1968.

이승희,『한국현대여성운동사』, 백산서당, 1994.

이옥수,『한국근세여성사화』, 규문각, 1985.

이원순,『인간 이승만』, 신태양사, 1965.

이태영, 『여성의 인간화 삼십년 한국가정법률상담소 삼십년사』, 한국가
　　　정법률상담소 출판부, 1987.
이태영, 『가족법 개정운동 37년사』, 1992.
이한빈 외편, 『한국행정의 역사적 분석, 1948－1967』, 한국행정문제연
　　　구소, 1969.
이효재, 『한국의 여성운동－어제와 오늘』, 증보판, 정우사, 1996.
임영신 박사 회갑기념 사업추진위원회, 『임영신 박사; 빛나는 생애』, 1959.
조석준・박동서・유훈・김운태, 『한국행정의 역사적 분석』, 서울대출판
　　　부, 1983.
주부생활사, 『실화로 엮은 한국여성 30년』, 주부생활, 1975.
중앙대학교 50주년기념 사업회, 『임영신 박사 연설문집』, 중대출판국,
　　　1968.
중앙여자고등학교 동창회 편, 『우리 황신덕 선생』, 1972.
중앙일보사, 『발굴자료로 쓴 한국현대사』, 1996.
진덕규 외, 『1950년대의 인식』, 한길사, 1981.
천화숙, 『한국여성기독교사회운동사』, 혜안, 2000.
최은희, 『씨뿌리는 여인－차미리사의 생애』, 청구출판사, 1962.
최은희, 『여성전진 70년』, 중앙출판인쇄공사, 1980.
최은희, 『조국을 찾기까지』, 탐구당, 1973.
한국 YWCA 50년사 편찬위원회, 『한국 YMCA 반백년』, 대한YWCA
　　　연합회, 1976.
한국YWCA연합회, 『한국YWCA 반백년』, 1973.
카바40년사 편찬위원회, 『외원사회사업기관활동사－외국민간원조기관 한
　　　국연합회 40년사－』 홍익재, 1995.
한국법제연구회, 1971, 『미군정법령집』, 여강출판사.
한국부인회 총본부, 『한국부인회 30년사』, 1993.

한국여성단체협의회, 『한국여성단체협의회 30년사』, 1993.
한국여학사협회, 『한국여학사협회 50년』, 2001.
한국행정학회 조직학연구회 편, 『정부조직구조연구』, 대영문화사, 1999.
한배호, 『독재자 이승만』, 일월서각, 1984.
임영신, 「任永信博士演說文集」, 중앙대학교오십주년기념사업회, 1968.

## 3. 논문 / 글

강이수, 「근대한국 100년과 여성의 삶」, 『경제와 사회』 제44호, 1999.
강현희, 「여성관련행정기구 개편의 환경적 요인에 관한 연구: 정무장관
        (제2)실과 여성특별위원회를 중심으로」, 이화여자대학교 대학원,
        석사학위논문, 2000.
강혜경, 「국가형성기(1948-1950) 이승만정권의 행정기구 구성과 관료
        충원 연구」, 『국사관논총』 제79집, 1998.
권영자, 「한국의 여성정책에 관한 연구」, 성신여대 대학원, 박사학위논
        문, 1994.
김광식, 「8·15 이후 정치지도자들의 노선비교」, 『해방 전후사의인식 2』,
        강만길 외, 한길사, 1985.
김광식, 「8·15 이후 한국사회와 미군정의 성격」, 『역사비평』 제1집,
        역사문제연구소, 형성사, 1985.
김광식, 「미군정과 분단국가의 형성」, 『한국현대사 I』, 최장집 편, 열음
        사, 1985.
김금래, 「여성정책 형성에 있어서의 여성단체 역할에 관한 연구」, 숙명
        여대 정책대학원 석사학위논문, 1997.
김명숙, 「윤락여성에 대한 제도적 고찰」, 이화여대 교육대학원 석사학
        위논문, 1981.

김성경, 「여성정책을 통해본 한국국가의 가부장적 성격」, 서강대 대학
원, 석사학위논문, 1996.

김소연, 「지방자치단체의 여성정책에 관한 연구: 성인지적 정책추진의
문제를 중심으로」, 이화여대 대학원 석사학위논문, 2000.

김수자, 「미군정기(1945－1948) 통치기구와 관료임용정책」, 이화여대 대
학원, 석사학위논문, 1994.

김영미, 「미군정기 남조선과도입법의원의 성립과 활동」, 서울대 대학원,
석사학위논문, 1993.

김윤태, 「발전국가의 기원과 성장」, 한국사회사학회, 『사회와 역사』, 문
학과 지성사.

김은경, 「한국의 여성정책 형성에 관한 분석」, 연세대 대학원, 석사학
위 논문.

김인아, 「한국여성사회교육의 사적 고찰」, 『여성사회교육1』, 한국여성
사회교육회, 1994.

김정원, 「군정과 제3공화국: 1961－1971」, 김성환·김정원 외, 1960년
대, 거름, 1983.

김정자, 「사회정책 분석모델에 관한 연구－여성정책 분석을 중심으로」,
이화여대 대학원, 박사학위논문, 1997.

김정현, 「1960년대 근대화 노선: 미국의 '문화제국주의'와 한국지식인」,
역사비평 제13호, 1991 여름호.

김창신, 「8·15 직후 광주 지방에서의 정치투쟁」, 『역사비평』 제1집, 역
사문제연구소, 형성사, 1987.

김현미, 「한국의 근대성과 여성의 노동권」, 『한국여성학』 제16권 1호,
한국여성학회.

남윤주, 「여성과 국가이론」, 『여성과 사회』, 제5호, 『창작과 비평』, 1994.

남화숙, 「여장군 김명시의 생애」, 『여성 2』, 여성사연구회 편, 창작사,

1988.

노기항, 「해방공간과 한국전쟁기 부산의 행정」, 『항도부산』, 부산시사
편찬위원회, 2000. 7.

류상영, 「초창기 한국 경찰의 성장 과정과 그 성격에 관한 연구(1945~
1950)」, 연세대 대학원, 석사학위논문, 1987.

류상영, 「미군정 국가기구의 창설과정과 성격」, 『한국사 17, 분단구조
의 정착-1』, 한길사, 1994.

류상영, 「초창기 한국경찰의 성정과정과 그 성격에 관한 연구」, 연세대
석사논문, 1988.

류왕보, 「미군정하 한국관료제의 형성에 관한 연구」, 연세대 대학원,
석사학위논문, 1987.

류왕보, 「조선부녀총동맹:8·15 직후의 부녀운동」, 『조선민족운동연구』
2, 청구문고, 1985.

문경란, 「미군정기 한국여성운동에 관한 연구」, 이화여대 대학원 석사
학위논문.

박동서, 「경찰행정사(1945-1964)」, 『행정논총』 4권 2호, 서울대 행정
대학원,

박동서, 「발전행정 하의 한국관료」, 『한국정치회보』, 제4집, 1971.

박동서, 「한국지방행정의 사적 고찰」, 『행정논총』 17권 2호, 서울대행
정대학원, 1979.

박명림, 「제1공화국의 수립과 위기」, 『한국사 17 분단구조의 정착-1』,
한길사, 1994.

박명림, 「한국전쟁」, 『한국사 17 분단구조의 정착-1』, 한길사, 1994.

박영기, 「우리나라 정부조직의 변천에 관한 역사적 고찰」, 『한국행정학보』
21(1), 1987.

박용옥, 「6·25전란이 가족제도에 끼친 영향」, 『현대사상연구』 제2집,

성신여대 현대사상연구소, 1985.

박종철, 「한국의 산업화 정책과 국가의 역할, 1948 - 1972」, 고려대 대학원, 박사학위논문, 1988.

박태균, 「1956 - 1964년 한국 경제개발계획의 성립과정 - 경제개발론의 확산과 미국의 대한정책 변화를 중심으로」, 서울대 대학원, 박사학위 논문, 1987.

변기찬, 「여성사: 또 하나의 역사」, 『역사비평』 제46호, 1999.

서명선, 「유신체제하의 국가와 여성단체」, 『여성학논집』, 제9집, 1989.

손봉숙, 「한국자유당의 정당정치연구」, 『한국정치학회보』 19집, 1985.

손정목, 「미군정기(1945 - 1948) 인사행정의 실제에 관한 연구」, 『한국의 사회와 문화 - 최재서 박사 회갑기념논문집』, 1992.

손준규, 「한국의 복지정책 결정과정에 대한 연구 - 행정부내 정책결정 과정을 중심으로」, 서울대 대학원, 박사학위논문, 1980.

송영신, 「한국행정개혁에 관한 연구」, 강원대학교 대학원, 박사학위논문, 1999.

신영숙, 「한국가부장제의 사적 고찰」, 『여성 가족 사회』, 열음사, 1991.

신영숙, 「해방 이후 1950년대의 여성단체와 여성운동」, 『여성연구논총』 제15집, 2000.

심정인, 「여성운동의 방향 정립을 이한 이론적 고찰」, 『여성 I』, 창작과 비평사, 1985.

심지연, 「미군정기 정치세력들의 노선과 활동」, 『한국사 17 분단구조의 정착 - 1』, 한길사, 1994.

심지연, 「한민당과 미군정과의 관계」, 『한국현대정당론』, 창작과 비평사, 1984.

안종철, 「해방직후 건준의 지방조직과 지방인민위원회에 관한 연구」, 전남대 대학원, 박사학위논문, 1990.

안 진, 「미군정기 국가기구의 형성과 성격」, 『해방전후사의 인식 3』, 한길사, 1987.

안 진, 「미군정기 국가기구 형성과정에 관한 연구」, 서울대 대학원, 박사학위논문, 1990.

안철현, 「해방 직후 남한의 정치세력에 관한 연구」, 서울대 대학원, 석사학위논문, 1984.

안태정, 「미군정기 노동자계급의 내부구조와 빈곤: 제조업 노동자를 중심으로」, 『국사관 논총』 제66집, 1996.

안혜경, 「모성관련 법률에 나타난 평등개념에 대한 여성학적 연구」, 이화여대 대학원, 석사학위논문, 1997.

오석홍, 「미군정기(1945－1948) 우리나라 인사행정제도」, 『행정논총』 3권 1호, 서울대행정대학원, 1965.

오성진, 「이승만 정권의 정치적 충원에 관한 연구」, 연세대 대학원, 석사논문, 1985.

오숙희, 「한국여성운동에 관한 연구」, 이화여대 대학원, 석사학위논문, 1988.

오유석, 「1950년대의 정치사」, 『한국사 17 분단구조의 정착－1』, 한길사, 1994.

오유석, 「한국사회균열과 정치사회구조 형성연구: 제1공화국을 중심으로」 이화여대 대학원 박사학위 논문, 1997.

오형숙, 「개화기 여성단체의 연구」, 이화여대 석사학위논문, 1979.

유영준, 「한국 역대 정권의 국가 목표설정과 그 정치적 과제」, 『한국정치학회보』 제14집, 1980.

이남희, 「여성사를 보는 시각」, 『여성2』, 창작사, 1988.

이대근, 「6·25의 사회경제사적 인식」, 이대근·정운영 편, 『한국자본주의론』, 까치, 1984.

이미경, 「국가의 출산정책 - 가족계획 정책을 중심으로」, 『여성학논집』
　　　제6집, 한국여성학회, 1989.

이배용, 「미군정기 여성생활의 변모와 여성의식」, 『역사학보』 150집, 1996.

이배용, 「한국 여성생활과 의식변화에 대한 현대사적 고찰 - 1948~1970
　　　년대를 중심으로 - 」, 『한국근현대사연구』 21호, 2002.

이선향, 「한국의 국가성격 변화에 관한 연구: 1950년 - 1980년대를 중
　　　심으로」, 이화여대 대학원 박사학위논문, 1994.

이승희, 「미군정기 좌익여성운동연구; 조선부녀 총동맹을 중심으로」, 『80
　　　년대 한국인문사회과학의 현단계와 전망』, 역사비평사, 1988.

이승희, 「국가 자본주의 여성문제 - 가부장제 국가론 비판을 중심으로」,
　　　『경제와 사회』 제20호, 한울, 1993.

이임하, 「1950년대 여성의 삶과 사회적 담론」, 성균관대학교 대학원 박
　　　사학위논문, 2002.

이한빈, 「해방 후 한국의 정치변동과 관료제의 발전」, 『행정논총』 5 - 1,
　　　서울대 행정대학원, 1967.

이효재, 「여성운동」, 『한국근대민족운동사』, 국사편찬위원회, 1987.

이효재, 「한국 가부장제의 확립과 변형」, 『한국가족론』, 까치사, 1990.

장필화, 「여성정책을 위한 기초적 검토 - 여성학적 시각에서」, 『여성학
　　　논집』 제7집, 이화여대 한국여성연구소.

정용욱, 「남북현대사의 원형, 1950년대 연구」, 『1950년대 남북한의 선
　　　택과 굴절』, 『역사비평』 45호, 1998.

정일준, 「미국의 대한 정책 변화와 한국 발전국가의 형성(1953 - 1968)」,
　　　서울대 대학원, 박사학위논문, 2000.

정진성, 「식민지 자본주의화 과정에서의 여성노동의 변모」, 『한국여성학』
　　　제4집, 한국여성학회, 1988.

정충량 · 이효재, 「여성단체 활동에 관한 연구」, 『논총』 제14집, 이화여

대 한국문화원, 1969.

정현백, 「새로운 여성사, 새로운 역사학」, 『역사학보』 150집, 1999, 역
　　사학회.

정현백, 「새로 쓰는 여성의 역사 원시 고대편 - 모권제 논의를 중심으로」,
　　『여성 2』, 창작과 비평사, 1988.

정현백, 『여성사연구의 이론과 방법』, 『역사비평』 26, 역사문제연구소,
　　1994.

정형숙, 정현숙, 「국가와 여성과의 관계에 대한 일 고찰」, 『여성학논집』
　　제6집, 1989.

조기숙, 「한국의 여성정책 결정과정 연구」, 이범준 외, 『21세기 정치와
　　여성』, 나남출판, 1998.

조석준, 「미군정 및 제1공화국의 중앙부처기구의 변천에 관한 연구」, 『행
　　정논총』 5권 1집, 1967.

조옥라, 「가부장제에 관한 이론적 고찰」, 『한국여성학』 2집, 1986.

조우철, 「여성정책 추진의 효율성 제고에 관한 실증적 연구 - 지방자치
　　단체의 여성정책을 중심으로 - 」, 경희대 대학원 박사학위 논문,
　　1998.

조형·이재경, 「국가에 대한 여성학적 접근 - 시론」, 『여성학논집』 제6
　　집, 이화여대 한국여성연구소.

진덕규, 「미군정의 정치사적 인식」, 『해방전후사의 인식』, 한길사, 1980.

최민지, 「한국여성운동소사」, 『여성해방의 이론과 실제』, 창작과 비평사,
　　1987.

최옥자, 「한국의 여성운동을 반성한다」, 『한국의 여성운동』, 『한국민주
　　문화 대전집』제8권, 문학예술사, 1985.

최원규, 「한국사회복지 변천과 외원기관의 역할」, 남세진 편, 「한국사
　　회복지의 선택 - 쟁점과 대안」, 나남, 1995.

최장집, 「국민국가 형성과 근대화의 문제」, 『한국사 17 분단구조의 정착-1』, 한길사, 1994.

최재석, 「부녀사업」, 서울: 신문사, 『새마을운동사』, 1973.

최재석, 「한국에 있어서의 윤락여성 연구의 전개」, 『아세아 여성연구』 제20집, 숙명여대 아세아여성문제연구소, 1981.

한승조, 「한국정치의 권력엘리트」, 김운태 편저 『한국정치론』, 박영사.

한정자, 「한국의 여성단체 활동」, 한국여성단체협의회, 『유엔여성10년 평가』, 1985.

홍숙자, 「1970년대 한국여성운동의 평가」, 한국여성단체협의회, 『유엔여성10년 평가』, 1985.

황정미, 「개발국가의 여성정책에 관한 연구: 1960-70년대 한국부녀행정을 중심으로」, 서울대 대학원 박사학위논문, 2001.

황정미, 「민주주의와 페미니스트 정치」, 『문화과학』 제18호, 1999.

황정미, 「발전국가와 모성: 1960-70년대 부녀정책을 중심으로」, 심영희·정진성·윤정로 공편, 『모성의 담론과 현실』, 나남출판, 1999.

황정미, 「해방 후 초기 국가기구 형성과 여성(1946-1960)-부녀국을 중심으로-」, 『한국학보』, 28권 4호, 2002.

# 부 록

## 1. 해방 후부터 제1공화국기까지의 여성단체 일람

| 구 분 | 번호 | 단체명 | 창설<br>년월일 | 초대<br>회장 | 비 고 |
|---|---|---|---|---|---|
| 일반여성<br>단체 | 1 | 대한기독교여자<br>청년회(YWCA) | 1922.6 | 김활란 | |
| | 2 | 대한기독교<br>여자절제회 | 1923.9 | 홍에스더 | |
| | 3 | *건국부녀동맹 | 1945.8 | 유영준 | 조선부녀동맹,<br>조선부녀총동맹<br>(1947.2.11) |
| | 4 | *조선여자국민당 | 1945.8.18 | 임영신 | |
| | 5 | *여권운동실<br>천자클럽 | 1945.9.10 | 최은희 | 1961년 해소 |
| | 6 | *대한(민국, 한국)<br>애국부인회 | 1945.9.12 | 유각경 | |
| | 7 | *독립촉성<br>애국 부인단 | 1946.1.7 | 박승호 | |
| | 8 | *서울보건부인회 | 1946.5.30 | 차사백 | |
| | 9 | 한국독립촉성<br>애국부인회 | 1947.4.11 | 박승호 | 한국애국부인회<br>(1945),독립촉성애국<br>부인단 (1946.1.2) |
| | 10 | *서울시 부인회 | 1947.8 | 김성실 | 서울시에서 조직 |

| 구 분 | 번호 | 단체명 | 창설<br>년월일 | 초대<br>회장 | 비 고 |
|---|---|---|---|---|---|
| 일반여성<br>단체 | 11 | *대한부인회 | 1948.2 | 박순천 | 한국독립촉성애국<br>부인회,애국부인회<br>(서울시부녀과장<br>김성실의 관제부인<br>회) |
| | 12 | 대한여학사회 | 1950.1.15 | 김활란 | |
| | 13 | 대한어머니회 | 1958.3.17 | 고황경 | |
| | 14 | 대한소녀단 | 1946 | — | |
| | 15 | *대한여자청년단 | 1950.9.28 | 모윤숙 | |
| | 16 | *국방부녀회 | 1953.10.10 | 임영신 | |
| | 17 | 여성문제연구회 | 1952.11.11 | 황신덕 | |
| | 18 | 가정법률상담소 | 1956.8 | 이태영 | |
| | 19 | *전국여성<br>단체총연맹 | 1946.11.15 | 황애덕 | 59년 전국여성단체<br>총협의회로 개칭 |
| | 20 | 한국여성단체협의회 | 1959.12.16 | 김활란 | |
| 직능별<br>전문단체 | 21 | *조선(대한)<br>과학여성회 | 1946.2.6 | — | |
| | 22 | 대한가정학회 | 1947.5 | 조기홍 | |
| | 23 | 대한간호학회 | 1923.5 | 홍신영 | |
| | 24 | 대한조산원협회 | 1946.4.11 | 임영숙 | |
| | 25 | 대한약사회<br>(부녀약사위원회) | 1954.11.8 | — | |
| 직업보도<br>단체 | 26 | 중앙부인회 | 1953.5.5 | 송효선 | |
| | 27 | 에덴부인회 | 1954.7.7 | — | |
| | 28 | *대한전재부인회 | 1955.8.8 | 송효선 | |
| | 29 | 부녀보호사업위원회 | 1955.11.8 | 한봉년 | |

| 구 분 | | 번호 | 단체명 | 창설<br>년월일 | 초대<br>회장 | 비 고 |
|---|---|---|---|---|---|---|
| 직업보도<br>단체 | | 30 | *전쟁미망인수산회 | 1956.7.10 | — | |
| | | 31 | *한국미망인<br>수공예품협회 | 1957.3.25 | 한봉년 | |
| | | 32 | *부녀보호사업<br>전국연합회 | 1957.5 | — | |
| | | 33 | *전국윤락여성<br>구호대책위원회 | 1958.12.11 | — | |
| | | 34 | 한국직업보도회 | 1960.5.30 | — | |
| 특수<br>단체 | 단체<br>소속<br>단체 | 35 | 한국노총부녀부 | 1947.3.10 | 이필원 | |
| | | 36 | 대한적십자사부녀국 | 1947 | 안화순 | |
| | | 37 | 대한기독교여자<br>청년회 후원회 | 1948.7.6 | — | |
| 특수<br>단체 | 군관련<br>단체 | 38 | 해군장교부인회 | 1946 | 현병화 | |
| | | 39 | 공군장교부인회 | 1946 | 김창신 | |
| | | 40 | 육군장교부인회 | 1946 | 서봉선 | |
| | 종교<br>단체 | 41 | 기독교대한<br>감리회선교회 | 1902 | 김영래 | |
| | | 42 | 구세군가정단 | 1908.10 | — | |
| | | 43 | 한국기독교장로<br>회여신도회 | 1914 | 강정애 | |
| | | 44 | 대한예수교장로<br>회여전도회 | 1926.2 | 주선애 | |
| | | 45 | 마야부인회(조계종) | 1957.5 | — | |
| | | 46 | 한국가톨릭노동청년<br>회전국부녀회 | 1958.3 | 정양숙 | |
| | | 47 | 대한불교조계종<br>전국관음회 | 1958 | 현봉혜<br>(여) | 감상봉(남) |

*는 1969년 현재 소멸된 단체.

정충량·이효재(1969), 「여성단체 활동에 관한 연구」, 『논총』에서 재구성.

한국부인회총본부(1986), 『한국여성운동약사—1945년~1963년까지 인물중심—』,에서 35-36에서 인용.

# 2. 제1공화국기 여성단체 참여 인물 - 중앙(36인) -

| 이름<br>(출생년도) | 학 력 | 단체 활동경력 | 기타 활동 |
|---|---|---|---|
| 유각경<br>(1892) | 정신여학교<br>졸(1910),<br>중화민국북경<br>협화여전 졸 | YWCA회장(1923), 조선여자기독교절제회연합회장(1935), 조선YWCA총무(1936), 조선애국부인회 재건회장(1945), 대한 부인회 부회장(1949), 대한부인회부회장(1952), 전국여성단체총연맹부회장(1952), 대한부인회 최고위원(1954), 대한부인회 최고위원(1954), 여자 기독교절제회연합회장(1955), 대한부인회최고위원(1956) | 경성정신여학교교사(1914), 대한적십자사 창립위원 및 중앙집행위원(1947), 대한적십자사부총재(1949), 사회부부녀국장(1950), 생활개선 위원회도의분과위원장(1954), 정신여중고교이사(1955), 자유당중앙위원(1955), 유네스토한국위원회문화분과위원(1955), 아세아반공연맹한국본부이사(1956), 전국윤락여성대책위원회위원장(1957). 정·부통령선거대책위원회부위원(1956), 자유당웅앙당무임소부장(1956), 한국통일촉진총연맹부위원(1957), 부랑아보호대책위원(1957) |
| 최금봉<br>(최매지)<br>(1896) | 이화여학교<br>졸(1913),<br>일본광도<br>고등여학 | 3.1여성동지회이사(1934), 진남포여성동우회장(1951), 경북안동애국부인회장(1954), 국민회경북안동지부부녀부장(1955), 대한부인회총본부부회장(1955), 전재부인회상조회부회장(1956) | 평양진남포삼송초등학교교원(1918), 서울시치과의사회이사(1931),학교법인인덕학원이사(1932), 조선치과의원 개업(평양시) |

| 이름<br>(출생년도) | 학 력 | 단체 활동경력 | 기타 활동 |
| --- | --- | --- | --- |
| 박순천<br>(1898) | 부산신일여학교 졸 (1917), 일본여자대학 사회학부 졸 (1917) | 독립촉성애국부인회부회장(1946), 대한부인회총본부회장(1949), 대한여학사협회부회장(1954) | 마산의신여학교교원(1917), 조선공에주식회자금강전기공장여공감(1939), 중앙여중부교장(1940), 초대감찰위원(1948), 부인신문사창립사장(1948), 국민회중앙총본부부위원장(1949), 제2대국회의원(1950), 민주당최고위원(1956), 4대국회의원(1958) |
| 박승호 | 동경여자영학숙 졸 | 독립촉성애국부인회장, 대한부인회부회장 | 동아일보기자, 경성가정여숙교사, 사회부부녀국장, 창덕여고교장, 6·25전쟁 때 납치 사망 |
| 임영신<br>(1898) | 전주기전고등여학교 졸 (1928), 미국 캘리포니아대학 대학원 졸 (1930), 동대학 명예 문학 박사학위 (1957) | 여자국민당당수(1945), 대한부인회총본부중앙상임위원(1951), 대한국방부녀회총본부회장(1953), 전국여성단체연합회장(1957), 대한부인회총본부최고위원(1959), 대한여성단체연합회최고위원(1959) | 이화학당교사(1922), 중앙보육학교설립(1932), 중앙여자전문학교 설립(1945), 민주의원유엔대표(1946), 초대상공부장관(1948), 초대민의원의원(1949, 안동), 제2대 민의원 당선 (1950, 금산), 대한민국부통령입후보(1952), 중앙대학교 총장(1953), 유네스코 한국대표단고문(1954), 대한교육연합회이사(1959) |

| 이름<br>(출생년도) | 학 력 | 단체 활동경력 | 기타 활동 |
| --- | --- | --- | --- |
| 황신덕<br>(1898) | 해주의정여학교 졸 (1917), 경성여자고등보통 졸(1919), 일본동경여자대학교사회사업 학부 3 년(1925) 수료 | 독립촉성애국부인회창립중앙위원(1946), 전국여성단체총협의회위원장(1946), 대한부인회정치부장(1949), 여성문제연구회창설회장(1953), 가정법률상담소창립이상장(1956), 대한어머니회이사(1958), 대한여학사회중앙위원(1959), 한국여성단체협의회중앙위원(1959) | 시대일보, 중외일보기자(1926), 동아일보기자 (1934), 경성가정여숙 창설(1940), 재단법인 추계학교 설립이사장(1951), 중앙여자중고등학교장(1951), 남조선과도정부입법의원(1946) |
| 최은희<br>(1917) | 해주 정의여학교 졸(1917), 경성여자고등보 통 학 교(1919), 일동동경일진영어학교 졸(1922) | 여권실천운동자클럽대표(1945), 서울시보건부인회창설회장(1946), 대한여자국민당 서울시 당수(1952), 여성단체 총협의회 문화부장(1953), 대한국방회 창설위원 및 문화부장(1953), 대한여자국민당중앙당문화부장(1954), 여권옹호회 창립위원 및 선전부장(1954), 대한부인회서울시본부부회장 | 조선일보기자(1928－33), 주간지 생활신보 고문 취임 |
| 이예행<br>(1906) | 정신여학교, 국명여고 수학, 일본내량여자고등사범학교 졸업(1927) | 대한부인회이사(1949－52), 대한부인회부회장(1952－55) | 개성호수돈여자고등학교교사(1927), 정신여학교교사(1931), 사회부부녀국보호과장(1948－49), 사회부부녀국장(1952－55), 서울시교육위원(1956－58), 덕성여대강사(1956.6.0), 숙명여중고등학교전임강사(1958－60), 보건사회부부녀국장(1960.5－61.9) |

| 이름<br>(출생년도) | 학 력 | 단체 활동경력 | 기타 활동 |
| --- | --- | --- | --- |
| 박마리아<br>(1906) | 개성호수돈여자고등보통학교 졸(1923), 이화여자전문학교 졸(1928), 미국마운티홀리대학, 스카릿대학수학 | 조선여자기독청년회 간사 및 총무(1934), 대한YWCA문화부장(1948), 대한YWCA회장(1952), 대한부인회최고위원(1954), 대한부인회회장(1956), 대한부인회 회장재선(1959) | 대전호수돈고등여학교교사, 이화여자전문학교교수(1932), 이화여자대학교수(1945), 이화여자대학교부총장(1954) |
| 박봉애<br>(1908) | 배화여자고등학교 졸(1925), 중앙보육학교 졸(1928) | 독립촉성애국부인회총무(1946), 대한부인회 이사 및 총무(1949-54), 대한여학사협회총무(1952-54) | 중앙보육학교교사(1932), 이화여자전문학교교수(1937), 민주당중앙당부녀지도부장(1956-59) |
| 모윤숙<br>(1909) | 개성호수돈여고 (1928), 이화여전 영문과 졸(1933). | 세계YWCA대회 한국대표로 뉴욕 참석(1948), 대한부인회선전문화부장(1950), 한양여성클럽회장(1950), 대한여자청년단총본부단장(1950.9) | 제3차 유엔총회 한국대표(1948), 이화여자대학문리 대강사(1951), 한국문화단체총연합회최고위원(1955), 필리핀세계여성대회한국대표(1959) |
| 고황경<br>(1909) | 경기여고등학교 졸(1924), 일본동지사여자전문학교졸(1928), 미국미시간주립대경제학석사(1933) | 대한어머니회 창설 회장(1958) | 이화여자전문학교교수(1935), 경기여자고등학교교장(1945), 미군정청부녀국장(1946), 이화여대사회학과교수(1957) |

| 이름<br>(출생년도) | 학 력 | 단체 활동경력 | 기타 활동 |
|---|---|---|---|
| 문선호<br>(1911) | 신의주보통학교(1926), 평양정의여고졸(1930), 서울감리교신학교 졸(1934) | 대한여자국민당중앙당중앙위원(1946), 전국여성단체총협의회총무(1947-50), 대한부인회 이사 및 신생활부장(1949-60), 전국여성단체총협의회 총무 겸한미고등기술학원부원장(1954-60) | 평양여자고등성경학교교원(1936), 평양애린탁아소장(1937), 평양여자관부관장(1940), 대한여자고등공민학교교장(1948-50), 대한군경원호고등기술 학교가정과장(1952), 보건사회부부녀국생활과장(1958.6-60) |
| 박길래<br>(1911) | 평양정의여학교 졸(1932), 이화여전문과졸업(1936) | 대한부인회 총무 및 원호부장(1956), 대한부인회총본부산업부장(1959). | 동방사여기자, 배화보통학교교사(1936), 문교부 교과서전수보조관(1951), 사회부부녀국생활계장(1953-56) |
| 김철안<br>(1912) | 영덕공립소학교고등과, 명치대학정경강의록 독학. | 대한독촉부인회금천군지부장(1946), 대한부인회최고위원 | 금릉유치원보모(1929), 5·10선거금천군갑구입후보(1948), 5·30선거금천군입후보(1950), 자유당 부녀부장(1952), 자유당 중앙위원(1954), 5·20선거금릉군민의원당선(1954), 금릉군민의원재선(1958) |
| 김노전<br>(1895) | 한문사숙, 도립사범학교 | 대한부인회 경남도본부 및 시지부 회장, 대한여자국민당중앙본부부당수(1952), 자유당경남정화정비강화위원(1953), 대한부인회총본부산업부장, 자유당경남도당부녀부장(1954). 전국여성단체총협의회재정부장(1959) | 교사(1934) |

| 이름<br>(출생년도) | 학 력 | 단체 활동경력 | 기타 활동 |
| --- | --- | --- | --- |
| 김선<br>(1896) | 경기고등공립고등여학교, 일본고베여자신학교 | 여자국민당부당수, 대한국민대표민주의원 의원 피선, 여자기독교절제회 이사, 대한부인회중앙총본부이사. | 3·1운동 중 대동 단장 김협 씨 부하, 여지하공작대원, 조선여자교육회부회장, 태화여자관교원. |
| 김신실<br>(1899) | 미국오바린대학, 미시간대학교 특수학과정 | 대한여자기독교청년회학생부장, 세계친선위원회 위원장(1930), 대한체육회이사(1938), 한국소녀단회장(1946), 대한적십자사사무총장(1954) | 이화여대교수(1930), 이화여대 교수 겸 체육학부장(1945) |
| 김성실<br>(1899) | 이화고녀, 이화여대, 미국매사츠세츠마운트홀녹여자대학 | 여자기독교청년연합회총무(1929), 평북의천여자 기독교청년회이사(1936), 대한부인회총본부이사(1949), 여자기독교 청년회연합회이사, 대한적십자사부녀부장(1949) | 이화여중교원(1930), 태화여자관사회부근부(1932), 서울시후생국장기고문보좌관(1946), 서울시후생국부녀과장(1947) |
| 김애일라<br>(1901) | 이화고녀, 이화여대 | 기독교여자절제회합회순회총무(1951), 국방부인회부회장(1953), 전국여성단체연합회총무, 기독교여자절제회조직선전부장(1957), 대한부인회생활과위원, 전국여성단체연합회총무(1959) | 감리교선교부인회지도(1950), 한국MRA부녀부장, 선교대회부회장(1952), 한국MRA부녀부총무, 기독교반공위원, 재일동포선교동지회여전도부장(1959) |
| 김온순<br>(1905) | 평북강계고등여학교, 세브란스의대부속간호학교, 미국하와이퀸즈병원간호산파재학 | 대한간호협회부회장(1949) | 개성십자병원에서 산파개업(1936), 남조선과도정부문교부고등교육국간호교육과장(1947), 부건부의정국간호사업과장(1951), 고등전형고시합격(1953), 보건부간호사업과장(1955) |

| 이름<br>(출생년도) | 학 력 | 단체 활동경력 | 기타 활동 |
| --- | --- | --- | --- |
| 박인순<br>(1909) | 개성호수돈고등여학교, 이화여대가사과. | 대한부인회총본부총무부장(1949), 대한부인회 서울시본부회장(1955) | 원산보혜여자관교원(1933), 평북숭덕여학교고원(1934), 대한적십자사창립위원(1947), 대한적십자사중앙집행위원(1950), 서울시사회국부녀과장(1949), 고등전형위원회전형시험합격(1954), 대한적십자사비서장(1954), 보건사회부부녀국장(1958) |
| 이태영<br>(1914) | 이화여전가사과 졸(1936), 서울대법과대학 졸(1949) | 한국여성문제연구회이사, 대한YWCA연합회이사, 여성단체협의회이사, 대한어머니회이사(1954), 한국가정법률상담소창설 소장(1956), 대한여학사회 여권옹호위원회위원(1954) | 제2회 고등고시 사법과 합격(1952), 세계법률가협회부회장(1958-71) |
| 문인순<br>(1910) | 경성여자고등보통, 일본동경여자경제전문학교 | 대한애국부인회이사, 대한부인회총본부상임중앙위원, 대한부인회총본부총무부장 | 이화여자고등보통학교 사감 및 교원, 자유당중앙당부중앙위원 |
| 박현숙<br>(1906) | 숭의여학교 | 대한부인회최고위원(1953). | 기미독립운동자로 형무소수감(1919), 평양숭의여학교교감(1924), 사회사업평양여자관장(1941), 민족통일총본부부녀부장(946), 남조선과도입법원의원(1946), 중앙선거위원회위원(1947), 대한민국정부감찰위원(1948), 국무위원(무임소장관, 1952), 자유당사회부장(1957), 민의원의원(1958) |

| 이름<br>(출생년도) | 학 력 | 단체 활동경력 | 기타 활동 |
| --- | --- | --- | --- |
| 신의경<br>(1897) | 정신여학교, 이화여전영문과, 일본센다이동북제국대학 | 조선여자기독교청년회조직상무(1932), 전국여성총연맹총무(1946) | 경성애국부인회조직회장(1919), 이화여자전문학교 사학교수(1928), 남조선과도입법의원 관선대의원(1946), 남조선민족자립연맹부녀부장 겸 중앙상무위원(1947) |
| 양배상<br>(1905) | 수원양잠전수학교 | 애국부인회성화본부회장(1946), 독립촉성애국부인회총본부근로부장(1946), 대한부인회성환면지부장(1948), 대한청년단성환면단부명예단장(1948), 대한부인회총본부근로부장(1948), 대한부인회중구지부이사 겸 저동분회장(1949), 전재부인상조회이사 겸 업무부장(1951), 대한여자국민당중앙위원(1952), 대한부인회서울시본부이사(1953), 대한여자국민당서울시당부부당수(1953), 대한국방부녀회선전정보국장(1953), 대한부인회총본부중앙상임위원(1956), 전국여성단체연합회재무부장(1957), 대한부인회총본부선전부장(1959). | 경기도부천군양잠기사(1923), 북진통일여성투쟁위원회서울시부회장(1953), 이대통령 이의장 전국애국단체연합회 선거추진위원회(1956), 국기게양지도위원회위원 |
| 장옥분<br>(1918) | 성환공립국민학교, 한성고등여학교, 국학대학국문 | 독립촉성여자청년단조직부장(1946), 대한여자청년단총본부 창립(1950), 대한여자청년단총본부선전국장 | 대한노총철도노조부녀부장(1947), 대한청년단총본부여청국조직부장(1950), 자유당중앙당부부녀부차장 |

| 이름<br>(출생년도) | 학 력 | 단체 활동경력 | 기타 활동 |
| --- | --- | --- | --- |
| 장옥분<br>(1918) | 학과 | (1951), 대한전재부녀회중앙본부부회장(1953), 대한전재부녀회중앙본부회장(1959) | (1951), 중앙당중앙당부부녀청부차장(1952) |
| 정충량<br>(1917) | 숙명여자고등보통학교 졸, 이화여전 영문과 | 한국YWCA대외부 부위원장(1956) | 황해도 안악고등여학교 영어교사로 근무(1943), 경향신문문화부(1947), 연합신문논설위원(1957) |
| 채선엽<br>(1911) | 이화고등여학교 졸, 이화여대 음악과 피아노과. | 한국YWCA 이사(1950, 6년간), 한국여학사회문화교류부장(1956) | 이대음악과강사(1932), 이화여대조교수(1939), 한국음악가협회 중앙위원(1951) |
| 최순철<br>(1909) | 마산의신여고, 일본횡빈여자신학교 | 재일본동경YWCA회장(1938), 대한여자국민당종교부장(1945.10), 부산YWCA총무(1952), 대한YWCA동래농예학원장(1952), 전국여성단체총협의회운영위원 겸산업경제부장(1954) | 하국기독교애린선교단부녀부장(1946) |
| 최활란<br>(1888) | 이화학당, 이화전문, 미국에서 신학연구 | 대한기독교여자절제회연합회총무(1959) | 이화여중 제1회 졸업생 |
| 편정희<br>(1915) | 경성여자고등보통학교, 일본제국음악학교 | 재미재한부인회외교부장(1950), 재일대한부인회고문(1952) | 조선학생독립단경성선전부장(1934), 재미거류민회외교부장(1950), 자유당중앙당부부녀부장(1953), 농민회경남도위워노히고문(1953), 자유당마포을구당부위원장(1959), 여성민보사회장(1959) |

| 이름<br>(출생년도) | 학 력 | 단체 활동경력 | 기타 활동 |
| --- | --- | --- | --- |
| 한소제<br>(1898) | 정신여학교,<br>일본동경<br>여의전 | 대한기독교청년연합회이사, 대한소녀단위원회이시, 한국기독교연합회 가정생활위원회위원장, 대한기독교절제회이사(1949) | 산부인과, 소아과 의사, 대한기독교신자여의사회회장, 일본동경여의대서울동창지회회장(1949) |
| 함진옥<br>(1915) | 원산고등여학교, 동경여자고등사범학교, 건국대정경학부 정치외교과 | 흥남YWCA회장(1943), 애국부인회서울시조직부장(1945), 여자국민당중앙위원(1946), 한국직업여성협회회장(1947), 전국여성단체산업조합상무이사(1949), YWCA직업여성구락부외교부장(1949), 전국여성단체연합회선발대대장(1952), 전국여성단체연합회총무부장(1953), 대한부인회 서울시본부산업부장(1953), 전국여성단체연합회외교부장(1954), 전국여성단체연합회상임이사(1959), 전국직업여성협회회장(1959), 한국직업여성상담소소장(1959) | 향토방위대장(1950), 북진통일서울특별시 여성투쟁위원회재무부장(1953) |
| 황애덕<br>(1892) | 평양정진여학교, 이화여자중학교, 이화여대, 미국컬럼비아대학교육과 | 대한애국부인회 조직(1919), 전국여성단체총연합회회장, 10년간(1946) | 평양숭의여자중학교교원(1911), 송죽동지회 결성(1913), 전재유가족원호사업체 희망원 설립(1954), 한미종합기술학교교장(1954) |

## – 지역(43인) –

## 서울시

| 이름<br>(출생년도) | 학 력 | 단체 활동경력 | 기타 활동 |
| --- | --- | --- | --- |
| 한길<br>(1900) | 개성호수돈여숙 졸(1916) | 대한부인회 서울시본부중구지부장(1948-50), 서울시본부총무부장(1958) | |
| 홍애시덕<br>(1896) | 이화여대, 미국테니스주내쉬빌그카렛대학신학부 | 대한여자기독교청년회연합회위원장(1926), 서울기독교청년회 총무(1926), 대한부인회서울시본부회장(1953), 대한여자기독교절제회연합회회장(1957) | 이화여자고등학교교사(1922), 배일비밀결사애국부인회이사(1924), 이화여자대학교이사(1951) |
| 김재은<br>(1906) | 경성여자상업, 일본대학법과전문부 | 대한부인회원호부장(1957), 대한부인회서울시본부부회장(1959) | 서을제동국민학교자모회회장(1949), 대한정구협회이사(1950), 대한전재부인아동후원회장(1952), 대한정구협회이사장(1957), 에덴모자원이사(1958) |
| 방호선<br>(1913) | 일본대판선정여학교졸(1933) | 대한부인회서울시 본부 총무(1949-51) | 경기도파주유치원보모(1936), 개성호수돈여학교강사(1938), 대구신명여학교 교사(1940), 서울시 후생국부녀과지도계장(1947-49), 보건사회부부녀국부녀계장(1958-60), 부녀과장(1960-61) |
| 박채련<br>(1911) | 함흥영생여자고등보통학교, 동경체육전문학교 | 대한부인회 중구 지부 회현동분회장(1947), 대한부인회성동구지부조직부장 겸 청구동분회장(1952) | 상록모자원창설원장(1953), 부녀보호사업 서울특별시연합회부회장(1958) |

| 이름<br>(출생년도) | 학 력 | 단체 활동경력 | 기타 활동 |
| --- | --- | --- | --- |
| 윤을순<br>(1916) | 경기고등여학교, 동국대정경학부 | 대한부인회서울시 본부총무부장 | 서울시사회국부녀과지도계장, 여성문제상담소장(1959), 북진통일여성투쟁위원회서울시위원장 |
| 이경화<br>(1903) | 개성호수돈고등여학교, 일본여자신학교사회사업과 | 여자기독교절제회부총무(1937), 대한부인회서울시본부총무(1950), 절제회소녀관장(1954), 대한부인회서울시본부회장(1957), 대한부인회서울시본부이사(1957), 여자기독교절제회이사(1957) | 여성교회개성지방총무(1926), 이천양정학교교원(1929) |
| 임영숙<br>(1897) | 평양숭의고등여학교, 특수학과정조산학 | 한성산파회창립(1924), 서울조산원회창립(1946), 경기도조산원회창립(1946), 서울조산원회회장(1948), 대한조산원회회장(1949), 대한부인회서울시본부이사 겸 재무부장, 대한부인회종로구지부이사 겸 재무부장(1951), 대한부인회인사동분회장(1952), 대한조산원회장재선(1952), 대한부인회서울시본부이사겸재무부장 재선(1953), 대한여자국민당본부중앙위원, 대한여자국민당서울시위원 겸 재무부장(1953), 대한조산원협회장3선(1954) | 서울시종로구인사동151번지개업(1920) |

| 이름<br>(출생년도) | 학 력 | 단체 활동경력 | 기타 활동 |
| --- | --- | --- | --- |
| 최연한<br>(1895) | 진명여자고등보통학교, 일본여자대학영문과 | 대한부인회동부부회장(1953), 대한부인회종로지부문화부장(1959) | |
| 한봉녀<br>(1912) | 원산루시고등여학교, 일본고베여자신학전문학교 | 대한부인회용산지부장(1953), 부녀보호사업전국연합회회장(1955), 부녀보호사업서울연합회회장(1953), 전국미망인수공예품협회회장(1957) | 대한적시자사부산지사부녀계장(1949), 사회사업거제성노원장(1951), 재단법인성심모자원 원장(1953) |
| 현봉혜<br>(?) | | 대한부인회 서울시회장, 대한부인회이사(1959) | |

## 경기도

| 이름<br>(출생년도) | 학 력 | 단체 활동경력 | 기타 활동 |
| --- | --- | --- | --- |
| 송신실<br>(1905) | 이화보통고등전문학교 졸(1924) | 대한부인회경기도시흥군지부장(1950), 경기도지부이사(1952), 시흥군지부장 및 도지부 부회장(1960) | 충남대천초등학교교사(19240 |
| 황희순<br>(1906) | 경기여고졸(1925) | 대한애국부인회 인천시지부장(1945), 독립촉성애국부인회 인천시지부장(1947), 대한부인회 인천시지부장(1951) | |

## 강원도

| 이름<br>(출생년도) | 학 력 | 단체 활동경력 | 기타 활동 |
| --- | --- | --- | --- |
| 최연실<br>(1912) | 서울이화보통학교, 숙명여자고등보통학교졸(1929) | 대한부인회강원도지부 총무(1949, 초대회장, 박인순), 회장 | 가평에서 교사생활, 춘천공립보통학교 교사 |
| 이정숙<br>(1917) | 배화여자고등보통 졸(1935), 이화여전영문과 졸(1939) | 강원도춘천시부녀회부회장(1947), 대한부인회 강원도지부 부회장, 춘천시 지부장(1949) | 대한적십자사 강원도 지사 상임위원, 봉사대장, 서기장 조직위원(1949.6), 춘천시 교육위원(1957−58) |

## 충청도

| 이름<br>(출생년도) | 학 력 | 단체 활동경력 | 기타 활동 |
| --- | --- | --- | --- |
| 임순도<br>(1906) | 정신여학교 졸 | 독립촉성애국부인회 참여, 대한부인회 충북도본부회장(1949.5) | |
| 조윤순<br>(1907) | 정신여학교 졸 | 대한부인회 충북지부 부회장 겸직(1950−) | 충북도청부녀계장<br>(1946.11−1950?) |
| 김현경<br>(1897) | 정신여학교, 여명여학교, 이화학당 보육과졸(1921) | 대한부인회 홍성군지부장(1949−1952) | 홍성, 안성, 강경유치원보모(1921)숙명여자대학교 기숙사 사감(1948) |

| 이름<br>(출생년도) | 학 력 | 단체 활동경력 | 기타 활동 |
| --- | --- | --- | --- |
| 유계순<br>(1903) | 경성여자고등보통학교, 사범학교 졸 | 대한부인회 논산군지부장(1946) | 놈산보통공립학교교사(1931)논산학원 설립(1935) |
| 임도례<br>(1906) | 논산공립보통학교 졸(1922), 공주잠업강습소 수료(1924) | 대한부인회 충남도본부장(1949), 충남강경지부(충남특별지부) 회장(1957－61) | 연기군청농예기사(1928), 성우보육원부원장(1952－55), 금강애린원원장(1955－74) |
| 안순득<br>(1908) | 정신여학교 졸(1925) | 여자국민당 강경군지부장 대한부인회 강경지부장(1949) | |
| 박복순<br>(1913) | 동덕여고보 졸 | 대한부인회 대전 동분회장(1949) 대한여자청년단 충남지부단장(1954－56), 한국걸스카웃트충남연맹간사(1956－58),이사(1958－61) | 전남광양보통학교교사, 동덕여자보통학교교사 |

## 경상도

| 이름<br>(출생년도) | 학 력 | 단체 활동경력 | 기타 활동 |
| --- | --- | --- | --- |
| 김선인<br>(1909) | 대구신명여학교 졸, 동경여자의학전문학교 졸(1938) | 여자국민당경북도당위원장(1945), 대한부인회경북도본부회장(1949－59) | 경북안동도립병원 내과 근무(1938), 선인의원 개원(19460) |
| 손명순<br>(1898) | 대구공립여자보통학교 | 애국부인회총본부이사(1946), 대한여자국민당경북도선전부장(1946), 부인신문경북지사장(1947), 대한부인 | 대구남명보통학교창립위원(1936), 대구유치원이사(1936), 대구교회재정집사(1937), 자유당경북도당부녀부장 |

| 이름<br>(출생년도) | 학 력 | 단체 활동경력 | 기타 활동 |
| --- | --- | --- | --- |
| 손명순<br>(1898) | | 회경북도이사(1952), 대한부인회총본부중앙위원(1953), 대한부인회경북도본부부회장(1956), 대한부인회경북도본부상임이사5선, 동부회장4선, 대한부인회총본부 중앙위원3선 | (1954) |
| 이명득<br>(1899) | 달성여학교 졸 | 대한부인회대구시지부회장(1950) | |
| 남동순<br>(1904) | 중앙보육학교, 이화학교 수학 | YWCA에서 독립촉성부인단 결성, 독립촉성부인단 서울 종로지부 조직선전부장(1946), 대한부인회 서울시 본부 이사, 대한부인회 경북도본부 상임이사 및 조직부장, 시지부의 재정부장, 여자청년단 경북도단의 군 경원호부장 | |
| 한신덕<br>(1910) | 대구보통학교, 대구고동명도학교 수료 | 기독교건국부인회구호부장(1945), 대한부인회경북도본부부회장 | |
| 김철안<br>(1912) | 일본명치대학교외생 | 독립촉성애국부인회경북도 회장 (1946), 대한부인회 최고위원(1956) | 김천유치원 보모, 제3대국회의원(1954), 국회사회분과위원회위원장(1956) |

| 이름<br>(출생년도) | 학 력 | 단체 활동경력 | 기타 활동 |
| --- | --- | --- | --- |
| 김소분<br>(1917) | 경기여고 졸, 경기여자사범학교 졸 | 김천대동청년단 부녀부장(1947), 독립촉성애국부인회 김천지부부회장(1947), 대한부인회경북도부회장, 대동청년단부녀책임자(1949), 대한여자청년단 경북도지단장(1950) | 대구초등학교교사, 군학무과 교육주사 |
| 정봉금<br>(1905) | 동경여자의과대학 졸 | 독립총성애국부인회경남도지부회장(1946), 대한부인회경남도본부장(1949) | |
| 허무인<br>(1908) | 동덕여학교 졸, 마산공립고등여학교(1929) | 대한부인회부산시지부회장(1954-60), 대한적십자사경남지사부지사장(1958-60) | 마산산청공립보통학교, 경북안동사립화산학교교사, 초대부산시의회의원(1953-56),부산시의회문교분과위원장(1955-56) |
| 한순남<br>(1910) | 부산일신여학교 입학 | 대한부인회경남도본부선전부장, 대한부인회후생부장(1950) | |
| 김금옥<br>(1915) | 전주여상고등학교 졸(1929), 부산여자대학 졸(1954) | 부산성지부인회 발기 조직부장(1945), 대한 부인회경남도본부 총무부장(1949), 대한부인회경남도본부장(1956), 대한여자청년단 경남도단장(1959), 기독교절제회부산지부회장(1953) | 동래군농회잠업순회강사(1929-38), 부산농주유치원보모(1938-44), 경남도문사국사회교화강사(1953) |

# 전라도

| 이름<br>(출생년도) | 학 력 | 단체 활동경력 | 기타 활동 |
| --- | --- | --- | --- |
| 차영민<br>(1890) | 정신여숙<br>졸업 | 독립촉성애국부인회회장<br>(1946)대한부인회전북도본<br>부장(1949) | 6·25 때 순국 |
| 윤경옥<br>(1902) | 메리볼딘여학<br>교, 원산의<br>마르다웰슨신<br>학교 졸(1930) | 대한여자청년단전북지단장<br>(1952−56), 대한부인회전북<br>도본부회장(1953−61),<br>YWCA전주시지부회장(1955<br>−1960), 기독교여전도회전<br>북연합회장(1952−59), | 초대부녀계장, 적십자사전<br>북지사상임위원 겸직(1952)<br>군경미망인도립모자원장<br>(1955−65)전주시영고아원<br>장(1951−56) |
| 오자순<br>(1907) | 공주여명학교<br>졸(1924) | 대한부인회익산군지부부회<br>장(1953), 대한부인회전북도<br>본부 부회장(1955) | 익산군 여산초등학교교사<br>(1945), 전북이리시 송원탁<br>아소장(1959) 전북 익산군<br>청 사회계근무(1956) |
| 현덕신<br>(1896) | 이화학당 졸,<br>동경여자의<br>전졸 | 광주YWCA회장(1933), 건국<br>준비위원회부회장(1945), 독<br>립촉성애국부인회 부회장,<br>회장대한부인회전남도본부<br>회장(1949) | 정신여학교교사, 신생유치<br>원 설립. 모자수용소 건립,<br>병원개업 |
| 임춘자<br>(1902) | 여수 보통학<br>교 졸, 신학<br>교 졸 | 독립촉성애국부인회장, 여<br>자국민당 전남도당부위원<br>장, 중앙유치원장 | |
| 조아라<br>(1913) | 수피아 여고<br>졸 | 광주 YWCA 재건, 대한부<br>인회총무 | 성빈여사 설립, 전라남도<br>부녀계장(1948−54) 호남여<br>숙 설립 |

| 이름<br>(출생년도) | 학 력 | 단체 활동경력 | 기타 활동 |
| --- | --- | --- | --- |
| 유남옥<br>(1912) | 숙명보통학교 졸(1927), 이화여전 중퇴 | 독립촉성애국부인회 완주군 회장(1946), 대한부인회 전남광주시지부장(1952), 대한부인회 전남도본부장(1954−60) | 완주군 동산초등학교 교사(1946), 전남방직 교사(1949) |
| 최선희<br>(1912) | 평양순안 여학교 졸 | 대한부인회전남도본부부회장(1950) | |

## 제주도

| 이름<br>(출생년도) | 학 력 | 단체 활동경력 | 기타 활동 |
| --- | --- | --- | --- |
| 고수선<br>(1898) | 신성학원, 경기여고사범과(1919), 경성의전졸(1927) | 여자국민당논산군당위원장(1946), 대한부인회제주도본부장(1951) | 충남고등보통학교교사 한글강습소 설립(1945), 홍익무료조산원 개설, 기아영아보호원 설립(1951), 국민회제주도부위원장(1953), 재단법인홍익보호원원장(1953) |
| 고혜영<br>(1907) | 진명여학교 졸(1923), 서울여상고등학교(1928) | 제주도부인회 발기 결성(1946), 대한부인회제주도본부부회장(1954−60) | 식산은행 개성지점 행원(1928), 제주상업조합경리부차장(1928−31), 제주조선주식회사이사(1943−46), 제주여자고등학교이사(1952) |

자료: 김석영, 『여류명사 30인선집―인물평판기』, 숭문사, 1953. 김숙자, 『한국여성명사집』, 입체문화사, 1960. 한국부인회 총본부, 「한국부인회 30년사」, 1993, 보건사회부 (1987), 「부녀행정40년사」, 안용식 편, 1995, 『대한민국 관료연구』 Ⅰ, Ⅱ, Ⅲ, 연세대학교 사회과학연구소, 참조 정리.

* 임용 날짜가 안용식의 책과 다른 경우에는 안용식의 책이 관보를 인용한 것이므로 더 정확하다고 판단되어 안용식의 책의 임면 날짜를 사용함. 안용식의 책에는 중앙과 서울시의 5급(사무관급) 이상의 경우만 게재되어 있음. 따로 이 책에서 언급하지 않은 서울시 계장과 지방의 계장의 경우는 앞에서 제시한 다른 자료를 활용함.

저자

정 현 주 

**■ 약  력**

이화여자대학교 사학과 석사·박사(문학박사, 한국여성사 전공)
한국여성개발원(현 한국여성정책연구원) 책임연구원, 전문위원
경기도 여성정책과장, 서울시 북부여성발전센터 소장
노원구 여성위원회 위원장, 여성가족부 여성인력개발정책협의회 위원,
고양시 여성발전위원회 위원, 한국여성사학회 이사, 한국여학사협회 이사
현 경기도가족여성연구원 원장

**■ 주요논문 및 저서**

미군정기 근대적 여성상의 확산-『새살림』지 기사를 중심으로-
해방 후부터 1950년대까지의 여성단체의 성격과 활동내용
역사문화체험학습강사 양성과정과 여성사의 대중화
익산시 여성정책기본계획
공직선거의 여성정책공약 평가틀 개발에 관한 연구
성평등정책론
노원여성비전 2010: 노원여성발전 4개년계획
동작구 여성정책 중장기발전계획 수립을 위한 연구
안산시 여성정책 중장기발전계획 수립을 위한 연구
서울시 보건복지정책의 성별영향 분석 평가
외 다수

# 대한민국 **제1공화국**의 *여성***정책**

초판인쇄 | 2009년 1월 22일
초판발행 | 2009년 1월 22일

지은이 | 정현주
펴낸이 | 채종준
펴낸곳 | 한국학술정보㈜
주  소 | 경기도 파주시 교하읍 문발리 513-5 파주출판문화정보산업단지
전  화 | 031) 908-3181(대표)
팩  스 | 031) 908-3189
홈페이지 | http://www.kstudy.com
E-mail | 출판사업부  publish@kstudy.com

등  록 | 제일산-115호(2000. 6. 19)
가  격 | 30,000원

ISBN  978-89-534-0903-3 93340 (Paper Book)
      978-89-534-0926-2 98340 (e-Book)